V&R

תולדות toldot

Essays zur jüdischen Geschichte und Kultur

Band 1

Synchrone Welten

Zeitenräume jüdischer Geschichte

Herausgegeben von

Dan Diner

Vandenhoeck & Ruprecht

Bibliografische Information Der Deutschen Bibliothek

Die Deutsche Bibliothek verzeichnet diese Publikation in der Deutschen Nationalbibliografie; detaillierte bibliografische Daten sind im Internet über <http://dnb.ddb.de> abrufbar.

ISBN 3-525-35090-2

Umschlagkonzept: Groothuis, Lohfert, Consorten, Hamburg
Druck und Bindung: Hubert & Co., Göttingen

Inhalt

Mobilität und Gewalt

Literatur und Philosophie

Editorial

Toldot ist eine Essay-Reihe, die sich des hebräischen Wortes für Geschichte emblematisch bedient. In diesem Zeichen werden dem akademischen wie interessierten außerakademischen Publikum Beiträge zu Fragen vergangener jüdischen Lebenswelten dargeboten. Im Wesentlichen handelt es sich dabei um Einblicke in die gegenwärtig am Simon-Dubnow-Institut für jüdische Geschichte und Kultur an der Universität Leipzig betriebenen Forschungen; aber zukünftig auch um solche Darstellungen zum Gegenstand, in denen herausragende Vertreter dieses Faches aus Europa, Israel und Amerika ihre Thesen zur jüdischen Geschichte präsentieren werden. Damit ist der Anspruch verbunden, neue Befunde und Zugänge zur jüdischen Geschichte vorzulegen. Jüdische Geschichte wird dabei als Geschichte der Juden insofern verstanden, als die mit den Erfahrungswelten einer wesentlich transnationalen und transterritorialen Bevölkerung verbundene Perspektive als epistemische Warte eines zukunftsträchtigen Geschichtsverständnisses herangezogen wird, das sich jenseits des eingeschliffenen Paradigmas des Nationalstaates positioniert. So verstanden entwickelt die Geschichte der Juden ein gleichsam erkenntnisleitendes Potential für die sogenannte allgemeine Geschichte.

Aus den in diesem ersten Band von *Toldot* präsentierten Beiträgen werden in Zukunft größere Monographien hervorgehen, deren Autorinnen und Autoren hier Ausschnitte des Themas, deren Epochenspezifik oder aber den von ihnen gewählten methodischen Zugriff erstmals vorstellen. Insofern kommt den hier dargebotenen Essays durchaus auch Werkstattcharakter zu. Die darin beschlossenen Tendenzen der Forschung sollen aber für das Fach wie für den Gegenstand richtungweisend sein.

In seinem Beitrag diskutiert der *Herausgeber* in begrifflicher Absicht die Anfänge eines jüdischen Geschichtsbewusstseins im Übergang von einer jüdischen Vormoderne in die Moderne. Dabei wird die Auffassung vertreten, dass es sich hierbei um ein hybrides Mischungsverhältnis von sakralen und profanen Zeitkomponenten handelt, wie es der diasporischen Lebensform der Juden jenseits räumlicher Zuordnungen bei einer für sie signifikanten Ungleichzeitigkeit entspricht.

Mit Fragen der Frühen Neuzeit bzw. des Übergangs in die Moderne sind die drei folgenden Beiträge befasst. Eine mikrohistorische Studie, die den geschichtsanthropologischen Vorgaben der »dichten Beschreibung« folgt, legt *Yvonne Kleinmann* vor. Dabei geht es bei der Verurteilung eines jüdischen Schankwirts in Polen-Litauen um einen Fall, anhand dessen in beziehungsgeschichtlicher Absicht die institutionellen, sozialen und habituellen Umstände dargelegt werden, die das Leben von Juden in christlicher Umwelt bestimmten. *François Guesnet* präsentiert an signifikanten Beispielen in unterschiedlichen Zeiten und an unterschiedlichen Orten die Institution des Fürsprechers als Form vormoderner jüdischer Interessenvertretung, während *Stephan Wendehorst* die Paradoxien der Begegnung zwischen der vormodernen Einrichtung der Universität und jüdischen Akademikern als bislang unerkannten Modus der Integration und Emanzipation thematisiert.

Fragen jüdischer Politik im Übergang von Imperien zu Nationalstaaten widmet sich *Markus Kirchhoff* in seiner Darstellung der von der Fürsprache zur Diplomatie sich fortbildenden jüdischen Interessensvertretung im 19. Jahrhundert. In Verlängerung dieses Gegenstandes in das 20. Jahrhundert hinein stellt *Frank Nesemann* die politische Biographie des jüdischen ›Diplomaten ohne Staat‹ Leo Motzkin vor und gibt somit einen exemplarischen Einblick in die Genese des Minderheitenschutzes der Zwischenkriegszeit und seines Scheiterns.

Tobias Brinkmann entfaltet am Beispiel Berlins als einem Durchgangsort jüdischer Migration nach dem Ersten Weltkrieg das Panorama jüdischer Ortlosigkeit und des mit ihr verbundenen Habitus der Mobilität, während *Nicolas Berg* anhand der literarischen wie diagnostisch gehaltenen Metapher des »Luftmenschen« ein Kaleidoskop jener als jüdisch geltender lebensweltlicher Attribute zwischen Selbstironie und einem wortwörtlich gemachten Ernst in einer bild- wie wissenschaftsgeschichtlichen Absicht in der Zeit zwischen dem letzen Drittel des 19. Jahrhunderts bis zum Nationalsozialismus vorstellt. Wie weit der Ernst solcher Metaphorik zu reichen vermag, machen die Darlegungen von *Kai Struve* deutlich, der sich der Pogrome im Bereich des sowjetisch besetzen Ostpolens vom Jahre 1939 bis zum deutschen Angriff 1941 als einer weit zurückreichenden problematischen Gedächtnisgeschichte zwischen Juden und Nichtjuden annimmt.

Bilder und Zeiten sind Gegenstände des literaturwissenschaftlichen wie philosophischen Teils dieser Essays. *Susanne Zepp* präsentiert in einer textanalytischen Untersuchung eines barocken spanischen Romans die hybride Komposition einer offensichtlich marranischen Perspektive, in der sich die Vielfalt der Herkünfte vor dem Hintergrund eines frühen absolutistischen Homogenisierungsdruckes mittels inquisitorischer Gewalt erschließt. Der Beitrag von *Ashraf Noor* zum philosophischen Verständnis jüdischen Geschichtsdenkens von der Aufklärung bis zur Gegenwart beschließt insofern in aphoristischer Verdichtung den Band, als er sowohl die Gegenläufigkeit wie die Verschränkung von sakralem und profanem Zeitbewusstsein thematisiert.

Allen Beiträgen ist die Absicht gemeinsam, dem Leser einen Blick in die geschichts- und kulturwissenschaftliche Arbeit des Simon-Dubnow-Instituts zu gewähren und so eine Perspektive auf künftig zu erwartende Forschungsbefunde zu eröffnen.

Dank ist vor allem Susanne Zepp und Arndt Engelhardt auszusprechen, die die Realisierung des ersten

Bandes von *Toldot* kontinuierlich begleitet haben und deren gute Zusammenarbeit bei Lektorat und Satz weit über die Verantwortung für das formale Erscheinungsbild des Bandes hinaus reichte. Jörg Später, Markus Kirchhoff und Philipp Graf haben große Verdienste bei der Schlussredaktion des Bandes sowie beim Erstellen von Personen-, Sach- und Ortsregister, eine Arbeit, bei der ihnen die Hilfe von Sebastian Kirschner zur Seite stand. Ihnen allen sei für Ihre Mühe sehr herzlich gedankt. Über diese Danksagung hinaus sei Nicolas Berg größte Anerkennung für sein intellektuelles wie wissenschaftsorganisatorisches Engagement bei der Vorbereitung und Umsetzung dieses das Institutsprofil präsentierenden Projektes und für die vorbildliche Zusammenarbeit mit dem Herausgeber ausgesprochen.

Der Herausgeber — Winter 2004/05

Statt eines Vorwortes

Ubiquitär in Zeit und Raum – Annotationen zum jüdischen Geschichtsbewusstsein

Dan Diner

Geschichte gründet in Zeit und in Raum. Historische Vorgänge werden aus den Begegnungsmodi ihrer zeitlichen wie räumlichen Parameter heraus ebenso erschlossen, wie sich ihr Sinn aus der Deutung jenes Zusammentreffens spatialer und temporaler Komponenten ergibt. Auffällig ist, dass räumliche wie zeitliche Zuordnungen eines historischen Vorganges sich dabei als reziprok erweisen. Genau besehen gehen Zeit und Raum mit einander einher.

Es beginnt mit der die Vergangenheit systematisierenden wie interpretierenden Einteilung der Geschichte in Epochen – der sogenannten Periodisierung. Die Dreifaltigkeit von Antike, Mittelalter und Neuzeit wird gleichsam fraglos vorausgesetzt. Dabei erwächst sie wesentlich, wenn nicht gar ausschließlich, aus okzidentalem, also christlich säkularisiertem Bewusstsein in seiner spezifischen europäischen Verräumlichung. Die Antike wird um das Mittelmeer herum lokalisiert; die Zeit des Mittelalters zieht sich in den Nordwesten des Kontinents zurück, um von dort aus nach Süden und Osten auszugreifen; der Eintritt der Neuzeit wird mit der europäischen Expansion über den Atlantik markiert. Zudem wird das dergestalt räumlich imprägnierte zeitliche Bewusstsein durch eine untergründig sich auswirkende Dynamik heilsgeschichtlicher Verweltlichung angetrieben. So erweist sich Geschichte recht eigentlich als säkularer Bewegungsbegriff. Die Zielgerichtetheit einer solchen Bewegung ist ihr ebenso eingeschrieben wie sie lebensweltliche Orientierung verheißt. Und obwohl die Verkündung teleologischer Erwartung heute nicht mehr ratsam ist, jedenfalls stets salvatorisch in Abrede gestellt wird, so tut sie doch verdeckt ihre sinnstiftende Wirkung.

Das moderne Geschichtsbewusstsein folgt also der Vorstellung von Entwicklung. Zudem reflektiert es eine christlich-europäische Erfahrung. Diese ist in räumlich benachbarten und zeitlich synchronen Zivilisationen so nicht gegeben. Im arabischen *ta'arikh,* in gewisser Weise auch im hebräischen *toldot,* mag sich ein durchaus anderes Zeitempfinden niederschlagen, ebenso wie eine mit einem derartigen Zeitempfinden verbundene Geschichtskultur. Eine temporal angetriebene Imagination der Zeitenfolge wie sie für den Westen charakteristisch ist, lässt sich jedenfalls nicht diagnostizieren – ein Umstand, der allem Dafürhalten nach wesentlich darauf zurückzuführen ist, dass dem Menschen im Islam wie im Judentum die Verfügung über die Zeit recht eigentlich entzogen ist. Die Zeit ist Gottes. Als solche ist sie sakral versiegelt.

Verschränkungen: Über sakrale und profane Zeiten

Jüdisches Verständnis von Zeit ist traditionell sakral durchdrungen. Die Anschauung von Ewigkeit annulliert die Geltung historischer Zeitvorstellung. Ihr kommt mithin das größere Gewicht zu. Und weil historische Zeitlichkeit der Wucht zeitlicher Ewigkeit nicht standzuhalten vermag, vergehen ebenjenes sakralen Zeitverständnisses wegen auch die zu den profanen Zeiten analog sich ausbildenden historischen Räumlichkeiten. Angesichts von Ewigkeit löst sich Raum auf. Hinzu tritt eine weitere und durchaus ungewöhnliche Komponente: In der jüdischen Vorstellung neigen Zeit und Raum wesentlich dazu, in eins zu verschmelzen. Dies schlägt sich etwa im Sinngehalt des hebräischen Wortes *'am 'olam* nieder. Dieser Begriff ist interessanterweise doppelt semantisiert: Zum einen *'olam* als Raum und damit die hieraus hervorgehende Bedeutung von *'am 'olam* als »Weltenvolk«; zum anderen *'olam* als Zeit und damit die Bedeutung von *'am 'olam,* also als »ewigem Volk«.

Die Affinität von Raum- und Zeitvorstellung und die selbstverständliche Bedeutung der Metapher vom »ewigen Weltenvolk«, die spatiale und temporale Elemente aufhebt, findet jenseits der sakralen Semantik ihre Entsprechung in kulturanthropologisch auflösbaren Zuschreibungen. In kulturanthropologischer Auflösung entspricht die Vorstellung von Ewigkeit einer Annullierung weltlicher, also profaner Zeit: Einer fundamentalen Zurückweisung all dessen, was sich in geschichtlicher, von Menschen angeschobener zeitlicher Bewegung abspielt. Der den Juden eigenen diasporischen Existenz auf der Grundlage einer transterritorial kommunizierten sakralen Textualität entspricht die Aufhebung historischer Zeit und einer solchen aufgehobenen Zeit analog verfahrenden disparaten Räumlichkeit. Diese Lebensform wiederum zieht das Phänomen von jüdischer Allgegenwart nach sich – einer regelrechten Ubiquität in Raum und Zeit. Dem dergestalt abstrakt verfassten, tellurisch wenig fassbaren jüdischen Raum kommt also so etwas zu wie ein transitorischer, ein überschreitender Charakter. Demnach unterscheidet sich dieses Raum- und Zeitverständnis grundlegend von jenen spatialen und temporalen Vorstellungen, wie sie gemeinhin historischen Paradigmen eigen sind – jedenfalls von solchen Vorstellungen von Historie, wie sie aus den sich im 19. Jahrhundert konstituierenden Nationalgeschichten hervorgingen. Letzteren kam es im Wesentlichen darauf an, Zeit und Raum in einem durchaus konkreten Sinne zur Übereinstimmung zu bringen. Für die jüdische Geschichtserfahrung gilt in schroffem Unterschied zu den Tendenzen nationalgeschichtlicher Unternehmungen folgende Regel: Je weniger tellurisch verortet, desto zeitlicher semantisiert sich historischer Raum. Dabei ist die zur Geltung gelangende Zeit nicht unerheblich sakral gehalten.

Ubiquität in Zeit und Raum ist die eine Seite des jüdischen Selbstverständnisses. Eine andere Seite findet sich durch die profane und damit auch historische jüdische

Welterfahrung ebenso verzeitlicht wie verräumlicht. Schließlich sind die Juden nicht allein der Sphäre des Sakralen unterstellt, sondern geradeso den nicht-jüdischen Kontexten verbunden, also auch von dieser Welt. Außerdem bildet sich jenseits des Judentums und seines Korpus' sakraler Textualität eine weitere und der Historisierung zuneigende Sphäre dessen aus, was den jüdischen Erfahrungswelten zugehört. Hierbei handelt es sich um einen überaus komplexen, aus vielerlei kulturellen Anteilen komponierten lebensweltlichen Kontext, der sich einer jeden homogenisierenden Absicht entzieht. Eine solche, zwischen der Welt des Sakralen und den Welten des Profanen angesiedelte jüdische Existenz ist insofern paradox komponiert, als sie sich in geradezu hybrider Gestalt essentialisiert. Die in der Kategorie der Ewigkeit sich niederschlagende sakrale Vorstellung von Zeit verbindet sich mit einer Vielfalt profaner synchroner und diachroner Zeitkulturen insofern, als erstere letzterer allein schon ihrer materiellen Anbindung wegen bedarf. Aber es ist die Beständigkeit des Sakralen, die es Juden erlaubt, zu verschiedenen Zeiten und an verschiedenen Orten, gleichermaßen präsent, also ubiquitär zu sein.

Diasporische Lebenswelt und historische Enträumlichung

Obschon es sich bei Judentum wie Islam um geoffenbarte Gesetzesreligionen handelt, unterscheidet sich das Zeitempfinden der diasporischen Lebensform der Juden mit seinen gleichermaßen synchron und diachron angelegten Tempi erheblich von der nicht weniger sakral unterlegten Zeitvorstellung der Muslime. Die Verschiedenheit zwischen Judentum und Islam ist vornehmlich darin begründet, dass Juden schon allein der Umstände ihrer diasporischen Lebensform wegen ihr sakral durchdrungenes Gesetz nicht ausschließlich und absolut über sich zu setzen vermögen. Während Muslime das islamische Recht in seiner Vollkommenheit allein unter der Herrschaft des Islam zu leben vermögen, waren die Juden ihrer Verstreuung wegen gehalten, ihr eigenes Gesetz mit den Gesetzen des von ihnen bewohnten Landes kohabitieren zu lassen. So kann für Juden das jüdische Religionsgesetz niemals einziges Gesetz gewesen sein. Vielmehr kam es darauf an, das eigene Gesetz mit den Maßgaben »fremder« Herrschaft am »fremden« Ort zu versöhnen. Diesen Umstand reflektiert die diasporisch verwandelte Bedeutung des in Aramäisch gefassten jüdischen Prinzips des *dina demalkhuta dina* – das Gesetz der Herrschaft ist das Gesetz. Einer solchen doktrinären Vorgabe nach ist es legitim, ja geradezu obligatorisch, die jeweilige Herrschaft am Ort zu akzeptieren. Dafür wird wiederum bei der nicht-jüdischen Herrschaft Schutz erwirkt, so in Gestalt von die jüdische Lebensform wahrenden mittelalterlichen bzw. frühneuzeitlichen Privilegien. Auf diese Weise blieben die Juden in der okzidentalen Diaspora als *servi camerae* von den Zumutungen einer sich selbst auferlegten Herrschaft verschont. Die dabei eingegangene Verschränkung der ihre Lebenswelten im engeren Sinne regulierenden sakralen Gesetze mit den landesrechtlichen Bestimmungen brachte es mit sich, dass sie die in den verschiedenen Reglements sich widerspiegelnden Zeiten synchron zu leben vermochten.

Anders verhält es sich bei den Muslimen. Der sich zwar erst in späterer Zeit einstellende islamische Imperativ des *din wa daula* – der Einheit von Religion und Staat, also die Verschränkung von Herrschaft und Heiligkeit – erschwert die Annahme einer nichtmuslimischen Regierungsgewalt. Vielmehr hat der von Muslimen beanspruchte Herrschaftsraum sich den Maßgaben einer einzigen Zeit anzuverwandeln – der sakralen Zeit des Islam und der sie regulierenden Scharia. Muslime, die unter eine nichtislamische Gewalt gerieten – so etwa nach der Eroberung osmanischer Gebiete durch das Russland Katharinas II. im letzen Drittel des 18. Jahrhunderts – sind gehalten, sich in den Herrschaftsraum des Islam zu begeben. Die im religiösen Gesetz kodierte sakrale Zeit ist also an einen nicht weniger sakralen Raum gebunden.

Die Gegenüberstellung zweier im Prinzip auf sakraler Zeitvorstellung fußender Gesetzesreligionen – von Judentum und Islam – macht deutlich, von welchen Verschränkungen jüdische Lebenswelten durchzogen waren, oder genauer: welche Zeitverschmelzungen die diasporische Lebensform bzw. die mit ihr verbundene Enträumlichung zur Folge hatte. Sie zeigt zudem, welche Bedeutungen eine solche, durch chronische Ortlosigkeit bedingte Zeitverschmelzung für das temporale Empfinden sowie das mit ihm verbundene, als ubiquitär erachtete, zwischen Sakralem und Profanem oszillierende Geschichtsbewusstsein annimmt. Es war die Haskala, die jüdische Aufklärung, die einen solchen Brückenschlag zu unternehmen suchte. Indem sie bei aller ihr eigenen Ambivalenz des Übergangs von der Mitte des 18. Jahrhunderts an den Kanon des Zulässigen auch für das Historische öffnete, etablierte sie eine Verbindung zwischen dem durch Zeit- und Ortlosigkeit charakterisierten Sakralen und Elementen profaner Zeit beziehungsweise konkreten Raums.

Über die Rückbildung des Sakralen und die Öffnung zur Geschichte

Die Öffnung zur Geschichte wurde mit nicht unerheblichen Erschütterungen der Glaubengewissheit erkauft. Zudem bedrohte eine mit dem Geschichtsdenken verbundene Transformation von »Text in Kontext« die Einheit der Juden auf der Grundlage des Judentums. Das sich profanen Deutungen von Wirklichkeit anschmiegende historische Denken maskilischer Juden sah sich alsbald mit grundlegenden Fragen der Historie und ihrer in der Tat nur schlechten Übertragbarkeit auf die besonderen Lagen der jüdischen Existenz konfrontiert. Welche Periodisierung mochte da zur Geltung kommen; welchen Räumen galt es sich zuzuwenden? Vor allem war da das Motiv der göttlichen Vorsehung. An ihr vorbei war keine Erzählung der Geschichte der Kinder Israels möglich.

Wie mochten sich da dem Geschichtsdenken so signifikante Fragen nach Verursachung, Kausalität und der Verantwortung des handelnden Menschen stellen? Wer in den Kategorien von Geschichte denkt, dem geht Gott schließlich abhanden.

Ohne den später sich ausbildenden Strang der *Wissenschaft des Judentums* zu bemühen; oder die von Marcus Jost 1820–28 publizierte *Geschichte der Israeliten;* oder jene mit dem von Heinrich Graetz über *Die Construction der jüdischen Geschichte* verfassten Beitrag aus dem Jahre 1846 erfolgende große Wende: Die all dem vorausgehende und im östlichen Europa freilich später und damit zeitverschoben sich ausbildende Haskala war genau an jener dramatischen Scheidelinie angesiedelt, an der das in profanen Zeitstrukturen verfahrende Geschichtsdenken sich von den Vorstellungen der sakralen Zeit abzulösen begann. Hier ist auch die mit einer solchen Ablösung einhergehende Pein zu verspüren, jenes mit Händen zu greifende Bewusstsein des Übergangs, das die Reibung sakraler Anteile von Zeit mit solchen profaner Zeitmodi reflektiert.

Das Eindringen profaner Zeitlichkeit in die sakralen Textwelten der Juden hinein führte zu nicht unerheblichen Kontroversen. Da wäre etwa die Widerständigkeit von Rabbi Jacob Emden (1697–1776) gegen das Aufkommen der Historie unter Juden zu erwähnen. In seinem 1768 erschienenen Buch *mitpakhat sefarim* (Die Umhüllung der Thora) rückt er die Beschäftigung mit historischen Geschichten in die Nähe eines Sakrilegs. Jedenfalls erkennt er darin einen abzuwehrenden Angriff auf die sakrale Zeit. Eine Annäherung an die Geschichte unternimmt wenig später der Aufklärer Naphtali Herz Wessely (1725–1804) in seinem *divrei shalom ve'emet* (Worte des Friedens und der Wahrheit). Dort plädiert er, wenn auch zögerlich, historische Literatur in den für Juden zulässigen Lesekanon aufzunehmen. Seine Auffassung steht ganz im Einklang mit den Vorhaben der Josephinischen Reformen, die Juden – wie es damals hieß – »zu verbessern«, sie also unter absolutistischen Vorzeichen der langsam sich ausbildenden bürgerlichen Welt zuzuführen. So hält er die Unterweisung in Geschichte und Geographie für religiös verträgliche und neutrale Vorhaben, deren Kenntnis gleichsam zur Voraussetzung wird für die jüdische Akzeptanz der neuen Zeit, für die Kommunikation der Juden mit ihrer nichtjüdischen Umwelt, gewissermaßen also für eine gemeinsame Sprache in der Weltdeutung und Welterklärung. In der Tat handelt es sich beim Plädoyer Wesselys um einen Brückenschlag aus dem sakralen Raum der Juden heraus in die Räume des Weltlichen hinein. Die damit einhergehende Gefährdung des Sakralen ist einem seiner schärfsten Gegner, dem Rabbi David Tevele (gest. 1792), nicht entgangen. Eindringlich verwies dieser darauf, dass die jüdischen Texte von der historischen Lesart nicht verschont bleiben würden. Was wären die Folgen, sollte die Thora als Geschichtsbuch und nicht als ein heiliger Text gelesen werden? Obwohl als Geschichtserzählung angelegt, kommt es bei der Thora nicht auf Historie, sondern auf die jenseits von Geschichte gelegenen moralischen Wahrheiten an. Eine solche sakrale Wahrheit würde durch eine historisierende und damit relativierende Interpretation der Thora zerstört.

Dort, wo Wessely noch zögerlich und schwankend war, argumentiert sein jüngerer Freund, der von Kant beeinflusste Isaak Euchel (1756–1804), schon bestimmter. Ihm will eine von den Gegnern des Geschichtsdenkens diagnostizierte Entgegensetzung zwischen einer höheren Wahrheit und den Modi einer historischen Geschichtserzählung nicht einleuchten. Eher träfe das Gegenteil zu. Schließlich könne die Geschichte, also die Kenntnis von Chronologien und Abläufen, sich als Stütze von Wahrheit und Moral erweisen. So erlaube doch gerade die Kenntnis von Geschichte, zwischen wahr und falsch, zwischen gut und übel zu unterscheiden. Und dass vermocht werde, die Wahrheit weiterzutragen, sei doch der Verschriftlichung der Tradition zu danken. Damit wird Geschichte freilich in den Rang eines moralischen Lehrmeisters erhoben; und dieser schickt sich an, an die Stelle

Gottes zu treten. Dies vor allen Dingen, weil das Nebeneinander von göttlicher Wahrheit und Geschichte im Verlauf voranschreitender Säkularisierung zugunsten letzterer tendiert. Das Ergebnis einer solchen Entwicklung war also abzusehen: Anstatt des Glaubens kündigt sich eine Art von Ethik an – ganz ohne Gott.

Überraschenderweise war es gerade der Aufklärer Moses Mendelssohn, der die traditionell negative jüdische Haltung zur Beschäftigung mit Geschichte und einem sich daraus ergebenden Geschichtsdenken bekräftigte. Für die jüdische Existenz, so Mendelssohn, war Geschichte recht eigentlich bedeutungslos. Schließlich lenke die göttliche Hand das Geschehen und nicht der Wille der Menschen. Auch habe für die Juden als ewigem Volke Gottes das Denken in Zeitkategorien keinen Belang. Schließlich nehme die Geschichte nur politische Völker, also im nicht enden wollenden Machtspiel befangene Gemeinwesen, zur Kenntnis. Für ein staatenloses Volk wie die Juden mache die Beschäftigung mit Geschichte also keinen Sinn. Diese der Geschichte wenig holde Einstellung Mendelssohns verschärft sich erst recht, wenn er über die Bibel zu sprechen kommt. Als ein Geschichtsbuch sei sie für Juden ohne jede Bedeutung. Schließlich diene sie einzig dem Studium der Gebote, die zu erfüllen der Juden erste und höchste Pflicht sei. So komme der Geschichte weder für Fragen des Glaubens noch für die Bewahrung des Judentums irgendein Wert zu, ebenso wenig wie für Fragen der von den Juden den Geboten nach erwarteten Anstrengungen der Selbstvervollkommnung; und als ethische seien diese Fragen zutiefst a-historisch. In seinem *bi'ur,* dem Kommentar zur Thora, verdeutlicht Mendelssohn wiederholt, dass historische Zeit theologisch gesehen belanglos sei. So gebe es für Gott nun einmal keine Vergangenheit und keine Zukunft, sondern allein Gegenwart. Hinzuzufügen wäre: ewig währende Gegenwart – sakrale Zeit.

Trotz alledem war die Verbreitung historischen Denkens unter Juden nicht aufzuhalten. Ein zunehmendes Geschichtsbewusstsein war unausweichliche Folge des

Eintritts der Juden in die Welt – in die langsam sich entfaltende, in ihrer durch revolutionäre Umbrüche bisweilen massiv beschleunigte, hin und wieder abgebremste Durchsetzung der bürgerlichen Gesellschaft. Die Bindung an das Sakrale und des ihn repräsentierenden Texts bildet sich zunehmend zurück, während das profane und kontextgeleitete Geschichtsdenken sich immer mehr vor die sakrale Textlichkeit schiebt. Damit vergehen auch die für Juden verbindlichen und sie miteinander verbindenden Gemeinsamkeiten. In diesem Prozess des Übergangs existieren also beide Deutungswelten nebeneinander: die sakrale und die profane. Sie verschränken sich ineinander und schaffen so die ungewöhnliche Verbindung eines hybriden Zeitverständnisses.

Von sakraler zur politischen Zeitlichkeit

Wie steht es nun um die Modi jenes sakrale wie profane Elemente ineinander verschränkenden Zeitempfindens unter Juden? Wie verhalten sich jene Tempi zueinander? Wie vermögen sie ein ihnen gemeinsames, von einer eigentümlichen Gleichzeitigkeit jenseits der Zeitgleichheit getragenes jüdisches Geschichtsbewusstsein hervorzubringen; und dies alles jenseits räumlich bedingter Ungleichzeitigkeiten der verschiedenen Judenheiten? Das sich dabei einstellende Resultat gibt zu mancherlei Verwunderung Anlass. Es handelt sich nämlich um die Entstehung eines sich auch *politisch* verstehenden jüdischen Kollektivs – ganz im Widerspruch zur Vorstellung Mendelssohns, der das jüdische Volk allein auf der Grundlage der Thora und damit im wenig fassbaren Raum des Sakralen angesiedelt sah, nicht aber in der Welt des Profanen. Was war zwischenzeitlich geschehen?

Exemplarisch und in seiner konstitutiven Bedeutung soll die Ausbildung eines solchen selbstreflexiven jüdischen historischen Bewusstseins anhand eines neuzeitlichen, gleichsam notorischen Ereignisses dargestellt werden. Es handelt sich um die Damaskus-Affäre aus dem

Jahre 1840 – ein Ereignis jüdischer Geschichte, dem Jonathan Frankel eine große Monographie gewidmet hat und anhand dessen eine signifikante Verschmelzung von gleichsam überhistorisch-sakralen wie profan-zeitgemäßen Elementen der Selbst- und Fremddeutung evident wird. Insofern mag es sich bei diesem Geschehen durchaus um so etwas wie um ein Gründungsereignis dessen handeln, was sich in hybrider Verschmelzung von Sakralem und Profanen, von Ewigem und Zeitlichem paradigmatisch als Ausdruck eines zunehmend modernen jüdischen Geschichtsbewusstseins erweist.

Sakral – genauer: negativ sakral und damit Mythos und Projektion tief sitzender judenfeindlicher Überzeugungen und Gewissheiten, ist die im Zentrum der Damaskus-Affäre gravitierende Anschuldigung eines den Juden zugeschriebenen sogenannten Ritualmordes. Bei dieser Anschuldigung handelt es sich nicht um irgendein Gerücht über die Juden. Das den Juden unterstellte Ansinnen des Ritualmordes stellt in seiner absurden, abstrusen, aber nichtsdestoweniger trotzdem wirksamen Fiktionalität nämlich so etwas dar, wie eine überhistorisch angelegte und damit ungebrochen durch die Geschichte hindurch mäandernde Vorstellung. Und weil sie als gleichsam beständige Zuschreibung alle wesentlich von Juden erfahrenen historischen Zeiten durchzieht und dabei in allen, jedenfalls in fast allen für den Gegenstand relevanten, historischen Räumen anzutreffen ist, ist dieses Gerücht über die Juden in seiner Wirkung allen Judenheiten in schier allen Zeiten und Räumen gleichermaßen geläufig – wann und wo immer sie sich auch aufhalten mögen. Es ist diese überhistorisch anmutende Beständigkeit, die nahe legt, von eben jener mythologisch verkehrten, also von einer den Juden zugesprochenen negativen Sakralität des sogenannten Ritualmordes zu sprechen. Es handelt sich um eine in der Tat problematische, an die jüdische Existenz durch die nicht-jüdische Umwelt herangetragene Konstante.

Die Damaskus-Affäre des Jahres 1840 zog die verschiedenen Judenheiten in ihren Bann – die Juden der westlichen Gemeinwesen, also dort, wo die Emanzipation als rechtliche Gleichstellung im Großen und Ganzen als vollzogen gelten kann; die Juden der Staaten und Mächte des Deutschen Bundes – dort, wo die rechtliche Emanzipation keineswegs vollbracht, aber in unterschiedlicher Dichte durch die Gewährung von Rechten der Teilhabe und Teilnahme am Gemeinwesen doch auf guten Weg gebracht worden zu sein schien; die Juden des europäischen Ostens, die ihrerseits gerade dabei waren, ihre traditionelle Autonomie an die jeweiligen spätabsolutistischen Gewalten zu verlieren; und nicht zuletzt die Juden der islamischen Länder, die Juden des Orients also, die – wie auch andere religiöse Gemeinschaften im Osmanischen Reich – jene schwärende Krise eines sich in stetiger Auflösung befindlichen, vormodern wie vertikal verfassten Millet-Systems erfuhren. Recht eigentlich scheinen die sozialen und politischen Umstände, die zum Damaszener Ritualmordvorwurf führten, mit den vom ägyptischen Potentaten Mehmed Alî (auch: Mohammed Ali) durchgeführten Reformen in Syrien zusammen zu hängen. Dies vor allem deshalb, als die europäischen Vorstellungen entlehnten Ideen der Gleichstellung – von vormodernem Rang, Stand und religiöser Zugehörigkeit absehend – die Verschiedenheiten durch den nunmehr möglich werdenden Vergleich erst recht herauszukehren neigten. Die von Mehmed Alî im konkreten Falle praktizierte Bevorzugung der christlichen Bevölkerungsgruppe ließ diese in verschärfte Konkurrenz zu den traditionell mit den Muslimen verbundenen Juden treten.

Die Vorgänge in Damaskus alarmierten die verschiedenen Judenheiten in Europa. Vornehmlich in England und Frankreich, dort, wo Emanzipation und Integration der Juden ja am weitesten fortgeschritten war, wo sich Räume der Öffentlichkeit und des freien politischen Diskurses ausgebildet hatten, aber auch die Gültigkeit einer vormodernen und damit personalen jüdischen Einflussnahme gewahrt worden war, verdichtete sich in den jüdischen Persönlichkeiten eines Moses Montefiore und Adolphe Crémieux das, was sich später als jüdische Diplomatie im Sinne der verschiedenen, also räumlich diverser wie durch ihre jeweils verschiedenen Entwicklungen in Fragen von Aufklärung, Säkularisierung und Emanzipation auch zeitlich disparater Judenheiten, niederschlagen sollte. Anhand der Damaskus-Affäre wird also deutlich, dass und wie erst durch ebendiese Krise sich eine politisch gemeinsame jüdische Gegenwart einstellt. Auf der synchronen Achse der als gemeinsam erachteten, zeitlos sich auswirkenden sakralen Emblematik, wie sie für alle Judenheiten durch die Zeiten hindurch gleichermaßen negativ im Ritualmordvorwurf ihren Niederschlag fand, werden die wiederum diachron zueinander stehenden jüdischen Erfahrungswelten ebenso wie die mit ihnen verbundenen disparaten Emanzipationsgeschichten in einer Art Gleichzeitigkeit des Ungleichzeitigen miteinander verstrebt; mögen diese Emanzipationsgeschichten von ihrer jeweiligen Entwicklung her auch Jahrzehnte, unter Umständen gar Jahrhunderte weit auseinander liegen. Was sich dabei ausbildet, sind sich säkularisierende und Raum übergreifende Netzwerke politisch wirksamer Solidarität – ebenjene weitgehend virtuelle diasporische jüdische Kollektivität.

Jonathan Frankel hat mit gutem Grund seine Studie zur Damaskus-Affäre wesentlich als Kommunikationsgeschichte angelegt. Dabei erschließt sich anhand dieses, die verschiedenen Judenheiten in der Jetztzeit des Jahres 1840 miteinander verbindenden Ereignisses so etwas wie ein nunmehr eher säkular verfasster innerjüdischer Kommunikationsraum. Nicht, dass die verschiedenen Judenheiten nicht auch zuvor untereinander in Kontakt gestanden hätten; jüdische Netzwerke wirkten in unterschiedlicher Dichte und zu fast allen Zeiten über weite Räume hinweg – und dies vornehmlich auf der Grundlage rabbinischer Rechtsfindung und deren Zirkulation in Gestalt von Responsen zur sakralen Regelung aller Lebensbereiche, auch der alltäglichsten. Haskala, Emanzipation, Akkulturation und Säkularisierung, sowie jeweils die Juden voneinander scheidende Schübe von Territorialisierung und Nationalisierung der sie umgebenden

Bevölkerungen haben jene vormodernen, herkömmlichen Formen von Verbindung und Verbindlichkeit ausgedünnt, wenn auch nicht gänzlich abreißen lassen. Wesentlich erfuhren sie säkularisierende Verwandlungen. Nach innen etwa nahmen Verbundenheit und Verbindlichkeit die Gestalt der Philantropie an; nach außen wandelte sich die traditionelle Fürsprache für Juden durch Juden an den Höfen christlicher oder muslimischer Herrschaft zunehmend zu einer nichtstaatlichen jüdischen Diplomatie.

In den 1830er und 1840er Jahren wurde die 1815 in Wien inaugurierte restaurative Ordnung von außen her durch Erschütterungen des europäischen Gleichgewichts, vornehmlich durch die von Frankreich geförderte Expansion Mehmed Alîs im Orient, herausgefordert; von innen wurde sie durch revolutionäre Schübe in Mitleidenschaft gezogen und zeitgleich erfolgte mittels eines für alle Judenheiten überall und zu allen Zeiten gleichermaßen tödlichen, inzwischen als überwunden geglaubten Gerüchts, nämlich zu kultischen Zwecken des Blutes christlicher Kinder zu bedürfen, eine Grundlegung von Solidarität zwischen Juden überall und an jedem Ort. Damit findet sich die traditionelle, wesentlich mittels sakraler Texte etablierte virtuelle Bindung der Juden untereinander in eine moderne, politische Form übertragen. Recht eigentlich findet sich durch diesen Vorgang eine Gemeinsamkeit unter Juden überhaupt erst hergestellt.

Der politisch relevante Kommunikationsraum für signifikante jüdische Anliegen wie Emanzipation, Gleichbehandlung – und im Falle physischer Gefährdung auch des Schutzes – ist die in Europa sich einstellende liberale Öffentlichkeit bzw. das sie vermittelnde Medium: die Presse. Ein Medium überdies, das Hegel als ein in die allmorgendliche Zeitungslektüre konvertiertes säkulares Morgengebet ironisierte. Und all das noch vor der großen Zeit des Telegraphen, der den Zeitgenossen nur anderthalb Jahrzehnte später und anlässlich der Begebenheiten des Krimkrieges 1853/56 eine simultane öffentliche Zeugenschaft des Weltgeschehens ermöglichte.

Ein alljüdisches Wirken zugunsten verfolgter oder bedrohter Juden und Judenheiten erfolgte wesentlich auf den Bühnen eines durch die Großen Mächte politisch regulierten imperialen Raumes. Imperial war der seit dem Frieden von Utrecht (1713) mittels des Prinzips des Gleichgewichts sich konstituierende Raum der Großen Politik insofern, als er – obschon immer wieder unterbrochen und zwischenzeitlich auch zerstört – über lange Dauer das politische wie militärische Mit- und Gegeneinander der Mächte regulierte. Dabei harmonierten die diasporischen, über weite Räume und Grenzen hinweg sich erstreckenden Lebenswelten der Juden durchaus mit den Modi der Justierung der Balance der Mächte untereinander im 19. Jahrhundert. Und dies vor allem deshalb, als die dem Prinzip des Gleichgewichts inhärente Tendenz zum Ausgleich der Mächte untereinander den Vertretern verschiedener, räumlich wie politisch disparater Judenheiten in Gestalt des Europäischen Konzerts mit seinen Kongressen und Konferenzen ein Forum für ihre Emanzipation, Gleichbehandlung und Schutz betreffenden Anliegen bot; also für all das, was im heutigen Sprachgebrauch wohl unter den Schutzauftrag der Menschenrechte fallen dürfte. Wichtig war dabei jedenfalls der Umstand, dass das Prinzip der Balance die Einvernehmlichkeit der Mächte untereinander zur Voraussetzung hatte. Und es war gerade diese Einvernehmlichkeit, die es Juden möglich machte, im Sinne jüdischer Anliegen *gemeinsam* zu wirken, also ohne dabei mit ihren jeweiligen Gemeinwesen in Konflikt zu geraten.

Als die Balance von den 1870er Jahren an sich zunehmend in Auflösung befand und die vormalige europäische Ordnung des regulierten Ausgleichs sich in dualistische und damit gegeneinander gerichtete Bündnisse verkehrte, waren die Vertreter der jeweiligen jüdischen Gemeinschaften gehalten, sich ihrerseits den Loyalitätsanforderungen der jeweiligen, nunmehr in Allianzen gegeneinander positionierten Nationen anzuverwandeln.

Mit dem Verlust einer dem System des Gleichgewichts innewohnenden Internationalität waren auch die strukturellen Voraussetzungen einer politischen jüdischen Gemeinsamkeit untergraben. Die europäische, imperiale Domäne der Balance war in duale und national eingefärbte politische Räume zerbrochen. Hierfür ist das Drama der britischen Juden im Ersten Weltkrieg notorisch. Damals war England das seiner parlamentarischen Tradition ebenso wie seiner während des gesamten 19. Jahrhunderts anhaltenden politischen Orientierung widersprechende Bündnis mit dem autokratischen Russland eingegangen. Diese unheilige Allianz legte den britischen Juden nunmehr auf, die judenfeindlichen Maßnahmen der zarischen Politik ganz entgegen ihrer seit Jahrzehnten anhaltenden russlandkritischen Haltung aus Gründen englischer Staatsraison zu beschweigen.

Das Prinzip des Gleichgewichts und der von ihm gestützte Raum imperialer Übereinkunft, dessen Verfall im letzten Drittel des 19. Jahrhunderts einsetzte, wurde von einer sich ankündigenden ethnisierenden Kleinräumigkeit eines Systems von Nationalstaaten ersetzt. Vorbereitet hatte sich diese Tendenz mit der Abkehr vom Freihandel. Nationalismus und Protektionismus mussten längerfristig Beschwernisse ganz besonders für solche Bevölkerungen nach sich ziehen, deren Lebensweise eher imperischen, d.h. übernationalen Vergemeinschaftungen entsprach. Dies gilt vor allem für die sich ihrer Zusammengehörigkeit international versichernden Juden – aber nicht für Juden allein. Als imperisch und damit nicht tellurisch fest verfugt lassen sich auch andere Bevölkerungsgruppen charakterisieren, auch wenn sie nicht unbedingt den für Juden so signifikanten Charakter des Diasporischen aufweisen. Man denke etwa an die Armenier oder Griechen. Es war die Geltung imperialer Zusammenhänge gewesen, die der diasporischen Vernetzung der Juden und der ihnen angemessenen Raumkulturen poröser Grenzen eher entsprochen haben dürfte, als die zunehmend sich ankündigende Welt der Nationalstaaten. Und es war ebenjene Transformation von Imperien in

Nationalstaaten, verbunden mit einer verstärkt herkunftsbezogen grundierten Volkssouveränität und des allenthalben sich durchsetzenden Gleichheitsprinzips, das den Juden als diasporischer wie imperischer Bevölkerung entsprechend zusetzen sollte.

Auch die Damaskus-Affäre von 1840 – ein Ereignis, das sich in der Zeit eines zwar angeschlagenen, aber im Prinzip doch vollgültigen Systems des Gleichgewichts abspielte – war von den sich ankündigenden Verwerfungen einer neuen Zeit durchzogen, wenn auch in einer spezifischen orientalischen Ausformung. So zog die von Mehmed Alî politisch initiierte Gleichbehandlung unter vormals rechtlich streng voneinander geschiedenen religiösen Bevölkerungen in Syrien jene Veränderung institutioneller wie sozialer Lagen nach sich, die dort dem Vorwurf des Ritualmordes den Boden bereiteten.

Zu einer Wende in der leidigen Affäre und zu einer Freilassung der inhaftierten und malträtierten Juden in Damaskus kam es erst dann, als eine europäische Intervention in der Levante sich anschickte, Mehmed Alî aus dem Gebiete Syriens zu vertreiben. Immerhin galt es den vom ägyptischen Pascha bedrohten osmanischen Sultan in Konstantinopel zu schützen und so den Zusammenhalt des Osmanischen Reiches als Eckstein der europäischen Balance zu wahren. Dass dabei Frankreich, das durch seine politischen Manöver ständig und immer wieder die Ordnung von 1815 zu unterlaufen suchte und nicht zuletzt aus diesen Gründen Mehmed Alî unterstützte, in die Schranken internationalen Wohlverhaltens genötigt werden konnte, diente der dergestalt wiederhergestellten Architektur des europäischen Gleichgewichts. So war die Freilassung der Damaszener Juden weniger dem Einwirken der sich ihrer jüdischen Glaubensbrüder im Orient annehmenden, von Montefiore und Crémieux vertretenen europäischen Judenheiten und damit den Anfängen einer modernen jüdischen Diplomatie zu danken, sondern erwuchs den phantastischen Vorstellungen des orientalischen Potentaten von einem auch die Großen Mächte gefügig machenden Einfluss der Juden.

Die Vorstellung über Macht und Einfluss der Juden erwächst nicht ihrem wirklichen Gewicht, sondern fließt wesentlich aus der Phantasie über das Phänomen ihrer faktisch allseitigen Präsenz. Ihre Ubiquität in Zeit und Raum nährt jedenfalls Vorstellungen über ihre vorgebliche Allmacht – ein Motiv, das sich in den Kern dessen einzunisten vermag, was gemeinhin unter Antisemitismus verstanden wird. Verstärkt wird diese Phantasie über die Allmacht der Juden vermittels ihrer angeblichen Unsichtbarkeit. Und noch einmal verstärkt durch die Wahrnehmung von jüdischer Kommunikation als einer abstrakten Textualität, die konkrete Räume wie fassbare Nationalitäten transzendiert, dient ebenjene vorgebliche Unsichtbarkeit der Juden als Projektionsfläche zur Bebilderung sich einfacher Wahrnehmung entziehender Zusammenhänge. Die dabei sich einstellenden Illustrationen sind freilich wenig gefällig. Sie folgen im Großen und Ganzen Vorstellungen von Kabale, Ränke und Verschwörung. Im ausgehenden 19. Jahrhundert erklimmen sie, durch Finanzskandale und andere Affären angeheizt, ihren für die damaligen Verhältnisse vorläufigen Höhepunkt.

Transterritoriale Räume

Der jüdische Raum ist seines transterritorialen Charakters wegen ebenso virtuell wie real. Crémieux und Montefiore haben auf ihren jeweils getrennten Wegen vom Hofe Mehmed Alîs zurück in die westlichen Metropolen Paris und London Teile dieses jüdischen Raumes in wochenlanger Reise begangen. Dabei haben sie seine auffällig urbane Gestalt für eine kurze Weile sichtbar werden lassen. Die Spur zog sich durch Syrien hindurch nach Konstantinopel und Athen, führte weiter über Korfu und Triest nach Venedig und Rom, von da aus nach Wien, nach Frankfurt am Main und nach Mainz – um nur die wichtigsten Stationen zu nennen. Dieser sich dergestalt einstellende Raum der Reiserouten war in seiner signifikanten Verschränkung von sakralen wie profanen Emblemen von Zeitlichkeit doppelt ausgelegt – nämlich jüdisch wie nichtjüdisch zugleich. Jüdisch war dieser Raum insofern, als die von Crémieux und Montefiore auf dem Wege vom Orient in die Metropolen des Westens besuchten jüdischen Gemeinschaften in diesen beiden Repräsentanten in einer Phase der Verwandlung von traditioneller *shtadlanuth* in moderne Diplomatie so etwas wie die Inkarnation säkularisierter Erlöser erkennen wollten und ihnen jeweils und allerorts, auch und gerade in Synagogen, einen begeisterten Empfang bereiteten. Symptomatisch für eine solche Mischung dürfte wohl die in Anwesenheit des gefeierten Moses Montefiore anlässlich des Yom Kippur-Gottesdienstes in Frankfurt am Main vom dortigen Rabbiner gehaltene Predigt sein, in der sich religiöser Segen und politische Ehrung miteinander verbanden. Und die Mischung aus Sakralem und Profanem ließ sich im Übrigen auch später und weiter östlich verfolgen, in Russland, als anlässlich einer 1846 erfolgten Reise Montefiores in das Zarenreich dessen Rolle bei der Damaskus-Affäre zu einem Akt der Weihe führen sollte, die zwischen dem Religiösem und Politischem angelegt war. In einem von Adam Hacohen verfassten Gedicht waren drei den Namen Moses tragende erlauchte Gestalten des Judentums belobigt worden: Moses, Maimonides und Mendelssohn. Jetzt, nach der Damaskus-Affäre, trat den Worten Hacohens zufolge ein vierter Mose hinzu, eben Moses Montefiore. Zwar gehört dieser vierte Mose nicht zu den geistigen Erleuchtern der Juden, indes war er als eine politische Gestalt eine Figur der Zukunft. Und dass in Zeiten verstärkter Säkularisierung gerade der Politik und der ihr zukommenden Erzählform, der Geschichte, eine zunehmend wichtigere Rolle zugewiesen wurde, versteht sich von selbst. Die Damaskus-Affäre ist ein hierfür signifikanter Umschlagpunkt.

Auf ihrer Rückreise aus dem Orient begehen Montefiore und Crémieux neben den von ihnen aufgesuchten jüdischen Orten auch Stätten der wirklichen Macht – Paläste und Kanzleien der jeweiligen Herrscher und

Staatsmänner, und dies in der Absicht, den im Orient vermeintlich errungenen Erfolg der Juden in so etwas wie in eine bleibende politische Anerkennung jüdischer Anliegen zu verhandeln. So war in Istanbul Moses Montefiore eine Audienz beim Sultan gewährt worden; im Vatikan sprach er mit dem für den Kapuzinerorden zuständigen Kardinal, was wiederum damit zusammenhing, dass der vorgeblich von den Damaszener Juden zum Zwecke des Rituals getötete Mönch Kapuziner gewesen war. Adolph Crémieux seinerseits traf in Wien mit Metternich zusammen. In Paris angelangt gewährte ihm der neue Ministerpräsident Guizot eine Audienz. Er hatte just zuvor das Amt vom an der Orientkrise gescheiterten Thiers übernommen.

Die vor dem Hintergrund der Orientkrise des Jahres 1840 sich abspielende Dramatik des Ritualmordvorwurfes von Damaskus hatte den wohl bedeutendsten Einschnitt im Prozess der Ausbildung eines jüdischen Geschichtsbewusstseins im Übergang von einer langen jüdischen Vormoderne in die sie bedrängende Moderne zur Folge. In der *Allgemeinen Zeitung des Judentums* hat Ludwig Philippson diese Transformation gleichsam diagnostisch auf den zeitgeistigen Punkt gebracht, als er die mittels dieser Affäre erfolgte Bestätigung einer jüdischen Kollektivität beschwor. Zwar handelte es sich dabei nicht gerade um den Ausgangspunkt der Erfindung eines sich säkularisierenden und mittels Geschichte zu begründen beginnenden Judentums; das Aufkommen einer solchen Tendenz war bereits seit einer geraumen Weile zu beobachten gewesen und durch die im Jahre 1822 erfolgte Etablierung der *Zeitschrift für die Wissenschaft vom Judentum* angezeigt worden. Aber um ein Schwellenereignis handelte es sich bei der Damaskus-Affäre allemal. An ihr lässt sich wie wohl kaum an einem anderen Ereignis in der für die Ausbildung eines jüdischen Geschichtsbewusstseins so wichtigen ersten Hälfte des 19. Jahrhunderts der ubiquitäre Charakter jüdischer Räumlichkeit als Ausdruck in sich verflochtener Zeitlichkeiten studieren.

Quellen und Literatur

Zum vorliegenden Essay wird folgende Literatur empfohlen: Der Artikel »Geschichte, Historie«, in: Geschichtliche Grundbegriffe. Historisches Lexikon zur politisch-sozialen Sprache in Deutschland, Bd. 2, hrsg. von Heinrich Brunner/Werner Conze/Reinhart Koselleck, Stuttgart 1975, 593–717, vor allem die Ausführungen Kosellecks zum Bewegungscharakter des neuzeitlichen Geschichtsbegriffes. Immer noch grundlegend zur Säkularisierung eschatologischer Zeitvorstellung ist Karl Löwith, Weltgeschichte und Heilsgeschehen, Stuttgart/Weimar 2004 [erste Auflage 1953]. Über Raum, Raumvorstellung und Raumwandel aus rechtsanthropologischer Perspektive siehe Carl Schmitt, Der Nomos der Erde im Völkerrecht des jus publicum europaeum, Köln 1952. Zur Säkularisierungsfrage überhaupt ist das nicht leicht zu lesende Werk von Hans Blumenberg, Die Legitimität der Neuzeit, Frankfurt a.M. 1973 anregend.

Die muslimische Geschichtsschreibung behandelt enzyklopädisch Franz Rosenthal, A History of Muslim Historiography, Leiden 1968; eine neuere Überblicksdarstellung zum Gegenstand bietet Ludwig Ammann, Kommentiertes Literaturverzeichnis zu Zeitvorstellungen und Geschichtlichem Denken in der islamischen Welt, in: Die Welt des Islams 37 (1997), 28–87. Zur Genealogie des sakralen jüdischen Zeitbewusstseins siehe die Studie von Sylvie Anne Goldberg, La clepsydre. Essai sur la pluralité des temps dans le judaïsme, Paris 2000, sowie dies., La clepsydre II. Temps de Jérusalem, temps de Babylone, Paris 2004. Über jüdisches Geschichtsbewusstsein weiterhin einschlägig ist Yosef Hayim Yerushalmi, Zakhor. Jewish History and Jewish Memory, Seattle/London 1982. Über das Verhältnis von Juden zur Herrschaft ist das umfassende Sammelwerk von Michael Walzer u.a. (Hg.), The Jewish Political Tradition, Bd. 1: Authority, New Haven/London 2000, zu Rate zu ziehen. Über die Akzeptanz nichtjüdischer Herrschaft siehe Shmuel Shilo, Dina demalkhuta dina, Jerusalem 1975 (Hebr.), sowie: Isadore Twersky, Introduction to the Code of Maimonides (Mishneh Torah), New Haven 1980. Zur Säkularisierung der jüdischen Politik in Osteuropa, vornehmlich im 19. Jahrhundert, siehe Eli Lederhendler, The Road to Modern Jewish Politics. Political Tradition and Political Reconstruction in the Jewish Community of Tsarist Russia, New York/Oxford 1989.

Zum Eintritt der Juden in die Geschichte siehe die grundlegende Untersuchung von Shmuel Feiner, Haskala and History. The Emergence of a Modern Jewish Historical Consciousness, Oxford 2002; über die Ausbildung der Wissenschaft des Judentums informiert Ismar Schorsch, From Text to Context. The Turn to History in Modern Judaism, Hanover/London 1994; lesenswert ist immer noch David J. Sorkin, The Transformation of German Jewry 1780–1840, New York 1987; jetzt neu: Simone Lässig, Jüdische Wege ins Bürgertum. Kulturelles Kapital und sozialer Aufstieg im 19. Jahrhundert, Göttingen 2004. Einen Überblick über den gegenwärtigen Geschichtsdiskurs bieten Michael Brenner/David N. Myers (Hg.), Jüdische Geschichtsschreibung heute. Themen, Positionen, Kontroversen, München 2002, während Andreas Gotzmann, Eigenheit und Einheit. Modernisierungsdiskurse des deutschen Judentums der Emanzipationszeit, Leiden u.a. 2002 aus mikrohistorischer Perspektive die Verwandlung von traditioneller Religion in moderne Konfession beschreibt. Alexander Altmann, Moses Mendelssohn, A Biographical Study, London 1973 gehört zu den einschlägigen Werken über den jüdischen Aufklärungsphilosophen. Mit Jonathan Frankel, The Damascus Affair. »Ritual Murder«, Politics, and the Jews in 1840, Cambridge 1997 liegt wohl das gegenwärtig bedeutendste Buch zur Ausbildung jüdischer Politik an der Schwelle zur Moderne vor.

Über das Verhältnis der Mächte im Raum des Vorderen Orients ist bislang die Untersuchung von Matthew Smith Anderson, The Eastern Question 1774–1923. A Study in International Relations, London 1966 unübertroffen geblieben. Einen guten Einblick in die Lage der Minderheiten unter muslimischer Herrschaft bieten Benjamin Braude/Bernard Lewis (Hg.), Christians and Jews in the Ottoman Empire. The Functioning of a Plural Society, 2 Bde., New York 1982. Eine frühe Studie zur Ausbildung jüdischer Selbstorganisation hat Andre Chouraqui, L'Alliance Israélite Universelle et la rennaissance juive contemporain (1860–1960), Paris 1965, vorgelegt. Über Rolle und Bedeutung des ägyptischen Herrschers Mehmed Alî ist Henry Herbert Dodwell, The Founder of Modern Egypt. A Study of Mohammed Ali, Cambridge 1967, immer noch lesenswert.

Autonomie und Emanzipation

»Blasphemie« wider den katholischen Glauben? – Der Fall eines jüdischen Schankwirts in Polen 1726

Yvonne Kleinmann

Am 24. September des Jahres 1726 gab der Bürger Franciszek Kowalski aus dem Städtchen Rozwadów, der Hauptzeuge im Verfahren gegen den jüdischen Schankwirt Samuel (Szmul) Dubiński, dem Untersuchungsrichter der Bezirksstadt Rzeszów in der Wojewodschaft Ruthenien folgende Szene zu Protokoll:

»Am Festtag der Heimsuchung Mariä [2. Juli] kam ich zur zweiten oder dritten Stunde am Nachmittag mit Jakub Lisowski ins Haus des ungläubigen Szmul Dubiński, unseres Bürgers, und wir ließen uns einen Krug Bier geben. Nämlicher Szmul ließ sich, nachdem er zu uns getreten war, auf ein Gespräch über die Wahlen zu den städtischen Ämtern ein.

Als wir einen Diskurs darüber begannen, wer in welches Amt zu wählen sei, begann Szmul, sich lustig zu machen, und sagte: ›Was habt ihr da für einen Bürgermeister, wenn dieser Streithammel, dieser junge Dachs, dieser Tölpel [...]‹, doch als er sich anschickte, weiter zu spotten, erwiderte ich ihm auf diese Worte: ›Und warum sieht man das in anderen Orten nicht so? Etwa in Sandomierz, obschon eine Burgstadt, ist Nowiński Gemeindevorsteher‹. Aber Szmul antwortete: ›Sicher ist er Gemeindevorsteher, aber dafür hat er auch einige Hundert Złoty gezahlt. Er war hier bei mir, um auf der Reise Rast zu machen, und sagte mir, er gehe nun seinen Stiefsohn suchen, der verschwunden sei, und die Priester würden ihn anstiften, die Juden zu beschuldigen, ihn geraubt und ermordet zu haben.‹ Ich erwiderte ihm, dass dies eine Lüge sei, weil unsere Geistlichkeit selbst in offensichtlichen Fällen keiner Anschuldigung zustimme, geschweige denn in Fällen, die sie nicht kenne, dazu anstifte. Szmul erwiderte, in einer Stadt habe man eine Frau angetroffen, deren Kind gestorben war, die fluchte, dass es unter die Juden geworfen worden sei, und [sagte], dass man die Juden seinetwillen überfallen und getötet habe. Ich entgegnete ihm, dass dies nicht Wahrheit, sondern Lüge sei. Szmul hob wieder an: ›Ihr Polen verbreitet, dass wir euer Blut verwenden, um uns damit zu waschen.‹ Ich sagte ihm: ›Dazu kann ich nichts sagen, weil ich dergleichen nicht erlebt habe, aber das sind durchtriebene Juden, die sich verleugnen, obwohl sie Böses tun.‹

Dieser Zank führte so weit, dass Szmul einen Diskurs über den Glauben begann und mit den Worten ›Unser Gott ist älter als euer katholischer‹ ausfällig wurde. Szmul fragte mich: ›An welchen Gott glaubst Du?‹. Ich antwortete ihm, dass ich an den glaube, der sich für uns kreuzigen ließ. Szmul zeigte durch den Fensterflügel auf eine Figur mit Himmelsgewölbe und Kreuz, eine aus Ton geformte Töpferarbeit, und sagte: ›Also an diesen Gott glaubst Du, den Skrzypek aus Ton gemacht und aufgestellt hat?‹. Ich antwortete ihm, an eben diesen, weil er das Bildnis der göttlichen Qualen auf Erden und der Herrgott selbst im Himmel ist. Szmul erwiderte: ›Wofür hat er sich denn kreuzigen lassen, wenn er so mächtig war, und warum fällt euer Gott um?‹. Ich entgegnete ihm: ›Szmul, diskutiere nicht, denn Gott ist Gott, und selbst wenn ein gebeugter Baum umstürzt, kommentiere das nicht. Er hat sich kreuzigen lassen und freiwillig den Qualen hingegeben, weil er barmherzig war und um unsere Schuld zu sühnen‹, und ich fügte hinzu: ›Szmul, diskutiere solche Dinge nicht mit jemand Gescheiterem, damit du in kein Labyrinth gerätst. Ich bin nur ein einfacher Mann.‹«

Es könnte kaum einen schärferen Brennspiegel jüdischer Erfahrungswelt im frühneuzeitlichen Polen-Litauen geben als diese kurze Sequenz aus der Zeugenaussage des Polen Kowalski. Der Jude Dubiński figuriert als »Gottloser«, als Bürger und Schankwirt zugleich. Seine Schenke wird zum Resonanzraum zweier Ritualmordanklagen und er selbst zum Kontrahenten in einer christlich-jüdischen Disputation um die Fleischwerdung Gottes und das Bilderverbot.

In welcher existentiellen Gefahr der jüdische Schankwirt schwebte, sollte erst der weitere Verlauf der Auseinandersetzung zeigen, die sich jenseits der Schenke dramatisch zuspitzte. Nach den vereidigten Zeugenaussagen des Hauptkontrahenten Kowalski und eines weiteren Gastes konnte zunächst eine Schlägerei in der Schenke durch die Besonnenheit beider Disputanten verhindert werden. Der Christ Kowalski warnte den jüdischen Schankwirt vor dem »Labyrinth« der katholischen Geistlichkeit, und dieser lenkte ein mit den Worten »Mögen beide Götter gut sein, dieser gut und jener gut«. Aber bei dieser friedlichen Beilegung blieb es nicht.

Auf Initiative der nicht näher definierten Bürger von Rozwadów wurde Szmul Dubiński vor dem Stadtgericht Rzeszów am 24. September 1726 der Blasphemie angeklagt. Am 13. Dezember sprachen ihn die führenden katholischen Würdenträger der Region, insbesondere eine Reihe einflussreicher Piaristen, der »Lästerung des Besten und Größten Gottes« schuldig, und das Stadtgericht zu Rzeszów verurteilte ihn, sich auf dieses Gutachten und auf die Zeugenaussagen berufend, zum Tode auf dem Scheiterhaufen »am Ort des Verbrechens« und ordnete an, ihm zuvor die Zunge aus dem Hals zu reißen. Ohne den Angeklagten selbst zu Wort kommen zu lassen, deklarierte das Gericht die Strafe explizit als abschreckende Maßnahme gegen all jene, die es an Respekt vor der katholischen Kirche mangeln lassen sollten. Die Dokumentation in den Gerichtsakten gibt keinerlei Auskunft darüber, ob das Todesurteil tatsächlich vor der Schenke in Rozwadów vollstreckt wurde. Auch fehlt jeglicher Hinweis auf die etwaige Intervention des adligen Stadtherrn oder jüdischer Autoritäten.

Der Vorwurf der Blasphemie erscheint bei näherer Betrachtung ebenso doppeldeutig wie fragwürdig, waren doch in die Auseinandersetzung in der Schenke zwei konkurrierende Gottesbegriffe involviert. Aus der Perspektive des jüdischen Religionsgesetzes hatte Szmul Dubiński keine Gotteslästerung begangen, sondern vielmehr die Einheit Gottes und das Bilderverbot verteidigt. Ein frommer Katholik hingegen musste die Verspottung des Kruzifixes als gravierenden Verstoß gegen das christliche Trinitätsdogma und die Ehre Gottes auffassen. Innerhalb der christlichen Glaubensgemeinschaft wäre dies zweifellos als ein Fall von Häresie angesehen worden, doch wie begegnete man einem Juden, der öffentlich die

Fundamente des christlichen Glaubens in Frage stellte? Im Grunde handelte es sich hier nicht um einen Fall der Gotteslästerung oder Häresie, die nur im Kontext des eigenen Glaubens denkbar war, sondern um mangelnden Respekt gegenüber der dominanten Religion.

Brisant ist daher die Frage, wie Szmul Dubiński es wagen konnte, als einziger Jude in der Öffentlichkeit der Schenke die katholischen Messgänger herauszufordern, indem er die Fundamente ihres Glaubens in Frage stellte. Auch wenn er angetrunken war, kann der jüdische Schankwirt nicht als ahnungslos gelten. Aus dem täglichen Umgang mit seinen christlichen Kunden musste er wissen, was diese als Sakrileg betrachteten. Offensichtlich schätzte er das Risiko, das er mit der Verspottung des katholischen Glaubens einging, vor dem Hintergrund seiner Erfahrungen in Rzeszów nicht richtig ein.

Es bedarf einer eingehenden Untersuchung aller am Konflikt beteiligten Parteien, des Ortes der Handlung, der vorgebrachten Argumente und einer Einordnung in den breiteren historischen Kontext Polen-Litauens im frühen 18. Jahrhundert, um die Selbstsicherheit Szmul Dubińskis zu begreifen und nachzuvollziehen, warum die Beleidigung der Ehre Christi durch den jüdischen Schankwirt als Kapitalverbrechen geahndet wurde.

Der Schauplatz Rzeszów

Eine Skizze der jüdischen Bevölkerung von Rzeszów, gelegen auf halbem Wege zwischen Krakau und Lemberg, hat wenig mit der herkömmlichen Vorstellung von den Juden als Objekt der Diskriminierung und als Minderheit in der Geschichte gemein. Rzeszów, seit 1362 adlige Privatstadt in Anlehnung an das Magdeburger Recht, unterhielt schon 1627 nicht nur einen städtischen und vorstädtischen, sondern auch einen jüdischen Hetman zur Verteidigung der Stadt gegen Tatareneinfälle. Am Ende des 17. Jahrhunderts war der Anteil der Juden, die hauptsächlich in Handel und Handwerk Wohlstand erwarben, auf etwa die Hälfte der städtischen Bevölkerung angewachsen. Im Jahr 1765 zählte die bedeutende jüdische Gemeinde Rzeszóws circa 1.200 Mitglieder, um 1800 fast 3.400. Zu diesem Zeitpunkt bildeten die Juden etwa drei Viertel der gesamten Stadtbevölkerung.

Die quantitative Entwicklung der jüdischen Einwohnerschaft und ihr wirtschaftliches Gewicht wirkten sich bald positiv auf ihre rechtliche Situation aus. Diese wurde, wie in Privatstädten üblich, in erster Linie vom Stadtherrn bestimmt, der die lokalen Angelegenheiten durch allgemeine Stadtprivilegien, Sonderverordnungen und das Zunftrecht regelte. Seit der ersten Hälfte des 17. Jahrhunderts gehörte Rzeszów zum Besitz der Magnaten Lubomirski. Spezielle Privilegien für die jüdische Bevölkerung gab es in Rzeszów im Gegensatz zu vielen anderen Adelsstädten nur vereinzelt. In der Regel wurde ein allgemeines Stadtprivileg an »beide Nationen«, das heißt Polen und Juden, adressiert und lediglich durch Einschränkungen und Verbote im Hinblick auf die Juden ergänzt. In der zentralen Frage des Bürgerrechts bestanden keine Unterschiede zwischen Christen und Juden, soweit sie ihren jeweils religiös gebundenen Untertaneneid leisteten und die ihnen damit auferlegten Abgaben und Dienste entrichteten.

Hatten die Stadtherren bis in die ersten Jahre des 18. Jahrhunderts die Niederlassung von Juden begrenzt, sie vom Handel mit bestimmten Waren ausgeschlossen und Zahl und Lage ihrer Häuser kontrolliert, so wurden diese Anordnungen in der Praxis aus steuerlichen Erwägungen immer seltener befolgt und durch Jerzy Ignacy Lubomirski, den Stadtherrn zwischen 1706 und 1753, gänzlich aufgehoben. Die Gründe lagen auf der Hand: Rzeszów fiel im Jahr 1709 sowohl einem großen Brand als auch einem massiven Angriff des schwedischen Heers gegen den vom Stadtherrn unterstützten August II. zum Opfer. Unter diesen Bedingungen wanderten viele Einwohner der Stadt ab; das Wirtschaftsleben und folglich auch die Steuereinnahmen des Stadtherrn drohten zu versiegen.

Um der Misere abzuhelfen, untersagte Jerzy Ignacy

Lubomirski den Angehörigen »beider Nationen« die Abwanderung und führte eine strenge Kontrolle über die Mobilität von Kaufleuten ein. Die Strafen für unerlaubtes Verlassen der Stadt, die bis zu Konfiskationen und Sippenhaft reichten, trafen hauptsächlich Juden, denn sie bildeten die Mehrheit der mobilen Handelsschicht und sollten als Steuerzahler und Hauseigentümer in Rzeszów gehalten werden. Künftig standen jüdische Bürger den christlichen weder an Gewerbefreiheit noch an Besitzrechten nach und waren wie zuvor in der ungehinderten Ausübung ihres Glaubens durch den Stadtherrn geschützt. Insbesondere die jüdischen Kaufleute müssen daher als unverzichtbare Partner des Magnaten Lubomirski im Wiederaufbau der Stadt gelten.

Im Hinblick auf die rechtliche Stellung der Rzeszower Juden verdient der in zahlreichen Privilegien verwendete Begriff der »beiden Nationen« besondere Aufmerksamkeit, da er auf der Ebene des Königreichs eine andere Bedeutung trug. Die Landesherren sprachen seit der Union von Lublin von der »Republik der beiden Nationen« und betonten damit die Gleichberechtigung von Polen und Litauern. In Rzeszów aber bezeichneten die Stadtherren mit den »beiden Nationen« oder auch »Religionen« Katholiken und Juden und verwiesen auf die spezifische lokale Konstellation – die rechtliche Gleichstellung der beiden Glaubensgemeinschaften.

Ein in Rzeszów wie in ganz Polen-Litauen verwurzeltes Recht war die jüdische Gemeindeautonomie, der eine Trennung in religiöse und säkulare Kompetenzen fremd war. Zur Gemeinde zählten sämtliche in der Stadt und auf den umliegenden Ländereien der Lubomirskis ansässigen Juden. Der *Kahal* als Verwaltungsspitze bestand aus zwölf Synagogenältesten, die aus ihrer Mitte vier »Quartalsbürgermeister« wählten, welche gerichtliche, administrative und religiöse Autorität in sich vereinigten. Der *Kahal* delegierte sämtliche Steuern, Abgaben und Dienste an die einzelnen jüdischen Haushalte, gleichgültig ob sie der Krone, dem Stadtherrn, der Stadt oder dem *Kahal* selbst galten. Der Rabbiner war Religionslehrer,

Schatzmeister und Richter in einer Person. Nebst drei weiteren Synagogenältesten bildete er das *Kahal*-Gericht, welches religiöse, zivil- und strafrechtliche Angelegenheiten nach den Prinzipien der *Halacha* regelte, soweit keine Christen involviert waren.

Eine vergleichbar autonome Verwaltungsstruktur bildete die christliche Bevölkerung Rzeszóws, die ihre Untertanenpflichten und internen Angelegenheiten durch Stadtrat, Bürgermeister, Schöffen- bzw. Stadtgericht und die katholische Geistlichkeit regelte. Somit existierten in ein und derselben Stadt nebeneinander eine christliche und eine jüdische Gesellschaft, die häufig auf ökonomischer, seltener auf ideeller Ebene miteinander in Konflikt gerieten und die vermittelnde Autorität des Stadtherrn anriefen. Vor dem Hintergrund dieser Parallelstruktur erklärt sich der ebenso spottreiche wie distanzierte Ausruf des jüdischen Schankwirts »Was habt ihr da für einen Bürgermeister«. Denn tatsächlich handelte es sich um einen Bürgermeister, der über ihn keine Macht ausübte.

Schwieriger zu entscheiden ist die Frage, welche Autorität die katholische Geistlichkeit über die jüdische Bevölkerung hatte. Einerseits waren die Stadtherren Lubomirski selbst Katholiken und eifrige Kirchenstifter. Als solche unterstützten sie den Vormachtsanspruch der Kirche über die Juden, indem sie etwa den Ladenhandel an christlichen Feiertagen verboten und die Juden anhielten, katholischen Prozessionen fernzubleiben. Andererseits ahndeten sie die genannten ›Vergehen‹ recht nachlässig und protegierten ihre jüdischen Untertanen aus pragmatischen Gründen, aber auch in Anlehnung an das Prinzip der religiösen Toleranz. Fest steht, dass es den Stadtherren vor dem Hintergrund der ökonomischen und demographischen Dominanz der jüdischen Bevölkerung schwer fallen musste, das öffentliche Leben auf christliche Artikulationen zu beschränken. Diese Ambivalenz spiegelte sich in der Zeugenaussage des Katholiken Kowalski, der den Juden Dubiński in einem Atemzug einen »Ungläubigen« und »unseren Bürger« nannte, Verachtung und Respekt zugleich ausdrückend.

Die Schenke und der jüdische Schankwirt

Doch kehren wir an den Ausgangspunkt des Konflikts, die Schenke des Szmul Dubiński in Rozwadów, einer Ortschaft im Norden der Rzeszower Ländereien der Lubomirskis zurück. Offensichtlich handelte es sich um kein kleines Lokal, sondern um ein stattliches Gasthaus an einer gut frequentierten Landstraße, da nicht nur die Honoratioren aus den umliegenden Dörfern, sondern sogar aus der nahegelegenen Burgstadt Sandomierz einkehrten. Der Schankwirt schien allen in der Gegend bekannt und, seinem selbstsicheren Auftreten nach zu urteilen, relativ wohlhabend zu sein. Als Schankwirt kannte er sich in den lokalen Machtverhältnissen und Intrigen ebenso aus wie im sonstigen Leben seiner Kunden, die ihm im angetrunkenen Zustand zweifellos mehr als in der Stadtöffentlichkeit erzählten.

Weder kann die Schenke in der Geschichte Polen-Litauens als neutraler Ort noch ihr jüdischer Schankwirt als neutrale Person betrachtet werden. Schenke und Schankwirt waren zentrale Elemente im Beziehungsgeflecht zwischen Juden und Christen vom 16. bis weit ins 19. Jahrhundert. Das *Arende*-System, die Pacht grundherrlicher Monopole wie die Produktion und der Verkauf von Alkohol und das Betreiben von Mühlen, galt als jüdische Domäne. Lizenzen für Brauereien, Brennereien und Schenken vergaben die adligen Grundbesitzer meist an einzelne Juden. Der Anteil derer, die im 18. Jahrhundert vom Schankgewerbe lebten, wird auf mehr als ein Viertel der jüdischen Bevölkerung Polen-Litauens geschätzt. Somit waren die Schenke und ihr jüdischer Schankwirt ein omnipräsenter sozialer Faktor.

Dieser Umstand machte die jüdischen Schankwirte angreifbar, da sie in direktem Kontakt zur bäuerlichen Bevölkerung standen und bald insbesondere von der katholischen Geistlichkeit bezichtigt wurden, die christlichen Untertanen auszubeuten und zur Trunksucht zu verleiten. Im 17. und 18. Jahrhundert griffen Bauern in zahlreichen Aufständen jüdische Schankpächter an, um der Verschuldung zu entkommen. Ungeachtet dessen blieben die Schenken ein wichtiger Bestandteil der ländlichen Ökonomie. Daher war die Schenke an sich ein Ort potentieller Aggression zwischen den christlichen Gästen und dem jüdischen Wirt. Juden gehörten aufgrund der nachtalmudischen Tabuisierung des Alkoholkonsums außerhalb religiöser Zeremonien ohnehin nicht zu den Gästen der Schenke. Der regelmäßige Kontakt des Wirts mit trinkenden Christen wurde im jüdischen Recht als ökonomische Notwendigkeit betrachtet, doch rückte er ihn moralisch an den Rand der jüdischen Gesellschaft.

Wie die Situation in der Schenke von Szmul Dubiński offenbarte, kam dem jüdischen Schankwirt eine bestimmte Rolle zu. Anderen Wirten gleich bildete er eine Informationsbörse der kursierenden Meinungen, Themen und aktuellen Konflikte, gewann Macht durch Wissen und fungierte darüber hinaus als unberufener Vertreter der abwesenden Juden. Obwohl er fern der Stadt lebte, gehörte er ihrer jüdischen Gemeinde an. An seinem frommen Lebenswandel müssen indessen Zweifel gehegt werden, denn nicht nur die beiden Hauptzeugen und Teilnehmer des Streits bestellten nach eigener Aussage einen Krug Bier, sondern auch Szmul Dubiński war nach den Berichten zweier Beobachter zumindest angetrunken.

Der jüdische Schankwirt trank in seiner Schenke mit den Christen und wechselte, durch den Alkohol enthemmt oder aber im Bewusstsein der starken Position der Juden in Rzeszów, zu zentralen Themen der christlich-jüdischen Kontroverse über – Ritualmordlegende, Christusleugnung und Bilderstreit. Er scheute sich weder, als einziger Jude im Raum eine Glaubensdiskussion mit mehreren Katholiken zu beginnen, noch schien er in Betracht zu ziehen, dass die Besucher der Schenke soeben aus der feiertäglichen Messe kamen und die Worte der katholischen Glaubenslehre in ihnen nachhallten. Nicht zufällig äußerte ein Gast der Schenke beim Anblick von frisch gebackenem Brot empört »Es gehört sich nicht, am Feiertag Brot zu backen. Unseren Feiertag brecht ihr, aber euren Schabbes haltet ihr ein.« Das Haus des jüdischen Schankwirts wurde zum Forum einer theologischen Kontroverse.

Das Motiv des Ritualmordverdachts

Die Themen, die der jüdische Schankwirt und die katholischen Kirchgänger in ihrem Wortwechsel aufwarfen, können als ein Echo der virulenten Konflikte und wechselseitigen Wahrnehmungen von Juden und Katholiken der Region betrachtet werden. Ein zentrales Motiv des Schenkendialogs war die Anschuldigung des Ritualmords gegen die jüdische Bevölkerung. Szmul Dubiński wusste gleich von zwei Fällen aus dem Informationsradius seiner Schenke zu berichten, in denen Katholiken »die Juden« verdächtigten, aus rituellen Motiven Mord an christlichen Kindern begangen zu haben.

Charakteristisch für die kolportierten Fälle – wie für Ritualmordanklagen generell – war der Umstand, dass kein bestimmter Jude, sondern die gesamte jüdische Gemeinschaft des Ritualmords verdächtigt wurde. Auch Szmul Dubiński sah sich als Vertreter *aller* Juden und seinen Hauptkontrahenten Kowalski als Sprachrohr der Polen, wenn er beklagte »Ihr Polen verbreitet, dass wir euer Blut verwenden, um uns damit zu waschen«. Mit diesen Worten verwies der Schankwirt auf jene Funktionen, die dem christlichen Blut in Ritualmordanklagen gegen das jüdische Kollektiv üblicherweise zugeschrieben wurden – den Gebrauch für religiöse Zeremonien, magische und medizinische Zwecke. In der Schenke herrschte die Macht des Gerüchts.

Ritualmordanklagen und -prozesse traten in Polen erst im 16. Jahrhundert auf und erreichten in den beiden folgenden Jahrhunderten ihren Höhepunkt, als in Westeuropa nur noch vereinzelte Fälle vorkamen. Für das 17. Jahrhundert sind 37 Ritualmordprozesse dokumentiert, für das 18. Jahrhundert 35. Weit höher ist die Zahl der Ritualmordverdächtigungen zu veranschlagen, die wie jene vom jüdischen Schankwirt in Rozwadów erwähnten vor kein Gericht gelangten, sondern nur im ›Volksmund‹ kursierten. Anschuldigungen wegen Ritualmordes und Hostienschändung hatten ihren Schwerpunkt in den südlichen und südöstlichen Gebieten Polen-Litauens, wo die jüdische Zuwanderung seit dem Spätmittelalter am ausgeprägtesten war. Die Schenke des jüdischen Pächters in Rozwadów lag in einer »Kernzone der Beschuldigung« (Erb/Schroubek), die im Dreieck zwischen Krakau im Westen, Sandomierz und Lublin im Norden und Lemberg im Osten anzusiedeln ist.

Um die Legende vom Ritualmord über einen solch langen Zeitraum lebendig zu halten, bedurfte es nach den einschlägigen Untersuchungen von Erb und Schroubek affirmativer Kräfte, die außerhalb der Volkstradierung zu suchen sind. Ihre Identifikation im südlichen Polen fällt nicht schwer, da eine Reihe von Bischöfen und weniger prominente Geistliche als Verfechter der Ritualmordlegende bekannt sind. Sie traten als Initiatoren von Gerichtsverfahren auf und unterstützten die Kanonisierung der ›Opfer‹. Predigten, Kirchenlieder und Erbauungsliteratur boten ihnen ein weiteres Medium, den Ritualmordglauben in ihren Gemeinden zu verfestigen.

Hier sei nur ein Beispiel genannt: Im Jahr 1713, etwa ein Jahrzehnt vor dem Disput in der Schenke, veröffentlichte Stefan Żuchowski, Doktor der Jurisprudenz und Gemeindepriester von Sandomierz, ein umfangreiches Pamphlet unter dem Titel *Der Kriminalprozess in der Sache des unschuldigen, in Sandomierz von den Juden grausam ermordeten Kindes [...]*. In diesem polemisierte er nicht nur über jenen Ritualmordprozess, der zwischen 1710 und 1713 auf seine Initiative in Sandomierz geführt wurde, sondern listete auch ohne einen Hauch des Zweifels die ›Opfer‹ von Ritualmorden in Polen zwischen 1407 und 1710 auf. Konnte diese Schrift nur von wenigen Gebildeten rezipiert oder vorgelesen werden, so gelang es Żuchowski, auch auf die Mehrheit der analphabetischen Bevölkerung Einfluss zu nehmen. Er beauftragte den Maler Karol de Prévot, für die Stiftskirche in Sandomierz »ein richtiges Bild des Körpers mit allen Narben

[…] als Beweis der jüdischen Grausamkeit« anzufertigen. Die Schenke bei Rozwadów lag nur gut 20 Kilometer von Sandomierz entfernt.

Auch wenn die jüdische Bevölkerung Polen-Litauens in der Frage der Ritualmordanklage prinzipiell unter dem Schutz von König und Papst stand, schlossen beide eine »begründete Anklage« und einen tatsächlichen Ritualmord nicht aus. Dieser religiöse Vorbehalt gegen die Juden klang noch 1726 in der Reaktion des Katholiken Kowalski nach, der auf Szmul Dubińskis Klagen über die Ritualmordgerüchte erwiderte, dass die katholische Geistlichkeit »selbst in offensichtlichen Fällen« keiner Anschuldigung zustimme. Kowalski betrachtete den jüdischen Ritualmord als ein unumstößliches Faktum.

Dem irrationalen Vorwurf des Ritualmordes war mit rationalen Argumenten nicht beizukommen. Jüdische Angeklagte wurden schuldig gesprochen, obwohl der Kontakt mit Blut nach dem jüdischen Religionsgesetz bekanntermaßen als unrein galt und die nötigen Beweise – etwa ein Opfer mit einschlägigen Wunden – ausblieben. In anderen Fällen wurden ›Geständnisse‹ unter Folter erzwungen. Der erwähnte Prozess in Sandomierz endete mit der Hinrichtung des Hauptangeklagten und der Ausweisung der übrigen Juden aus der Stadt.

Die Verknüpfung von Ritualmordprozessen mit Ausweisungen der jüdischen Bevölkerung war keine Seltenheit. Zum einen verwies sie auf den kollektiven Charakter der Anklage, zum anderen aber enthüllte sie den ökonomischen Wettstreit zwischen jüdischen Zuwanderern und alteingesessener Bevölkerung. So war in Krakau im Jahr 1635 eine Ritualmordklage anhängig, mit der die christliche Bürgerschaft nach Zeugenaussagen die Ausweisung ihrer jüdischen Konkurrenz bezweckte. Ebenso versuchten Bauern, sich mittels des Ritualmordvorwurfs der Schulden bei den Schankwirten zu entledigen. Eine Revision der einzelnen in Quellen und Literatur identifizierbaren Angeklagten ergibt vor allem für das 18. Jahrhundert einen auffällig hohen Anteil jüdischer Pächter. Im Jahr 1747 wurde gar in einem Ritualmordprozess im wolhynischen Zasław die lokale Schenke zum ›Tatort‹ deklariert. Der Fall des Szmul Dubiński kann daher auch als eine Variante der Ritualmordanklage vor einem spezifischen ökonomischen Hintergrund betrachtet werden.

Der Schenkendialog als christlich-jüdische Disputation

Auf eine qualitativ neue Ebene der Kontroverse begab sich der jüdische Schankwirt in Rozwadów, als er sich erkühnte, mit den Worten »Unser Gott ist älter als euer katholischer« die Überlegenheit des jüdischen Religionsgesetzes über den christlichen Glauben zu reklamieren. In der zentralen Passage der Auseinandersetzung mit seinem Kontrahenten Kowalski, die hier zur Vergegenwärtigung wiederholt sei, zog er auf einfachste Weise die Anbetung des Christusbildes ins Lächerliche:

»Szmul fragte mich: ›An welchen Gott glaubst Du?‹. Ich antwortete ihm, dass ich an den glaube, der sich für uns kreuzigen ließ. Szmul zeigte durch den Fensterflügel auf eine Figur mit Himmelsgewölbe und Kreuz, eine aus Ton geformte Töpferarbeit, und sagte: ›Also an diesen Gott glaubst Du, den Skrzypek aus Ton gemacht und aufgestellt hat?‹.«

Aus einer säkularen Perspektive mag dieser Wortwechsel relativ harmlos klingen, doch in den Ohren des polnischen Messgängers Kowalski im frühen 18. Jahrhundert bedeutete das Argument des jüdischen Schankwirts eine unverzeihliche Herausforderung des christlichen Trinitätsdogmas. Diesem zufolge war die an polnischen Landstraßen so häufig anzutreffende Skulptur des gekreuzigten Christus die verkörperte Menschwerdung Gottes und wurde als solche angebetet. Wie der den Juden unterstellte Ritualmord, welcher vor allem als Kreuzigung und Ausblutung christlicher Knaben phantasiert wurde, galt auch die Schmähung des Kruzifixes durch Szmul Dubiński als Wiederholung des jüdischen ›Ur-Verbrechens‹ und Verspottung der Kreuzigung Christi.

Augenfällig ist, dass der Streit zwischen dem jüdischen

Schankwirt und seinem katholischen Gast der Grundstruktur einer mittelalterlichen *Disputatio* glich, jener stark ritualisierten Form der theologischen und philosophischen Auseinandersetzung, die seit dem 12. Jahrhundert vor allem an der Pariser Domschule im Rückgriff auf die aristotelische Lehre von den Fehlschlüssen entwickelt wurde. Die Rollenverteilung unter den Beteiligten, dem *Magister*, *Opponens* und *Respondens* wurde bald klar definiert. Warf der erste ein wissenschaftliches oder theologisches Problem auf und formulierte eine These, kam dem zweiten die Entwicklung eines Einwandes oder einer Gegenthese zu. Abschließend entschied der *Respondens* das Problem durch eine Abwägung von These und Einwand.

In diesem Rahmen wurden schon im 12. Jahrhundert unter christlichen Theologen das Pro und Contra der trinitarischen Gotteslehre gegeneinander abgewogen. Ähnliche Auseinandersetzungen wurden in Konflikten zwischen Kirchenhierarchen und sogenannten Häretikern fortgesetzt und gipfelten in den Schaudisputationen von Renaissance und Reformation. Disputationen oder Religionsgespräche fanden in schriftlicher und mündlicher Form auch zwischen Vertretern der herrschenden christlichen Kirche und jüdischen Gelehrten statt. Obwohl sie angesichts der ungleichen Machtverhältnisse häufig einen Zwangscharakter trugen und auf die Abwertung oder aber die Konversion der Juden abzielten, konnten sie dialogisch und von gegenseitiger Wissbegier geprägt sein. Aus jüdischer Perspektive galt die Auseinandersetzung mit »Fremdkulten« seit Maimonides nur als legitim, wenn eine Bibelexegese, unbeeindruckt von allegorischen christlichen Deutungen, auf wörtlicher und historisch-kritischer Grundlage erfolgte.

Im christlichen wie im jüdischen Kontext gehörten die Disputanten in der Regel der Bildungselite an. Auf die Kontrahenten in der Schenke bei Rozwadów traf dies nicht zu, und doch schnitten sie die klassischen Themen der christlich-jüdischen *Disputatio* an – die rituelle Verwendung christlichen Blutes durch die Juden, den Christusglauben und vor allem das Bilderverbot. In den Augen des jüdischen Schankwirts hatte die Skulptur des gekreuzigten Christus vor der Schenke eine ausschließlich materielle Substanz; hingegen war sie für den Katholiken Kowalski Christus und Gott selbst, der sich für die Menschen geopfert hatte. Diese widerstreitende Wahrnehmung ein und derselben Figur vor dem Hintergrund unterschiedlicher Deutungstraditionen machte den Katholiken in den Augen des Juden zum Götzendiener, den Juden in den Augen des Katholiken zum Gotteslästerer. In der ›Disputatio‹ führten die beiden konkurrierenden Lesarten zu einer Pattsituation, die in der Schenke nicht gelöst werden konnte. Die abschließende Warnung des Katholiken Kowalski »Szmul, diskutiere solche Dinge nicht mit jemand Gescheiterem, damit Du in kein Labyrinth gerätst. Ich bin nur ein einfacher Mann« brachte daher zweierlei zum Ausdruck. Sie war zum einen das Eingeständnis der Begrenztheit der eigenen theologischen Kompetenz und somit der Ruf nach einem *Respondens*, zum andern verwies sie auf die reale Macht der katholischen Geistlichkeit außerhalb der Schenke.

An dieser Stelle drängt sich die quellenkritische Frage auf, inwieweit die Aussage des Katholiken Kowalski in jener Form, wie sie in das Stadtbuch von Rzeszów aufgenommen wurde und heute nachlesbar ist, als authentisch gelten kann. Zwei Lesarten bieten sich an: Einerseits könnte es sich um einen Fall *gesunkenen Kulturguts* nach der Theorie von Hans Naumann handeln. Demzufolge wäre der dokumentierte Schenkendialog ein Beleg dafür, wie sich Ideen der gesellschaftlichen Eliten – hier des katholischen Klerus und der Rabbiner – in vereinfachter Form auch in den Äußerungen von mindergebildeten Katholiken und Juden wiederfinden. Jedoch sind an dieser Deutung Zweifel angebracht, da der überlieferte Text in Wortwahl wie Argumentation äußerst strukturiert und gezielt wirkt. Es ist unwahrscheinlich, dass der Katholik Kowalski, an anderer Stelle als vereidigter Schöffe des Stadtgerichts identifiziert, seinen Streit mit Szmul Dubiński als »Diskurs« bezeichnete.

Naheliegender erscheint es, das Zeugenprotokoll als eine von externer Hand gelenkte oder nachträglich geformte Quelle zu betrachten, die dem abschließenden Gerichtsurteil zuträglich sein musste. Da als Bindeglied zwischen Zeugenprotokoll und Urteil ein Gutachten katholischer Theologen aus Rzeszów und Städten der Umgebung steht, sind hier die Initiatoren der Manipulation anzunehmen. In welchem Maße aber die eigentlichen Zeugenaussagen Kowalskis und der übrigen Schenkenbesucher in der Verschriftlichung deformiert wurden, lässt sich heute nicht mehr mit Sicherheit feststellen. In Anlehnung an die theoretischen Überlegungen von Regina Schulte ist zwischen einer *manifesten Schicht* des Textes, die den Ordnungsprinzipien des Gerichts bzw. der katholischen Geistlichen folgt, und einer *latenten Schicht* zu unterscheiden, die einen Einblick in die Denkwelten und das Beziehungsfeld des katholischen Bürgers Kowalski und des jüdischen Schankwirts Dubiński gibt. Dem Prinzip der Plausibilität folgend, ist davon auszugehen, dass dem Zeugenprotokoll eine reale Auseinandersetzung in der Schenke zugrunde lag und in ihrem Verlauf auch die dokumentierten Themen – Lokalpolitik, Ritualmordlegende, Kreuzigung und Bilderverbot – aufgeworfen wurden. Insbesondere die Szmul Dubiński zugeschriebene Äußerung »Also an diesen Gott glaubst Du, den Skrzypek aus Ton gemacht und aufgestellt hat?« deutet durch ihre konkrete Bildlichkeit und lokale Verankerung auf eine reale Situation. Inwieweit allerdings die »Blasphemie« des jüdischen Schankwirts rhetorisch verschärft und etwaige Provokationen aus dem Munde des Katholiken Kowalski getilgt wurden, bleibt im Dunkeln.

Die abwesend-anwesende Autorität der katholischen Geistlichkeit

Der Transfer des Schenkenkonflikts in die Kompetenz der katholischen Würdenträger der Region bewirkte nicht nur eine Professionalisierung der religiösen Auseinandersetzung, sondern stellte auch ein politisches Ungleichgewicht zwischen den beiden Kontrahenten in der Schenke her. Die ›Disputatio‹ wich dem Gerichtsverfahren, in welchem der jüdische Schankwirt vom *Magister* zum Angeklagten verwandelt wurde.

Als Gutachter berief das Stadtgericht zu Rzeszów katholische Theologen der Wojewodschaft Ruthenien, insbesondere die führenden Geistlichen des örtlichen Piaristenkollegiums, jedoch keinerlei rabbinische Autorität. Der Piaristenorden, in den letzten Jahren des 16. Jahrhunderts gegründet zur Förderung christlicher Bildung und Moral sowie der Grundlagen weltlicher Wissenschaften unter den armen Kindern Roms, unterhielt in Konkurrenz zu den Jesuiten seit dem 17. Jahrhundert Schulen in Polen.

Unter den Piaristen fanden sich sowohl Autoren hebräischer Grammatiken als auch dogmatischer Werke zur Judenmission. Die Stadtherren von Rzeszów waren seit Lebzeiten von Stanisław Lubomirski (1583–1649), jenem Wojewoden von Krakau, der in Podoleniec eines der ersten Piaristenklöster in Polen gestiftet hatte, mit dem Orden verbunden. Auch die Gründung des Piaristenklosters in Rzeszów im Jahr 1654 ging auf die Lubomirskis zurück. Hier wie an zahlreichen anderen Orten war die angegliederte Schule weniger eine kostenlose Armenschule nach dem ursprünglichen Konzept als eine angesehene Bildungseinrichtung für Adelssöhne, die nach humanistischer Bildung strebten. Nicht allein der Stadtherr zu Zeiten des Prozesses gegen Szmul Dubiński, Jerzy Ignacy Lubomirski, sondern auch sein Vater Hieronim Augustyn zählte zu den Zöglingen des lokalen Piaristenkollegiums.

Genossen die Schulen der Piaristen in Führung und Curriculum Unabhängigkeit, so galt dies nicht für Entscheidungen jenseits der Bildungsdomäne, die in die Kompetenz der Bischöfe fielen. Über die einzelnen Geistlichen des Rzeszower Piaristenkollegiums, die zur Anklage gegen den jüdischen Schankwirt Stellung nahmen, ist vorerst nur bekannt, dass sie den Vorwurf der Blasphemie der Bürger von Rozwadów gegen Szmul Dubiński kraft ihrer theologischen Autorität untermauerten. Wie aus anderen Zusammenhängen hervorgeht, übten die Bischöfe der Region die eigentliche Macht in religiösen Konflikten aus und müssen daher auch im Urteil gegen Szmul Dubiński als anonyme Gutachter angenommen werden.

Nur ein Jahr vor der Anklage gegen Szmul Dubiński erließ der Bischof von Krakau, Konstanty Felicjan Szaniawski, anlässlich seines Besuchs im nahegelegenen Tarnów ein Dekret, das der jüdischen Einwohnerschaft untersagte, an christlichen Feiertagen Handel zu treiben und christlichen Feiertagsprozessionen beizuwohnen. Ähnliches verfügte der Bischof von Przemyśl, Wacław Hieronim Sierakowski, als er 1745 zwar das Recht der jüdischen Gemeinde in Rzeszów bestätigte, eine Synagoge und einen Friedhof zu unterhalten, aber energisch darauf hinwies, dass Juden während christlicher Prozessionen in ihren Häusern zu verbleiben hätten. Gleichzeitig verbot er das lautstarke öffentliche Feiern von jüdischen Feiertagen und Hochzeiten und stellte die Beschäftigung christlicher Dienstboten unter Strafe. Implizit dokumentierten die katholischen Würdenträger damit die Aktualität eben jener Handlungen, die sie untersagten. Über Sanktionsmittel verfügten sie nicht.

Der Vorwurf der Blasphemie und die polnische Gegenreformation

Zu klären bleibt die Frage, warum die Verspottung des Kruzifixes durch den jüdischen Schankwirt als Kapitalverbrechen verurteilt wurde und die der jüdischen Bevölkerung in Rzeszów wie im ganzen Königreich garantierte Religionsfreiheit nicht strafmildernd wirkte. Vielversprechend erscheint hier eine Erweiterung der Perspektive um dissidente Bewegungen innerhalb der christlichen Kirche Polen-Litauens in der frühen Neuzeit.

Der maßgebliche innerkirchliche Konflikt wurde vom frühen 16. Jahrhundert bis in die ersten Jahrzehnte des 18. Jahrhunderts zwischen der katholischen Amtskirche und verschiedenen protestantischen Bewegungen ausgetragen. Auf dem Reichstag von Piotrków wurde 1555 von den adligen Sympathisanten der Reformation erstmals die Tolerierung eines protestantischen Bekenntnisses erwirkt. Nachdem sich Lutheraner, Böhmische Brüder und Calvinisten während einer Generalsynode in Sandomierz im Jahr 1570 auf einen gemeinsamen Standpunkt geeinigt hatten, garantierte der Warschauer Sejm allen Adligen Bekenntnisfreiheit. Auch wenn diese Zusage in der Folgezeit in der Praxis von der katholischen Partei nicht respektiert wurde, sicherten die alten Sonderrechte des Adels den Anhängern der Reformation in den meisten Fällen die Sicherheit an Leib und Leben.

Ein Beispiel hierfür war die Synode zu Łowicz, die 1556 auf Initiative des päpstlichen Legaten Lippomani und des Erzbischofs Dzierzgowski einberufen wurde, um den Protestantismus in Polen zu bekämpfen. Zunächst wurde Stanisław Lutomirski, der Verfasser des protestantischen Glaubensbekenntnisses von 1555 und Geistlicher in Przemyśl, vorgeladen, um ihn wegen Häresie wider die katholische Lehre zur Verantwortung zu ziehen. Als er jedoch in Begleitung einflussreicher protestantischer Magnaten erschien, verzichtete die Synode auf eine Konfrontation. Angesichts dieser Niederlage klagten die versammelten Katholiken eine junge Frau ungeklärter Herkunft an, aus der Dominikanerkirche zu Sochaczew eine Hostie gestohlen und sie »den Juden« verkauft zu haben. Diese wiederum wurden beschuldigt, die Hostie in der Synagoge mit Nadeln durchstochen und das herausfließende Blut für rituelle Zwecke in einer Flasche gesammelt zu haben. Noch bevor der König intervenieren konnte, wurde die junge Frau mit Repräsentanten der jüdischen Gemeinde wegen vermeintlichen Hostienfrevels auf dem Scheiterhaufen verbrannt.

Den Juden von Sochaczew kann in diesem Fall die Rolle von ›Ersatzprotestanten‹ zugeschrieben werden, da sie der Synode schutzloser als der verschonte Lutomirski ausgeliefert waren. Aufschlussreich ist in diesem Zusammenhang die Beteuerung einer jüdischen Delegation, dass die Juden nicht an die Brotverwandlung glaubten und daher die Hostie für nicht mehr als ein »Mehlgebäck« erachteten. Hier äußerte sich zum einen der Gegensatz zwischen der rein materiellen Auffassung von der Hostie in der jüdischen Auslegung und dem transsubstantiellen Verständnis in der katholischen Tradition. Darüber hinaus ergab sich eine ideelle Überschneidung zwischen den Juden und jenen Protestanten, die wie sie die Hostie als Götzendienst ablehnten. Vermutlich gehörte die angeklagte Christin einer solchen protestantischen Gruppierung – etwa den Calvinisten – an.

Bedeutsam für die ideelle Verknüpfung der Reformation mit dem jüdischen Religionsgesetz ist der Umstand, dass in Polen-Litauen nicht von einer, sondern nur von vielen Reformationen die Rede sein konnte. Während sich die Dominanz der lutherischen Reformation auf die westlichen Gebiete des Königreichs beschränkte, gewannen in Kleinpolen seit der Mitte des 16. Jahrhunderts vor allem Calvinisten und Antitrinitarier durch Synoden, die Gründung von Bildungsinstitutionen und Druckereien in den Städten Pińczów und Raków unter der Protektion einflussreicher Magnaten sowie durch die Gründung von zahlreichen Gemeinden große Bedeutung. Ihr Einfluss verbreitete sich nicht nur im Adel, sondern auch in den städtischen Unterschichten. Bestritten die Calvinisten die leibliche Präsenz Christi im Heiligen Sakrament, so leugneten die verschiedenen antitrinitarischen Gruppierungen auf unterschiedliche Weise die Dreifaltigkeit Gottes. Zu einem zentralen Ziel der katholischen Gegenreformation in Kleinpolen im frühen 17. Jahrhundert wurde es daher, die Transsubstantiationslehre und den Trinitätsglauben erneut zu verankern. Bezeichnenderweise wurde die Schließung der berühmten Rakower Akademie im Jahr 1638 legitimiert, indem katholische Geistliche zwei Seminaristen anklagten, ein Kruzifix mit Steinen beworfen zu haben.

Auch wenn die Antitrinitarier und Calvinisten zum Zeitpunkt des Prozesses gegen den jüdischen Schankwirt im Jahr 1726 längst aus Kleinpolen abgewandert oder zum »rechten Glauben« zurückgekehrt waren, so wirkten die religiösen Kämpfe des 17. Jahrhunderts im kulturellen Gedächtnis der Region nach und verliehen der ›Blasphemie‹ des Juden Dubiński eine besondere Bedeutung. Auf Reichsebene knüpfte das Todesurteil über den Schankwirt unmittelbar an den letzten großen Angriff gegen die polnische Reformation an. Im Jahr 1724 sorgte das *Thornische Blutgericht* als Akt religiöser Intoleranz für einen politischen Skandal in Europa. Prominente protestantische Stadtherren wurden der Passivität angesichts der Verwüstung des unpopulären Thorner Jesuitenkollegs durch die aufgebrachte Stadtbevölkerung angeklagt und zum Tode verurteilt. Das Echo der drakonischen Strafen war sicher auch in Ruthenien zu vernehmen, wo zur selben Zeit jüdische Gemeinden gezwungen wurden, in ihren Synagogen den Predigten katholischer Priester zu lauschen.

Die jüdische Bevölkerung rückte somit in gefährliche Nähe zu den als Ketzern geschmähten Protestanten. Übertragen auf die Anklage gegen den jüdischen Schankwirt in Rzeszów im Jahr 1726 könnte dies bedeuten, dass die Richter und Schöffen das Vergehen des Szmul Dubiński in Kontinuität zu den erfolgreich bekämpften protestantischen Lehren betrachteten und ihn entsprechend verurteilten. Für diese These spricht der Umstand, dass Szmul Dubiński im Urteilsspruch nicht ein einziges Mal als Jude, sondern lediglich als »Ungläubiger« bezeichnet wurde. In anderen Gerichtsfällen, die in den Stadtbüchern von Rzeszów dokumentiert sind, figurierten die Juden gar als »Altgesetzliche« und konnten somit als häretischer Teil der christlichen Gemeinschaft aufgefasst werden. Paradoxerweise ist also das Todesurteil gegen Szmul Dubiński aus theologischer Sicht als eine Aufwertung der Juden von Rzeszów zu lesen.

Das Problem der Legitimität

Abschließend stellt sich die Frage, ob der Prozess gegen den jüdischen Schankwirt innerhalb des Rechtssystems der adligen Privatstadt Legitimität beanspruchen konnte. Prinzipiell tagten in Rzeszów auf Anordnung der Stadtherren drei rechtssprechende Instanzen mit jeweils unterschiedlichen Kompetenzen:

Das erwähnte *Kahal*-Gericht, in den überlieferten Quellen erst seit dem späten 17. Jahrhundert nachgewiesen, befasste sich auf Grundlage des rabbinischen Rechts mit zivilrechtlichen Angelegenheiten und kleineren strafrechtlichen Konflikten unter Juden. In Auseinandersetzungen zwischen Christen und Juden besaß es keinerlei Kompetenz.

Das Stadtgericht verhandelte die internen Belange der christlichen Bevölkerung und regelte sämtliche Konflikte zwischen Christen und Juden sowie Kriminalfälle, in die Juden involviert waren. Außerdem besaß es die Entscheidungsgewalt über Kapitalverbrechen – schweren Diebstahl, Gotteslästerung, Kirchenraub und Mord –, die allesamt nach dem Magdeburger Recht die Todesstrafe nach sich zogen.

Wie in Adelsstädten üblich bildete das Schlossgericht die höchste Instanz für alle Untertanen auf den Rzeszower Ländereien der Lubomirskis. Als permanente Einrichtung und in Form des außerordentlichen Kommissargerichts diente es als Appellationsinstanz für *Kahal*- und Stadtgericht. Es wurde einberufen, wenn die jüdische Bevölkerung in eine schwerwiegende Auseinandersetzung mit dem Stadtherrn geriet, aber auch, wenn ein Jude mit einem Adligen oder Geistlichen prozessierte. Nicht allein das Stadtgericht, sondern auch das Schlossgericht urteilte über schwerwiegende Kriminalfälle. Der Stadtherr selbst war letzte Berufungsinstanz, Adressat von Petitionen und konnte gegen jegliches Urteil der verschiedenen christlichen und jüdischen Gerichtsinstanzen in Revision gehen.

Das Richten über Juden vor den beiden christlichen

Gerichten mag zunächst diskriminierend erscheinen. Doch schon die ältesten Stadtbücher aus dem späten 16. Jahrhundert bezeugen Juden ebenso als Kläger wie als Angeklagte, als Gewinner wie Verlierer von Prozessen. Im Strafmaß spielte die religiöse Zugehörigkeit des Geschädigten keine Rolle. Als Zeugen waren Juden auf Grundlage eines besonderen Eidspruches gleichberechtigt mit den Christen.

In den meisten Fällen stritten Juden mit Christen und Juden mit Juden um Fragen des Zivilrechts wie Handelsverträge, Immobilien, Pachtsummen und Schulden, seltener um strafrechtliche Delikte. Anklagen wegen Kapitalverbrechen bildeten unter Juden wie Christen eine Ausnahme. Das Verfahren gegen Szmul Dubiński war vom späten 16. bis ins späte 18. Jahrhundert das einzige seiner Art. Zwar gab es auf den Rzeszower Ländereien der Lubomirskis vereinzelt Christen, die vor dem Stadtgericht der Blasphemie, des Kirchenraubs oder auch der Sodomie angeklagt und zum Tode verurteilt wurden – alle Vergehen galten als Schmähung der katholischen Kirche oder der göttlichen Schöpfung –, doch der Vorwurf der Lästerung wider den katholischen Glauben an die Adresse eines Juden war einmalig.

Die Kompetenz des Stadtgerichts im Falle Dubiński war keineswegs eindeutig, denn auch das Schlossgericht konnte die Entscheidung schwerer Kriminalfälle beanspruchen. Bedenkt man darüber hinaus, in welchem Maße die Zeugenaussage des Polen Kowalski durch die Rhetorik katholischer Theologen geformt und wie maßgeblich diese an der Urteilsfindung beteiligt waren, so hätte das Verfahren unbedingt vor dem Schlossgericht geführt werden müssen. Denn im Grunde wurde nicht mehr der Konflikt des jüdischen Schankwirts mit dem Katholiken Kowalski, sondern eine Klage katholischer Würdenträger gegen ein Mitglied der jüdischen Gemeinde Rzeszów verhandelt.

Vor diesem Hintergrund erscheint es besonders auffällig, welcher Taktik sich die Kläger vor dem Rzeszower Stadtgericht bedienten. Wie in vielen anderen Fällen erwähnten die Gerichtsprotokolle die jüdische Identität des Angeklagten nicht ausdrücklich. Doch im Unterschied zu zivilrechtlichen Konflikten, in denen das Ignorieren der religiösen Zugehörigkeit als Zeichen der Gleichberechtigung von Juden und Christen gelten konnte, muss das bewusste Verschweigen der jüdischen Identität Dubińskis in der juristischen Argumentation als Strategie zu seinem Nachteil betrachtet werden:

»Das hiesige Gericht [...] hat in dieser Kriminalsache getagt und jeglichen Schaden am Gottesbildnis durch besagten Szmul Dubiński ermittelt, der durch öffentliches Sakrileg und unnachgiebigen Mund an der Ehre Gottes gerüttelt hat und, wie oben von Zeugen unter Eid geschworen, als förmlicher Lästerer gegen den Herrgott und den heiligen katholischen Glauben für schuldig erachtet wird. In Anbetracht der offensichtlichen Gotteslästerung, die in vereidigten Befragungen durch reifes Urteil erforscht wurde, berufen wir uns ferner auf die Diskussion und Autorität der weisesten Theologen, kraft derer der besagte Szmul Dubiński offiziell als Gotteslästerer gilt, und halten uns an das übliche Magdeburger Recht, das mit dergleichen Gotteslästerern streng verfährt und durch die Vorschriften in Artikel 65 folgende Strafe verhängt: ›Und wenn jemand mit unflätigem Munde und verwegenem Herzen dem Herrgott etwas zuschreibt, was ihm nicht zugeschrieben werden darf, oder wenn er ausspricht, was nicht ausgesprochen werden darf, etwa eine Entehrung oder Beleidigung Seiner Allmacht und Güte, aber auch, wenn er etwas Unanständiges oder Unrechtes gegen die Jungfrau Maria sagt oder gegen die Macht Gottes, welche die menschliche Erlösung lenkt, so muss jeder Gotteslästerer überall durch die Behörden angeklagt und je nach Ermessen seiner Schuld oder des Ausmaßes seiner Sünde und auch unter Berücksichtigung seines Standes und seiner Person [...] bestraft werden.‹ Ferner verfügt auch die Verfassung durch die folgenden Vorschriften in Kapitel 106, dergleichen Gotteslästerer streng zu bestrafen: ›Aber wenn jemand den Namen Gottes im Gegensatz zu dem, wie es die Heilige Schrift lehrt, beleidigt und missachtet und unter seinen Mitbürgern Lästerungen verbreitet, so muss er von Amts wegen durch den Stadtrichter oder den Starosten oder die Einwohner ins Gefängnis geworfen werden, und je nach dem, ob die besagte Blasphemie schwerwiegend oder aber leichter gewesen ist, kann er mit der Streckung oder dem Herausreißen eines Körperteils oder der Zunge oder eine andere Strafe belegt werden‹. Deshalb und um andere von dergleichen nichtswürdigen Gotteslästerungen abzuhalten, wollen wir uns nicht widersetzen, das göttliche Recht auf die Blasphemie des Szmul Dubiński anzuwenden.«

Nur indem das Gericht Dubińskis Zugehörigkeit zur jüdischen Gemeinde außer acht ließ, konnte es die Paragraphen des Magdeburger Rechts über Gotteslästerung anwenden und den jüdischen Schankwirt implizit als christlichen Häretiker verurteilen.

Doch welche Motivation veranlasste die Vertreter des Stadtgerichts zu einem solchen Winkelzug? Zunächst ist hier in Erinnerung zu rufen, dass die jüdischen Bürger Rzeszóws seit dem ersten Jahrzehnt des 18. Jahrhunderts zu unverzichtbaren Partnern Jerzy Ignacy Lubomirskis im Wiederaufbau der verwüsteten Stadt aufstiegen und eine größere Wirtschaftskraft entwickelten als die christlichen Bürger. Auf dieser Basis genossen sie die besondere Protektion des Stadtherrn gegen Anfeindungen der christlichen Bevölkerung und der katholischen Geistlichkeit. Umso mehr musste dies auf einen jüdischen Schankpächter zutreffen, der für den Magnaten eine zuverlässige Einnahmequelle bildete. Vor dem Schlossgericht hätte Szmul Dubiński aus pragmatischen Erwägungen eine Chance gehabt, für seine Verspottung des Kruzifixes mit einer Verwarnung oder geringeren Strafe davon zu kommen. Um dies zu verhindern, maßten sich die im Stadtgericht vertretenen christlichen Bürger zum einen grundherrliche Kompetenzen an, zum andern stützten sie sich auf Rechtsprinzipien, die im Falle eines Juden schwerlich anwendbar waren. Somit muss das Todesurteil gegen Szmul Dubiński in doppelter Hinsicht als unrechtmäßig gelten.

Die Tatsache, dass der jüdische Schankwirt im Gegensatz zu Christen, die der Blasphemie angeklagt wurden, keine Gelegenheit zu einer persönlichen Stellungnahme erhielt und auch der Stadtherr Jerzy Ignacy Lubomirski aus dem Verfahren ferngehalten wurde, deutet auf die reale Macht des Bündnisses zwischen Stadtherrn und jüdischem Pächter, die es hier zu umgehen galt.

Fazit

Es kann keine Gewissheit darüber geben, welchen Wortlaut der Streit in der Schenke tatsächlich hatte, und auch die Frage, ob das Todesurteil über Szmul Dubiński vollstreckt wurde, wird vermutlich unbeantwortet bleiben und ist hier von untergeordneter Bedeutung. Doch belegt allein die Überlieferung der Gerichtsprotokolle, dass es im Jahr 1726 zu einer Zuspitzung im Beziehungssystem zwischen Juden und Katholiken in Rzeszów kam.

Der Fall des jüdischen Schankwirts wurde hier als Ausgangspunkt für einen mikrohistorischen Zugang zur polnisch-jüdischen Geschichte in der Frühen Neuzeit gewählt. Als solcher steht er nur für sich selbst und keinesfalls stellvertretend für die Situation der jüdischen Bevölkerung auf adligen Privatgütern, geschweige denn im gesamten Königreich Polen-Litauen. Ungeachtet dessen bildet das Protokoll der Zeugenaussagen ein Kondensat zentraler Problemkreise der polnisch-jüdischen Lebenswelt zwischen dem 16. und 19. Jahrhundert. Somit ist der methodische Ansatz ein enzyklopädischer und vergleichender. Die einzelnen Themen – der jüdische Schankwirt, die katholischen Messgänger, die Ritualmordlegende, die christlich-jüdische Disputation – wurden hier vor einem konkreten lokalen Hintergrund betrachtet und in einem breiteren Spektrum historischer Quellen kontextualisiert.

Im Ergebnis hebt sich die ökonomische und rechtliche Stellung der jüdischen Bevölkerung in der Privatstadt Rzeszów als eine besondere ab. Neben die bekannten königlichen und adligen Privilegien für die jüdische Bevölkerung – üblicherweise unterteilt in General-, Lokal- und Personalprivilegien – tritt in Rzeszów eine neue Privilegform, die christliche und jüdische Untertanen quasi gleichberechtigt integriert und insbesondere den Juden große ökonomische Perspektiven eröffnet. Vor diesem Hintergrund ist der Spott des jüdischen Schankwirts auf das christliche Kruzifix als Äußerung eines selbstbewussten Bürgers zu begreifen, der sich seiner Position sicher ist, und nicht als leichtsinnige Entgleisung eines betrunkenen Angehörigen einer religiösen Minderheit. Und selbst das Todesurteil, so drakonisch es wirken mag, lässt sich als Respekterweis vor einem jüdischen Bürger lesen, der gegen die bekannte Ordnung verstoßen hat und dieselbe Strafe erhält, die auch einem Christen zukäme.

Zieht man die zweite Lesart in Betracht, nämlich die Manipulation und Strukturierung der Zeugenaussagen, so ergibt sich eine Erklärung für die offensichtliche Fehleinschätzung des Risikos durch Szmul Dubiński. In diesem Fall ist das Todesurteil über den jüdischen Schankwirt als eine Intrige der christlichen Bürger Rzeszóws und der katholischen Geistlichkeit gegen Szmul Dubiński als exponierten, aber auch marginalisierten Vertreter der ökonomisch wie rechtlich aufsteigenden jüdischen Gemeinde zu begreifen. Das Stadtgericht war die einzige von den christlichen Bürgern dominierte Gerichtsinstanz und gleichzeitig das einzige Exekutivorgan im Einflussbereich der katholischen Geistlichkeit. Ob dieses Bündnis gegen die selbstbewusste jüdische Bevölkerung Rzeszóws unter Umgehung des Stadtherrn aufging, muss offen bleiben.

Quellen und Literatur

Die zentralen Quellentexte – Anklage mit Zeugenprotokoll, Gutachten der Theologen und Urteil – entstammen dem Archiwum Państwowe w Rzeszowie [Staatsarchiv Rzeszów], Akta miasta Rzeszowa [Akten der Stadt Rzeszów], Signatur 27: Buch des Schöffengerichts in Rzeszów, 1724–1776, 346–354, 361–364. Zur Kontextualisierung des Falles wurden auch vergleichend weitere Verfahren wegen Kapitalverbrechen (Blasphemie, Ehebruch, Kirchenraub und Sodomie) gegen christliche Einwohner Rzeszóws herangezogen. Außerdem sei auch auf Beispiele für integrierte Privilegien des Stadtherrn für Juden und Katholiken in Rzeszów und ethnisch-religiös gemischte Zünfte im selben Bestand hingewiesen. Weitere Verfügungen der Stadtherren Lubomirski finden sich im Archiv der Lubomirskis, das dem Staatsarchiv Rzeszów eingegliedert ist.

Aufmerksam auf den Fall des Szmul Dubiński wurde ich durch die Quellensammlung von Adam Kaźmierczyk (Hg.), Żydzi polscy, 1648–1772. Źródła, Kraków 2001.

In ihrem mikrohistorischen Zugang setzt sich diese Skizze insbesondere ab von Jacob Katz, Tradition and Crisis. Jewish Society at the End of the Middle Ages, New York 1961 und ders., Exclusiveness and Tolerance. Studies in Jewish-Gentile Relations in Medieval and Modern Times, New York 1961. Beide Arbeiten gehen von einer quasi einheitlichen Kultur der aschkenasischen Juden in der Frühen Neuzeit aus.

Der methodischen Annäherung an das Thema dienten vor allem die folgenden theoretischen Arbeiten und beispielhaften Mikrostudien: Clifford Geertz, Dichte Beschreibung. Beiträge zum Verstehen kultureller Systeme, Frankfurt a.M. 1987; Carlo Ginzburg, Der Käse und die Würmer. Die Welt eines Müllers um 1600, Berlin 2002; Gershon David Hundert, Some Thoughts on Beginning a Study of Jews in Early Modern Poland, in: Sławomir Kapralski (Hg.), The Jews in Poland, Bd. 2, Krakau 1999, 101–110; Hans Medick, Entlegene Geschichte? Sozialgeschichte und Mikro-Historie im Blickfeld der Kulturanthropologie, in: Berliner Geschichtswerkstatt (Hg.), Alltagskultur, Subjektivität und Geschichte. Zur Theorie und Praxis von Alltagsgeschichte, Münster 1994, 94–109; Moshe Rosman, A Prolegomenon to the Study of Jewish Cultural History, in: Jewish Studies, an Internet Journal 1 (2002), 109–127; Regina Schulte, Das Dorf im Verhör. Brandstifter, Kindsmörderinnen und Wilderer vor den Schranken des bürgerlichen Gerichts. Oberbayern 1848–1910, Reinbek bei Hamburg 1989.

Hilfreich bei der Einbettung der mikrohistorischen Skizze in die Geschichte Polen-Litauens in der Frühen Neuzeit, insbesondere in die polnisch-jüdische Geschichte waren: Gershon David Hundert, Jews in Poland-Lithuania in the Eighteenth Century. A Genealogy of Modernity, Berkeley/Los Angeles 2004; Judith Kalik, Polish Attitudes towards Jewish Spirituality in the Eighteenth Century, in: Polin 15 (2003), 77–85; Valerian Krasinski, Geschichte des Ursprungs, Fortschritts und Verfalls der Reformation in Polen und ihres Einflusses auf den politischen, sittlichen und literarischen Zustand des Landes. Nach dem englischen Original bearbeitet von Wilhelm Adolf Lindau, Leipzig 1841; Jerzy T. Lukowski, Liberty's Folly. The Polish-Lithuanian Commonwealth in the Eighteenth Century, 1697–1795, London/New York 1991; Christoph Schmidt, Auf Felsen gesät. Die Reformation in Polen und Livland, Göttingen 2000; Janusz Tazbir, Die Reformation in Polen und das Judentum, in: Jahrbücher für Geschichte Osteuropas 31 (1983), 386–400.

Die Spezifik der ökonomischen Entwicklung der jüdischen Bevölkerung in Polen-Litauen und insbesondere die Problematik des jüdischen Pächters wurde entwickelt anhand von: Jacob Goldberg, Die jüdischen Gutspächter in Polen-Litauen und die Bauern im 17. und 18. Jahrhundert, in: Manfred Alexander u.a. (Hg.), Kleine Völker in der Geschichte Osteuropas. Festschrift für Günther Stökl zum 75. Geburtstag, Stuttgart 1991, 13–21; Salo W. Baron/Arcadius Kahan u.a., Economic History of the Jews, hrsg. von Nachum Gross, New York 1975; Murray J. Rosman, The Lords' Jews. Magnate-Jewish Relations in the Polish-Lithuanian Commonwealth during the Eighteenth Century, Cambridge, Mass. 1990.

Die Frage der jüdischen Autonomie und die Rechtsstellung der Juden im Königreich Polen-Litauen, insbesondere auf adligem Grundbesitz, wurde erschlossen auf Basis von: Israel Bartal, The Pinkas of the Council of the Four Lands, in: Antony Polonsky u.a. (Hg.), The Jews in Old Poland, 1000–1795, London/New York 1993, 110–118; Shmul Ettinger, The Council of the Four Lands, in: ebenda, 93–109; Jacob Goldberg (Hg.), Jewish Privileges in the Polish Commonwealth. Charters of Rights Granted to Jewish Communities in Poland-Lithuania in the Sixteenth to Eighteenth Centuries, Bd. 1, Jerusalem 2001; Adam Kaźmierczyk, Żydzi w dobrach prywatnych w świetle sądowniczej i administracyjnej praktyki dóbr magnackich w wiekach XVI-XVIII, Kraków 2002; Adam Teller, A View from the East. The Legal Status and the Legal System of Polish Jewry in the 16th–18th Centuries, in: Andreas Gotzmann/Stephan Wendehorst (Hg.), Juden im Recht. Neue Zugänge zur Geschichte der Juden im Alten Reich, Berlin 2005 [im Druck].

Die Problematik der Ritualmordlegende wurde erarbeitet gestützt auf: Susanna Buttaroni/Stanisław Musiał (Hg.), Ritualmord. Legenden in der europäischen Geschichte, Wien u.a. 2003; Rainer Erb (Hg.), Die Legende vom Ritualmord. Zur Geschichte der Blutbeschuldigung gegen Juden, Berlin 1993; Zenon Guldon/Jacek Wijaczka, Procesy o morde rytualne w Polsce w XIV-XVII w., Kielce 1995; Hanna Węgrzynek, »Czarna legenda« Żydów. Procesy o rzekome mordy rituale w dawnej Polsce.

Warszawa 1995; Stefan Rohrbacher/Michael Schmidt, Judenbilder. Kulturgeschichte antijüdischer Mythen und antisemitischer Vorurteile, Reinbek bei Hamburg 1991; Janusz Tazbir, Anti-Jewish Trials in Old Poland, in: Adam Teller (Hg.), Studies in the History of the Jews in Old Poland. In Honor of Jacob Goldberg, Jerusalem 1998, 233–245.

Die Erschließung des lokalgeschichtlichen Kontexts erfolgte auf Basis von: Jan Pękowski, Dzieje miasta Rzeszowa do końca XVIII w., Rzeszów 1913; Robert Witalec, Historia Żydów rzeszowskich od XVI w. do 1944 roku (krótki zarys dziejów), in: Prace Historyczno-Archiwalne 1 (1993), 65–73; Barbara Wizimirska, Chrześcijanie i Żydzi w Rzeszowie w XVII i XVIII wieku, in: Pracy Historyczno-Archiwalne 1 (1993), 75–90; dies., Żydzi przed sądami Rzeszowskimi w XVII i XVIII wieku, in: Pracy Historyczno-Archiwalne 3 (1995), 91–103; dies., Sytuacja prawna Żydów w Rzeszowie XVII i XVIII w., in: Prace Historyczno-Archiwalne 8 (1999), 3–18.

Die Politik der ›Fürsprache‹ – Vormoderne jüdische Interessenvertretung

François Guesnet

Der hebräische Begriff der Fürsprache, *shtadlanut*, leitet sich von der Wurzel *shidel* (überreden, beeinflussen) bzw. *lehishtadel* (sich bemühen) ab. Zunächst bedeutet das Wort nicht viel mehr als die persönliche Intervention eines hierfür bestimmten Gesandten einer Gemeinde, dem *shtadlan*, vor einer übergeordneten Machtinstanz. Diese Intervention kann unterschiedlichste Anlässe haben, jedoch verbindet sich mit ihr häufig eine Gefährdung, die es abzuwehren gilt. In Mittelalter und Früher Neuzeit waren dies Austreibungen, Konflikte mit der christlichen Handelskonkurrenz, Angriffe durch christliche Kleriker, Ritualmordvorwürfe, Begehrlichkeiten von Territorialfürsten oder gar Willkürmaßnahmen der königlichen oder kaiserlichen Seite. Fürsprache ist ein Mittel der Kommunikation zwischen religiöser Minderheit und nicht-jüdischer Herrschaft. Dabei konstituiert sich das jüdische Kollektiv institutionell. Gerade dieser Zusammenhang zwischen Fürsprache und Gemeinschaft birgt einen zentralen Aspekt der vorliegenden Betrachtung. Der Fürsprecher wird sowohl von der mandatierenden Gemeinde als auch vom Adressaten der Fürsprache, in der Regel einer nichtjüdischen Herrscherpersönlichkeit, als Zwischengänger verstanden: Nicht in eigener, persönlicher Angelegenheit spricht er vor dem Thron, sondern für andere. Auch die Stellungnahme des Herrschers bezieht sich nicht auf die Person des Fürsprechers, sondern auf jenes Kollektiv, dem die Fürsprache gilt. Die fürsprechende Person ist als Gesandter Partei, ihre Worte und Gesten sind Ausdruck eines kollektiven und nicht eines individuellen Wollens. Was den Fürsprecher auszeichnet, ist das gelungene *effacement*: mit seinen Worten einer Vielheit von Stimmen Ausdruck zu verleihen, ohne durch Wortwahl oder Vortrag den Gehalt der Botschaft zu verzeichnen.

Zu den Fähigkeiten des Fürsprechers zählten Sprachkompetenz wie ein Netz von Verbindungen. Letzteres konnte geschäftlicher, persönlicher oder familiärer Natur sein. Was jedoch zählt, ist die größtmögliche Nähe, der Zugang zu jenen Personen, die selbst Entscheidungen fällten oder Einfluss auf ebenjene Personen ausübten. Darüber hinaus spielten das Auftreten, die Vertrautheit mit den Gepflogenheiten im Umfeld des Adressaten der Fürsprache sowie die Gewandtheit und Weltläufigkeit des Fürsprechers eine große Rolle. Zuweilen konnten auch scheinbar nebensächliche Attribute ausschlaggebend sein: Als sich zentraleuropäische Hofjuden bemühten, Fürsprache und Interventionsschreiben wider den Ausweisungsbefehl der österreichischen Königin Maria Theresia gegen die Prager Judenheit vom Dezember 1744 zu erwirken, wandte sich Wolf Wertheimer aus Augsburg an Hofjuden in Ulm, die neben ihrer Vertrautheit mit dem höfischen Zeremoniell eine wichtige äußerliche Bedingung erfüllten: »Ich wüsste«, so schrieb er, »kein anderes und besseres Subjectum als Sie, dem es an Kapazität und Gottesfurcht, auch an Courage nicht fehlt«, und der »gottlob keinen Bart« habe. Unter den Bedingungen monarchischer Willkür war der Hinweis auf die »Courage«, persönlichen Mut, keine leere Formel. Bereits die biblische Esther-Legende, die die Geschichte einer unter Lebensgefahr unternommenen Fürsprache erzählt, weist ein vergleichbares Grundmuster auf und kann aufgrund ihrer ständigen Inanspruchnahme als so etwas wie ein Ursprungsnarrativ jüdischer Fürsprache betrachtet werden.

Die Esther-Legende als konstitutives Narrativ der Fürsprache

Die unangefochtene Bedeutung der Belange des Kollektivs ist die zentrale Botschaft der Geschichte der Rettung der persischen Judenheit durch Esther und ihren Vormund und nahen Verwandten Mordehai. Esther wurde aufgrund ihrer Schönheit als Gattin des persischen Königs Ahasverus erwählt und vermochte ihre prominente Stellung zu nutzen, als aufgrund einer Rivalität zwischen dem Statthalter des Königs, Haman, und Mordehai, ersterer den König dazu überredete, die Tötung aller persischen Juden zu befehlen. Als Mordehai Esther aufforderte, beim König Fürsprache für die bedrohten Juden zu halten, zögerte sie zunächst, drohte doch jeglicher Person, die sich unaufgefordert dem König näherte, angesichts einer solchen Unbotmäßigkeit der Tod. Doch Mordehai gelang es, Esther zu überzeugen, dass die Rettung der Juden eine Aufgabe sei, die Vorrang vor ihren persönlichen Belangen hätte. Sie bat ihn, im Sinne einer nachholenden Mandatierung ihrer Fürsprache, »alle Juden, die zu Susan vorhanden sind, zu versammeln« und diese aufzufordern, wie sie, Esther, drei Tage zu fasten. Das Mandat zuvor einzuholen, war aufgrund der Umstände nicht möglich gewesen. Durch das Fastenritual in ihrem Willen gestärkt, nahm Esther den Auftrag an, und dank ihres Eingreifens wandelte sich die verzweifelte Lage zum Guten.

Der erfolgreiche Einsatz für die bedrohte Gemeinschaft erhob die Esther-Legende zum Paradigma der späteren Fürsprache. Aufschlussreich ist, dass in vielen Gemeinden das an die Esther-Legende erinnernde Purimfest sowohl des Triumphes der Esther und des Mordehai wie auch lokaler Begebenheiten wegen gedacht wurde, die ein ähnliches Muster abgewendeten Unheils aufwiesen. Im Mittelalter wurde die Esther-Legende gewissermaßen als ›Anleitung‹ für die Durchführung von Fürsprache begriffen und interpretiert. Sie bot ein Muster für einen interessengeleiteten Umgang mit dem Hofzeremoniell und machte zudem deutlich, dass auch ein bedachter Verstoß gegen die Form duchaus zum Ziel führen konnte. So verstand Gersonides (Levi ben Gershom, 1288–1344) das Vorgehen der Esther gerade deshalb als mustergültig, weil sie durch das Fasten geschwächt und hinfällig vor den König Ahasverus trat, vor ihm zusammenbrach. Nicht zuletzt das so erzeugte Mitgefühl veranlasste Ahasverus, von dem von ihm zuvor durchaus unterstützten Vernichtungszug gegen die persischen Juden abzulassen und seinen Zorn nunmehr gegen Haman, den Anstifter, zu richten.

Entsprechend finden sich auch in späteren Fürsprachevorgängen Anklänge an das Bild des seine Schwäche gezielt einsetzenden Fürsprechers, so auch im Kontext der bereits erwähnten Bemühungen für die Prager Judenheit. »Ich kam am Sonntag hier gegen Abend an«, schreibt einer der Interventen Anfang Januar 1745 aus Mainz, wo er den Kurfürsten zur Intervention zugunsten der Prager Juden ermuntern möchte, habe »sofort bei unserem gnädigen Herrn, dem Kurfürsten, gnädigste Audienz erhalten und warf mich der ganze Länge nach zur Erde mit Weinen und Bitten über dieses Volk Gottes, bis mich buchstäblich Zittern ergriff und das Erbarmen unseren gnädigen Herrn des Kurfürsten rege wurde durch die Gnade Gottes«. Ähnlich gingen auch die Gesandten der Prager Juden selbst vor, die sich über viele Wochen in Wien aufhielten, um für ihre Gemeinde bittstellig zu werden. Erst Ende März 1745, über drei Monate nach dem Ausweisungsbefehl, gelang es ihnen durch eine von höfischen Gebräuchen abweichende Direktintervention zum ersten Mal, sich direkt an die Monarchin zu wenden:

»Am vergangenen Sonntag ist die Königin nach Schönbrunn geritten und dort haben ihr aufgewartet der greise Reb Wolf Liechtenstadt, Reb Herzke Pisk, Reb Sanwil Koref. Wie die Königin, ihre Ehre werde erhöht, gekommen ist, sind alle auf die Knie gefallen und eine Supplik in den Händen gehabt; sie haben alle gleichzeitig unter bitteren Tränen und heftigem Weinen gebeten, so dass endlich die Königin, ihre Ehre werde erhöht, gnädig anbefohlen hat, dem Fürsten Auersperg, er soll das Memorial von ihnen nehmen.«

Ungeachtet der nahe liegenden Möglichkeit, dass ein Fürsprecher angesichts drohenden Ungemachs tatsächlich aufgewühlt und mit heißem Herzen sprach, gehörte Wehklagen und gestisch aufwendiges Bitten zum Repertoire von womöglich emotional nicht wirklich beteiligten Fürsprechern. Dies wird aus dem Umstand deutlich, dass der Vierländerrat in der polnischen Krone seinen Fürsprechern ein sorgfältig abgestuftes Modell der Fürsprache vorschrieb: Sollte ein erster Versuch, das Anliegen durch inständiges Bitten zu erwirken, nicht fruchten, so sollten dann Weinen und Klagen eingesetzt werden, und falls dies gleichfalls nicht zum Ziel führte, materielle Anreize, in der Regel Geldzahlungen oder Geschenke, dargeboten werden.

Die Esther-Legende taucht auch im weiteren Verlauf der Bemühungen, durch Fürsprache die drohende Ausweisung der Prager Judenheit zu verhindern, in der erhalten gebliebenen Korrespondenz auf. So äußerte der bereits zitierte Moses Kann herbe Kritik an der Vorgehensweise der Wiener jüdischen Honoratioren, welche die an anderen Orten engagierten Hofjuden in ihre Bemühungen nicht einzuweihen gedachten:

»Wer hat je solches gehört, wer solches gesehen? Geschieht es auch [aus] Hochmut und Stolz, ist es ja weder nötig noch anständig oder nützlich, geschieht es aus Furcht, so heißt es schon ›wenn du aber schweigst, so wird Rettung und Befreiung den Juden von anderen Orten erstehen‹.«

Das Zitat von Esther 4, 12, in dem Mordehai Esther dazu mahnt, ihre Vorbehalte gegen die gefährliche Fürsprache aufzugeben, weist insofern eine charakteristische Veränderung auf, als der Singular des Bibelverses (»von einem anderen Ort«) nun im Plural erscheint und so womöglich auf die vielerorts unternommenen Anstrengungen zugunsten der Prager Judenheit verweist. Einen anderen Bezug zur Esther-Legende stellte Wolf Wertheimer in einem Brief an seinen Sohn Isaak unmittelbar zu Beginn seiner Bemühungen her, die Fürsprache für die Prager

Gemeinde zu organisieren. Indem Wertheimer den österreichischen Kanzler in Böhmen, Philipp Joseph Graf Kinsky, in seinem Brief als »Haman« bezeichnete, unterstrich er, dass die Lage der Prager Juden ähnlich dramatisch sei wie diejenige der persischen Juden in der Esther-Legende, und dass jene, die für diese Situation verantwortlich waren, als unversöhnliche Feinde der Juden und Ursache allen Übels zu betrachten waren.

Die Esther-Legende kann als überzeitliches Narrativ verstanden werden, das über lange Zeiträume und in den unterschiedlichen historischen Regionen Europas als Orientierung und Interpretationsfolie fürsprachlichen Engagements jüdischer Verantwortungsträger diente. Die Einbettung dieses Engagements in eine biblische Tradition verlieh ihm Würde, zusätzliches Ansehen sowie eine religiöse Dimension. Ungeachtet des kontinuierlichen Rückbezugs auf dieses Ursprungsnarrativ der Fürsprache mussten die Akteure der verschiedenen Epochen und Regionen ihre Handlungsspielräume jedoch in Abhängigkeit von den herrschenden politischen Bedingungen entwickeln. Deshalb sollen im Folgenden zunächst anhand dreier exponierter Fürsprecher des 16. und 17. Jahrhunderts unterschiedliche Facetten der Fürsprache im frühneuzeitlichen Europa vorgestellt werden.

Fürsprache in der Frühen Neuzeit

Anhand der Aktivitäten der drei Protagonisten dieses Abschnitts kann Fürsprache als politisches Instrument in ihrer ganzen Komplexität betrachtet werden. Ein aschkenasischer Gemeindeführer aus dem Elsass, der zum »allgemeinen Anwalt« der Juden im Heiligen Römischen Reich deutscher Nation wird, ein gleichfalls aschkenasischer, in Italien geborener Jude, der als Arzt bei der Hohen Pforte zu Ansehen und Einfluss gelangt, die er als Fürsprecher seiner Glaubensgenossen nutzt, und ein sephardischer Rabbiner aus Amsterdam, der Fürsprache zu seiner Berufung und die Wiederansiedlung der Juden in England zu seinem Anliegen macht: Dies ist das denkbar weite Spektrum jüdischer Fürsprecher im frühneuzeitlichen Europa, wie es im folgenden vorgestellt werden soll. Josel von Rosheim (1478–1554), Salomon Aschkenasi (ca. 1520–1602) und Menasseh ben Israel (1604–1657) waren nicht die einzigen Fürsprecher ihrer Zeit, uns mögen sie jedoch als Fallbeispiele dienen, um Möglichkeiten und Grenzen jüdischer politischer Intervention in ihrer Zeit zu beschreiben. Darüber hinaus bieten sie auf dem Vergleichswege die Möglichkeit, Unterschiede und Gemeinsamkeiten in der Reichweite jüdischer Fürsprache zu verstehen.

Josel von Rosheim wuchs über einen längeren Zeitraum in seine Funktion als Fürsprecher der Juden im Heiligen Römischen Reich hinein. Nachdem er als Vertreter der elsässischen Gemeinden in einer die Landjudenschaft betreffenden Angelegenheit an den kaiserlichen Hof gesandt worden war und dort sein Geschick als Fürsprecher unter Beweis gestellt hatte, bemühten sich immer wieder einzelne Gemeinden und Landjudenschaften darum, Josel als ihren Fürsprecher verpflichten zu können. Aufgrund seiner Fähigkeiten, seiner Prominenz und seines regelmäßigen Umgangs mit Kaiser Karl V. wurden ihm immer häufiger Aufgaben der Fürsprache von reichsweiter Bedeutung angetragen. Es ist ein von der Forschung nach wie vor ungeklärter Sachverhalt, ob Josel von Rosheim hierfür, wie immer wieder vermutet wurde, ein formelles Mandat durch eine Versammlung von Gemeindevertretern, Rabbinern und Gelehrten erhalten hat. Ein Schreiben mit Verhandlungsvorgaben für Josel aus dem Jahr 1551 stützt jedoch die These von der Rückbindung Josels Interventionen an die Gemeindeführungen im Reich. Als unbestritten kann gelten, dass er in den späteren Jahren seiner Tätigkeit als »Regierer«, »Befehlshaber« und »Anwalt« der Juden im Reich diese zumindest mit den führenden Gemeinden abstimmte. Das Spektrum der Belange, derentwegen Josel von Rosheim bei Territorialfürsten und am kaiserlichen Hof intervenierte, umfasst den gesamten Bereich obrigkeitlicher Einflussmöglichkeiten, die zu veranlassen und zu kanalisieren die selbstgestellte Aufgabe des »Befehlshabers« war. So stritt Josel 1530 mit Kirchenvertretern angesichts der judenfeindlichen Schriften des Konvertiten Antonius Margaritha und erlangte 1543 vom Straßburger Magistrat ein Druckverbot der gleichfalls verhetzenden Schrift Martin Luthers *Von den Juden und ihren Lügen*. Mehrfach intervenierte er bei verschiedenen Territorialherren wegen Ausweisungsverfügungen gegen einzelne jüdische Gemeinden, so in Sachsen (1536), Hessen (1539) und Prag (1542). Aus seiner Feder stammte eine 1530 beschlossene, reichsweit gültige Judenordnung, mit der Auswüchsen im jüdisch-nichtjüdischen Geschäftsumgang begegnet werden sollte. Mehrfach musste Josel von Rosheim Glaubensgenossen zu Hilfe eilen, denen ein Ritualmord unterstellt worden war. Darüber hinaus verstand es Josel, politische Konstellationen im Reich zur Verbesserung der Stellung der Juden zu nutzen. So erließ Karl V. 1544 ein umfassendes und günstiges Judenprivileg, das durch eine freiwillige Kontribution der Juden des Reiches zum 1545 unternommenen Feldzug gegen den französischen Herrscher François I. sicher befördert worden ist. In den folgenden Jahren intervenierte er mehrfach erfolgreich beim Kaiser zugunsten verfolgter Gemeinden. Auch beim Reichstag erwirkte er günstige Beschlüsse für die Juden des ganzen Reiches, als er während des Schmalkaldischen Kriegs zumindest eine befristete Schutzgarantie erlangte.

Seine Fama als Vermittler führte auch dazu, dass Josel als Schlichter in einer innerjüdischen Auseinandersetzung hinzu gebeten wurde. Als zu Beginn der 1530er Jahre ein Konflikt in der Prager Gemeinde so weit eskaliert war, dass eine Regelung aus eigener Kraft nicht mehr möglich erschien, wurde der elsässische Gemeindeführer als Schlichter eingeladen. Er vermochte dem Streit durch den Erlass einer neuen Gemeindeordnung ein Ende zu setzen. Betrachten wir das Wirken Josel von Rosheims in seiner Gesamtheit, so ergeben sich einige Schlussfolgerungen. Er begann seine Aktivitäten in seiner Funktion als einer der Führer der elsässischen Landjudenschaft. Aufgrund seines Erfolges wurden auch die Oberhäupter anderer Gemeinden auf ihn aufmerksam. Insbesondere der Umstand, dass Josel am kaiserlichen Hof eingeführt war, prädestinierte ihn dafür, von anderen Gemeinden um die Vertretung ihrer Interessen gebeten zu werden. Diese Tätigkeit, wie auch die hiermit verbundene Würde, die in den unterschiedlichen Ehrentiteln Josels zum Ausdruck kam, war ehrenamtlich und nicht mit einer unmittelbaren Weisungsbefugnis der mandatierenden Körperschaften gegenüber verbunden. Darüber hinaus entwickelte Josel ein Engagement und einen politischen Impetus, die weit über die Möglichkeiten rechtlicher oder politischer Intervention hinausreichten, die den jüdischen Gemeinden zu dieser Zeit offenstanden. Jenseits dieses gemeindlichen Mandats verfügte Josel offenkundig über eine Autorität, die einerseits in seiner Persönlichkeit, andererseits in seiner politischen Reichweite am kaiserlichen Hof verankert war. Gerade die Entwicklung im späteren Verlauf seines Lebens ist hierfür ein Indiz.

In vorgerücktem Alter widmete sich Josel nur noch in wenigen Ausnahmefällen Belangen, die nicht mit dem Schicksal der jüdischen Gemeinden seiner engsten elsässischen Heimat verknüpft waren. Die Position eines »Befehlshabers gemeiner Jüdischkeit im Reich« war seit diesem altersbedingten Rückzug Josels vakant. Unmittelbar danach fungieren in einzelnen Fällen Gemeindevertreter als Gesandte der Judenheit des Reiches, so in den 1560er Jahren Cosman zum Rade, der die Bestätigung des 1544 durch Josel erwirkten Generalprivilegs erlangte. Weder Cosman noch zwei weitere in ähnlicher Fürsprachemission tätige Gesandte vermochten es jedoch, über einen längeren Zeitraum eine mit dem Wirken Josels vergleichbare Bedeutung zu erlangen. Auch die auf Bitten der jüdischen Gemeinden im Herzogtum Braunschweig (1591), Hildesheim (1595) und Emden (1598) erfolgte Intervention von Gesandten der jüdischen Gemeinde zu Prag in eigener Sache hing nicht mit einer fest verankerten Interventionsmöglichkeit zusammen. Gleichwohl eröffnete die über einen längeren Zeitraum gegebene Anwesenheit »Befreiter Hofjuden« aus Prag am kaiserlichen Hof die Möglichkeit für eine gewisse Kontinuität der Fürsprache.

Eine Generation später trat ein anderer Fürsprecher in Erscheinung, der in Italien geboren wurde, den Großteil seines Lebens jedoch im Osmanischen Reich verbrachte und hier zu Ansehen und Einfluss gelangte. Salomon Aschkenasi ist der Historiographie der europäischen Juden seit ihren Anfängen bekannt und beschäftigt sie bis in die jüngste Vergangenheit. Der Arzt, Kaufmann und spätere Gesandte der Hohen Pforte wurde in Udine geboren. Sein Name verweist auf einen nicht näher geklärten biographischen Bezug nach Deutschland oder Polen. Nach dem Studium der Medizin in Padua praktizierte er einige Jahre als Arzt des polnischen Königs Sigismund August. Die in dieser Zeit geknüpften Beziehungen sollten für Aschkenasi auch späterhin große Bedeutung haben. Als Gesandter der Hohen Pforte vertrat er deren Interessen bei der Wahl des Nachfolgers von Sigismund August (1572) und erschloss sich gleichzeitig Absatzmärkte für italienischen Wein. Seinen Einfluss verdankte Aschkenasi seiner Nähe zu Mehmet Pascha, dem Großwesir des Sultans und somit einem der höchsten Würdenträger des Osmanischen Reiches. Salomon Aschkenasi war nicht der erste Fürsprecher der Juden im Osmanischen Reich. Vielmehr existierte von alters her eine an die einzelnen jüdischen Gemeinden und Teilgemeinden zurückgebundene Fürsprache im Rahmen ihrer Belange. Bleibende Anerkennung erwarb sich dieser freischaffende Diplomat – als Nicht-Moslem konnte Aschkenasi damals keinen offiziellen Beamtenstatus bei der Hohen Pforte erlangen – mit seiner Fürsprache zugunsten der von Austreibung bedrohten venezianischen Judenheit. Diese war am 18. Dezember 1571 nach dem Sieg Venedigs über die Flotte der Osmanen bei Lepanto und als Höhepunkt einer längeren Phase häufig auftretender judenfeindlicher Gewalt durch den Senat der Republik beschlossen worden. Die Fürsprache Aschkenasis erfolgte während der in Konstantinopel stattfindenden Verhandlungen mit Vertretern der venezianischen Republik. Offenkundig vermochte Aschkenasi die Zurücknahme des Ausweisungsbeschlusses als Teil des Friedensschlusses durchzusetzen, wie sich aus der Berichterstattung des venezianischen Verhandlungsführers Barbaro ergibt. Dieser teilte dem venezianischen Senat das Anliegen Aschkenasis mit, gegenüber den Juden Gnade walten zu lassen und nicht ihre Gesamtheit für mögliche Verfehlungen Einzelner büßen zu lassen.

Zweifelsohne hatten aus venezianischer Sicht gute Gründe für diese Zurücknahme gesprochen, hatte doch bereits der Ausschluss der seit 1570 internierten osmanischen Kaufleute die Republik finanziell in Bedrängnis gebracht. Die herausragende Position Venedigs im Mittelmeerhandel wäre zudem durch die Handelstätigkeit jüdischer Kaufleute in Ancona, wo diese ihren Geschäften weiterhin nachgehen konnten, in Gefahr gebracht worden. So vermochte der jüdische Gesandte der Hohen Pforte, den Konflikt zwischen der Republik Venedig und Konstantinopel mit dem Schicksal der ausgetriebenen venezianischen Juden zu verknüpfen. Der Ausweisungsbefehl wurde auf Vorschlag der venezianischen Rechtsaufsicht am 29. Juni 1573 durch den Senat mit der Begründung kassiert, dass er nicht gesetzeskonform gewesen war. In der Forschung wurden überzeugende Argumente für die Annahme vorgebracht, dass neben den offenkundigen ökonomischen Vorteilen für die Republik, die mit der Rücknahme des Ausweisungsbefehls verbunden waren, auch die Persönlichkeit Aschkenasis eine wichtige Rolle gespielt habe.

Die venezianischen Juden hegten keinerlei Zweifel, dass der osmanische Gesandte italienisch-jüdischer Abkunft ihr Schicksal abgewendet hatte. Mit einem Gebet, das ein örtlicher Brauch wurde, dankten ihm die Venezianer Juden die Fürsprache. Das Gebet erwähnt zunächst, dass Aschkenasi in der Woche des Torahabschnitts *shelah lekha*, dem Bibelvers, in dem Gott den Juden die Aussendung von Männern zur Erkundung des Landes Kanaan befiehlt, nach Venedig gesandt worden war, was bereits als göttliche Fügung gedeutet werden konnte (Num 13, 2). Durch »seine Intervention« habe dieser Gesandte des Himmels, ein »Führer und Fürst Israels«, das 1573 »verfügte Exil, wie jeder wisse, abgewendet«.

Das Verdienst Salomon Aschkenasis, durch seinen persönlichen Einsatz eine drohende Ausweisung abgewendet zu haben, weist ein Merkmal auf, das diesen Arzt und Diplomaten Josel von Rosheim ähnlich macht: In beiden Fällen war es die unmittelbare Nähe zum Souverän, die es den beiden Fürsprechern ermöglichte, erfolgreich zugunsten ihrer Glaubensgenossen zu intervenieren. Erlaubte es die Nähe zum kaiserlichen Hof dem elsässischen Gemeindeführer, gegenüber Territorialherren und Reichsständen seine Anliegen zu formulieren und häufig durchzusetzen, vermochte es der Status als Gesandter der Hohen Pforte Salomon Aschkenasi, Einfluss auf die Führung der venezianischen Republik auszuüben. Diese transnational funktionierende Fürsprache war nur aufgrund des Umstands möglich, dass Aschkenasi über diesen Gesandtenstatus verfügte. Eine vergleichbare Position und die Freiheit, eine diplomatische Verhandlungsposition mit der Forderung nach Rücknahme des Ausweisungsbefehls zu verbinden, blieb in den übrigen Regionen Europas Juden mit wenigen Ausnahmen im 19. Jahrhundert bis in das 20. Jahrhundert verwehrt. Somit bestand die Grundlage dieser Fürsprache in einer spezifischen informellen Durchlässigkeit der Hierarchien des Osmanischen Reiches, die es schon im 16. Jahrhundert einer Reihe exponierter Juden sowie Jüdinnen als Hofdamen ermöglichte, hohe Stellungen bei der Hohen Pforte zu erlangen und zur Fürsprache zu nutzen.

Menasseh ben Israel war Mitglied des sephardischen Rabbinats von Amsterdam, relativ glückloser Kaufmann und ein Autor, der insbesondere unter christlichen Gelehrten Ansehen für seine Bereitschaft genoss, mit ihnen in Austausch über religiöse Fragen zu treten, die das Judentum berührten. Die Fürsprache des Menasseh ben Israel für eine Wiederansiedlung der Juden in England weicht von den beiden zuvor beschriebenen Konstellationen bezüglich Persönlichkeit und Status signifikant ab. Handelte es sich bei den zahlreichen Interventionen Josels von Rosheim und der Rettung der Gemeinde von Venedig durch Salomon Aschkenasi um die Abwendung drohenden Ungemachs, unternahm Menasseh 1655 seine Reise nach England aus religiöser Überzeugung und aus persönlichem Anliegen heraus. Wie David Katz gezeigt hat, waren eine gescheiterte Laufbahn als Rabbiner – Menasseh musste 1639 eine Rückstufung in seinem Status als Schriftgelehrter der sephardischen Gemeinde hinnehmen – und der glücklose Verlauf der daraufhin unternommenen geschäftlichen Unternehmungen entscheidende Beweggründe, sich verstärkt um ein christliches Publikum zu bemühen, das begann, ihn als Botschafter der Juden zu betrachten. Mit diesem christlichen Publikum – vor allem in den Niederlanden und in England – verband ihn ein eschatologisches Denken, in dessen Rahmen sich das Projekt der Wiederansiedlung der Juden in England als heilsgeschichtliches Projekt entwickelte.

Schon 1650 hatte sich Menasseh in seiner Schrift *Spes Israelis* an den englischen Supreme Court of Parliament gewandt und um Gnade und Wohlwollen Englands für die Juden gebeten. Der unerwartet große Erfolg dieser Schrift, und die ernsthafte Diskussion der Möglichkeit der Wiederansiedlung der Juden durch das Parlamentsmitglied Edward Spenser, die eine lebhafte Kontroverse in dieser Sache auslöste, verliehen dem Projekt den Anschein politischer Machbarkeit. Menasseh begriff sich als Vollstrecker dieses Gedankens und beschloss, als Fürsprecher der Juden nicht nur ihre Wiederansiedlung in England zu erreichen, sondern auch einen wesentlichen Beitrag zum Ende der Zerstreuung Israels als Bedingung für die Rückkehr nach Zion zu leisten. Der Verlauf der Fürsprachemission zwischen September 1655 und November 1657 erfüllte die Erwartungen nicht und gerade das Wohlwollen und der anfängliche Erfolg seiner Fürsprache rief eine massive Gegenreaktion hervor, die eine formelle Einladung an die Juden, der Oliver Cromwell wohl nicht abgeneigt gewesen war, unmöglich machte.

Nichtsdestotrotz war aber zumindest die nachfolgende informelle Duldung der Juden in England und ihre stete Statusverbesserung wesentlich auf die Fürsprache Menassehs zurückzuführen. »Ultimately his work had more glorious results in failure than it could conceivably have produced through success«, fasste sein erster Biograph Cecil Roth diese Wendung zusammen.

Im Gegensatz zu Vorgängen der Fürsprache, die auf eine unmittelbare Notlage reagierten, stellt die Mission des Menasseh einen anderen Typus von Fürsprache dar. Zunächst erfolgt im Fall des Amsterdamer Rabbiners keine Mandatierung. Zwar begründete Menasseh seine Mission in einem Sendschreiben allgemein mit »the general approval, the common good, the affliction of those of our people who are today so oppressed«. Hierin kann aber weder ein formelles Mandat durch eine Gemeinde noch ein nur durch höhere Gewalt zustande gekommener Auftrag gesehen werden. Es handelte sich vielmehr um sein eigenständiges Projekt. Menasseh hielt zudem eine weitestgehend abstrakte, religiös-ideologisch motivierte Fürsprache. Das zitierte Sendschreiben, mit dem sich Menasseh zum »emissary of all the house of Israel« (Cecil Roth) machte, ist hierfür in mancherlei Hinsicht aufschlussreich. Es war in portugiesischer Sprache an »alle in Asien und Europa lebenden Personen der Hebräischen Nation, und insbesondere [an die] Heiligen Synagogen Italiens und Holsteins«, gerichtet und auf den Tag der Abfahrt, den 2. September 1655, datiert. Menasseh unterstrich hier, dass er die Möglichkeit, in England »die öffentliche Ausübung unserer Religion« erreichen zu können, nicht ungenutzt verstreichen lassen könne. Unbeeindruckt von der tatsächlichen Not, in der die Opfer der Kosakenaufstände als Flüchtlinge in zahlreichen Gemeinden Europas (hierunter auch Amsterdam) und des Osmanischen Reichs lebten, erhoffte sich Menasseh explizit eine Perspektive für »jene Seelen, die ihre Religion verbergen und in so vielen Gegenden Spaniens und Frankreichs leben«, also für die fünf Generationen zuvor zu Flucht oder Taufe gezwungenen iberischen Juden, die zumeist in mittlerweile blühenden Gemeinden Nordeuropas und des östlichen Mittelmeers lebten.

Der Zweck des Sendschreibens unterschied sich somit deutlich von den Erfordernissen einer Fürsprache, die sich auf einen spezifischen Notstand bezog. Menasseh bat mit seinem Sendschreiben seine Glaubensgenossen weder um die Aktivierung von Kontakten, noch um Geld, noch um materielle Hilfestellungen, noch um Informationen oder deren Weitergabe. Für eine diesbezügliche Rückmeldung wäre es zum Zeitpunkt seiner Abfassung, dem Tag, an dem er das Schiff nach England bestieg, auch zu spät gewesen. Die einzige konkrete Bitte Menassehs an die Adressaten war die um unterstützendes Gebet. Somit hat das Sendschreiben ausschließlich deklaratorischen Charakter, sein Zweck war ein sehr moderner: die Aufmerksamkeit des sephardischen Publikums für sein Unternehmen zu erzeugen und hierdurch auch sein persönliches Ansehen zu mehren. Dennoch besteht eine enge Verbindung zwischen einer Fürsprache, die entweder mit formellem Mandat der betroffenen Gemeinde geschieht oder die für eine Gemeinde erfolgt, deren bekannte Notlage ein imperatives Mandat nach sich zieht, und der Fürsprache, der eine eigenmächtige Mandatierung aus deutlich persönlichen Motiven zugrunde liegt, für die das Vorgehen des Menasseh beispielhaft ist.

Unabhängig von der rechtlichen Natur des Mandats entsteht, wie eingangs beschrieben, eine institutionelle Verbindung zwischen Fürsprache und Kollektiv. Diese Beziehung kann, wie das Beispiel Menassehs zeigt, durchaus auch fiktiven Charakters sein und ihren Grund in allgemeinen religiösen, ideologischen oder persönlichen Motiven des Fürsprechers haben. Hiervon unberührt bleibt jedoch der Umstand, dass in der Fürsprache ein politisches Kollektiv konstituiert wird, unabhängig vom Anlass der Fürsprache, unabhängig auch, wie in diesem Fall, vom Vorliegen eines Mandats. So gingen im Fall Josel von Rosheims die nichtjüdischen Landesherren und der Kaiser offenkundig von einem Mandat aus, das Verbindlichkeit verlieh. Hierbei handelte es sich nicht um abstrakte Rechtsgrundsätze, sondern um die spezifischen Verhandlungsgegenstände zwischen Fürsprecher auf der einen und Obrigkeit auf der anderen Seite. Im Fall der Fürsprache des Salomon Aschkenasi bestand ein mittelbares Mandat der venezianischen jüdischen Gemeinde, welche die beschlossene Ausweisung aus eigenen Kräften nicht abwehren konnte. Von diesen beiden unterschiedlich strukturierten Formen eines gemeindlichen Mandats setzt sich das Vorgehen des Menasseh deutlich ab. Es bestand keine unmittelbare Notlage einer Gemeinde, die es dem Amsterdamer Rabbiner erlaubt hätte, ein Verhandlungsmandats zu behaupten und so ohne Auftrag mit nichtjüdischen Herrschaften in Verhandlungen zu treten.

Dennoch ist es unumgänglich, auch diese Form von Verhandlungen zwischen gentiler Herrschaft und einem Juden, der in Anspruch nimmt, für »jene unseres Volkes zu sprechen, die heute so unterdrückt sind« zu sprechen, grundsätzlich den Charakter einer Fürsprache zuzubilligen. Der Grund hierfür liegt in der zumindest potentiellen Verbindlichkeit der direkten Verhandlungen zwischen Menasseh auf der einen und Oliver Cromwell auf der anderen Seite. Die grundsätzliche Bereitschaft des Lord Protectors, Juden die Ausübung ihrer Religion offiziell zuzubilligen, wurde durch seinen Auftrag an den Staatsrat, sich mit dieser Forderung zu befassen, deutlich. Nur die schnell wachsende und zunehmend entschlossene Gegnerschaft gegen die Wiederzulassung der Juden sowohl in hohen Regierungssphären als auch in der Öffentlichkeit machten diese Absicht zunichte. Wäre es zu einer Übereinkunft im Sinne Menassehs und Cromwells und somit zu einem Erfolg der Verhandlungen gekommen, wäre an seiner Verbindlichkeit nicht zu zweifeln gewesen. Ihm hätte in diesem Fall die Annahme zugrunde gelegen, dass jene, um die es ging, nämlich nicht weiter spezifizierte Juden, in der Person des Menasseh vertreten gewesen wären. Entscheidende rechtskulturelle Voraussetzung für das Vorgehen der Beteiligten in allen genannten Fällen war die Auffassung, dass die Regelung von Ansiedlungszulassung, Bleibe- oder Handelsrecht, physischer und geistiger Unversehrtheit einer beliebigen Personengruppe letztlich Verhandlungssache war, für die es keine letzten Rechtsgründe außer der Selbstbindung der beteiligten Parteien und ihrer wechselseitigen Anerkennung gab. Das politische Ende dieser Auffassung nahm mit der Französischen Revolution ihren Anfang – eine Entwicklung, die für die jüdische Fürsprache von größter Bedeutung sein musste. Ihr ist der letzte Abschnitt unserer Überlegungen gewidmet.

Jüdische Fürsprache im Spannungsfeld der Zeitenwende

Im Verlauf des 18. Jahrhunderts entfalteten sich Modernisierungstendenzen höchst unterschiedlicher Dichte in den verschiedenen Regionen wie Lebensbereichen der europäischen Kulturen in ungewöhnlicher Dynamik. Diese Veränderungen hatten weit reichende Folgen für den Rechtsstatus der Juden und ihrer Gemeinden. Zwei politische Entwicklungen markieren das Ende des *ancien régime* und den Beginn einer Übergangsphase, für die sich der von Reinhart Koselleck geprägte Begriff der Sattelzeit eingebürgert hat. Die 1772 begonnene, und 1793 und 1795 vollzogene Teilung Polens durch die drei aufstrebenden Großmächte Preußen, Österreich und Russland ist »als eigentlicher Ausgangspunkt für die Auflösung der alten europäischen Staatenbeziehungen, der Völkerrechtsordnung des feudalen Europa« (Michael G. Müller) zu betrachten. Nach den Reformbemühungen unter Stanislaw August Poniatowski scheiterte der erste Versuch der Schaffung einer konstitutionellen Monarchie nicht zuletzt vor dem Hintergrund der zweiten politischen Entwicklung, die das Gesicht Europas verändern sollte, der Französischen Revolution 1789.

Der unmittelbare politische Zusammenhang zwischen diesen beiden Entwicklungen bestand in der Beschleunigung der Teilungen aufgrund der Ereignisse in Frankreich. Vor ihrem Hintergrund wurde die revolutionäre Mobilisierung Warschaus und Wilnas und die nachfolgende Erhebung unter Kosciuszko im Jahr 1794, die sich gegen die Auflösung der polnischen Rzeczpospolita auflehnte, in den Augen der Teilungsmächte zu einer jakobinischen Bedrohung. Das Ende der Monarchie in Frankreich führte noch 1789 zur Emanzipation der sephardischen und 1791 zu jener der aschkenasischen Juden. Das Ende Polens führte zur Aufteilung der größten Judenheit Europas unter die »drei schwarzen Adler« und ihre mehr oder minder gelungene, in jedem Falle jedoch langwierige gesetzliche Einfügung in die jeweiligen Rechtssysteme Preußens, Österreichs und Russlands. Nur zögerlich wurde im preußischen Teilungsgebiet 1833 eine partielle, 1848 in Österreich eine weiterreichende, und in Russland erst nach der Revolution von 1917 eine Gleichstellung der Juden verkündet. Was erst durch die Revolution von 1789 und die Erklärung der Menschenrechte politisch umsetzbar wurde, war durch ein grundlegend neues Verständnis des Verhältnisses von Individuum, Recht und Gemeinwesen möglich geworden. Vorbereitet durch die englische Staatsphilosophie des 17. Jahrhunderts, wurde die unmittelbare rechtliche und fiskalische Anbindung des einzelnen Untertanen an den Souverän zum Kernprojekt des absolutistischen Staats. Neben der fiskalischen Immediatisierung, deren Bedeutung für das Verhältnis von Juden und Staat nicht hoch genug veranschlagt werden kann, erklärten nichtjüdische wie jüdische Akteure im Spätabsolutismus die ›Ähnlichmachung‹ der Juden zum Ziel. Dieses Unterfangen nahm unterschiedliche Formen an, etwa die rechtliche Emanzipation und den Kampf gegen diskriminierende Gesetze. Darüber hinaus konnten hierunter auch die Einschränkung all jener formellen wie informellen Vorgaben fallen, die es möglich machten, über die jüdische Gemeinden als Körperschaften ebenso wie ihre Mitglieder zu verfügen: kulturelle Geschiedenheit in Religion, Sprache, Kleidung, Habitus und Tradition, Auswahl der eigenen Führung, Kontrolle und Ausübung und zumindest von Teilen der Gerichtsbarkeit. Dieser Prozess der ›Ähnlichmachung‹, der häufig ohne Differenzierung nach Trägerschaft und Zielsetzung als Modernisierung begriffen und auch als solche bezeichnet worden ist, konnte durchaus Teil eines konservativen Projekts der Staatsreform sein.

Diese Entwicklungen mussten von großer Wirkung auf die politische Kultur europäischer Judenheiten hinsichtlich der Gestaltung der Beziehungen zu ihrer nichtjüdischen Umwelt sein. Die Forderung nach der Angleichung der inneren und äußeren Rechtsverhältnisse der Juden mit jenen der Nichtjuden konnte jedoch jüdischen Vorstehern aus einer ganzen Reihe von Gründen nicht so attraktiv erscheinen, wie dies zunächst anzunehmen sein dürfte. Insbesondere die unverkennbare Tendenz, den jüdischen Gemeinden ihre legislative und judikative Autonomie zu nehmen, musste Besorgnis erregen. Schließlich hatte die jüdische Gemeinde in den unterschiedlichen europäischen Gemeinwesen über mehrere hundert Jahre den rechtlichen und politischen Rahmen vorgegeben, durch den die inneren Verhältnisse wie auch die Beziehungen zur nichtjüdischen Umgebung geregelt worden waren. Welche Institutionen, Körperschaften, Personen sollten an ihre Stelle treten? Worin sollte der Vorteil bestehen, als jüdische Gemeinde die Möglichkeit zu verlieren, auf die überkommenen Privilegien pochen zu können, wenn als Neuerung abstrakte Rechtsnormen wohl einen ähnlichen Schutz verhießen, deren Durchsetzbarkeit in feindseliger Umgebung sich jedoch erst erweisen musste? Diese für die politische Existenz großer Teile der europäischen Judenheiten zentralen Belange mussten für jüdische Verantwortungsträger dieser Epoche Anlass zu großer Sorge, aber auch Grund für erhöhte Anstrengungen sein, auf diese Entwicklung Einfluss zu nehmen.

Die Veränderungen im Wesen der Fürsprache setzten ein, bevor die politischen Ereignisse das Gesicht Europas veränderten. Dies soll abschließend an dem Beispiel der Fürsprachepraxis Moses Mendelssohns (1729–1786) veranschaulicht werden. Der Umstand, dass ein observanter und auf seine und seiner Glaubensgenossen religiöse Sonderheit Wert legender Jude als Philosoph unter Nichtjuden nicht nur zu Ansehen, sondern zu Ruhm gelangen konnte, war ein Phänomen der Aufklärung. Dieser Ruhm eröffnete Mendelssohn die Möglichkeit, in einigen prominenten Fällen als Fürsprecher der Juden tätig zu werden. Als einen solchen betrachtete er sich gewiss selbst. Wie anders sollte man seine Entscheidung interpretieren, der auf seine Anregung verfassten und 1782 publizierten »Bürgerlichen Verbesserung« des Christian Wilhelm Dohm als Nachwort die Übersetzung der Schrift *Vindiciae Judaeorum* von Menasseh ben Israel anzufügen? Dieses Schlüsselwerk zum Verhältnis von europäischer Aufklärung und Judentum entstand selbst, wie gleich zu zeigen sein wird, vor dem Hintergrund von Mendelssohns Erfahrungen mit der Fürsprachetätigkeit – beziehungsweise seinen Schlußfolgerungenen hieraus.

Stellte sich Mendelssohn mit der Übersetzung der *Vindiciae Judaeorum* auch in die Tradition der jüdischen Fürsprache, so scheinen die Worte, Menasseh ben Israel sei ein Mann »von vieler rabbinischer Gelehrsamkeit [...] und von einem sehr brennenden Eifer für das Wohl seiner Mitbrüder«, eine leise Distanz erkennen. In dieser Hinsicht ist es bemerkenswert, dass Mendelssohn aus einer der Aufklärung verbundenen englischen Zeitschrift von der Schrift Menassehs erfahren hatte. Bis zu diesem Datum kann Mendelssohn als ein Repräsentant der traditionellen Fürsprache begriffen werden, wenn er seine Einflussmöglichkeit auch einem neuen Zeitgeist, der europäischen Aufklärung in ihrer Hochphase, verdankte. Traditionell war Mendelssohns Fürsprache insofern, als er in mehreren Fällen durch jüdische Gemeinden gebeten und aufgefordert wurde, die ihm zu Gebote stehenden Einflussmöglichkeiten zu nutzen, um drohendes Ungemach abzuwenden. Diese Einflussmöglichkeit bestand nicht, im Gegensatz zu vielen seiner Vorgänger, in einer funktionellen Nähe zu einem Fürsten- oder Königshof – wie dies bei den Hofjuden der Fall war –, in seinem

Wohlstand oder in seinem Verhandlungsgeschick, sondern in der Autorität und Reputation, die er als Philosoph besaß.

Ein frühes Beispiel hierfür ist seine Intervention zugunsten der Juden des Herzogtums Mecklenburg-Schwerin. Diese wurden im April 1772 durch den Landesherrn Herzog Friedrich wegen der vorgeblichen Gefahr der Beerdigung Scheintoter dazu aufgefordert, den Brauch des frühen Begräbnisses aufzugeben. Das frühe Begräbnis war jedoch für die betroffene Gemeinde – wie für die weitaus überwiegende Mehrheit der damaligen aschkenasischen Judenheit – verbindliches Gebot der Tradition. Um die Verfügung abzuwenden, erreichten die Vorsteher zunächst, dass vor ihrem Inkrafttreten anerkannte Schriftgelehrte um ihre Meinung gebeten würden, und wandten sich an den Altonaer Rabbiner Jakob Emden und an Mendelssohn. Mendelssohn bestätigte mit seinem Gutachten die Haltung der Gemeinde, wiewohl es seinen eigenen Überzeugungen widersprach. Das neue Landesrecht widersprach zwar dem überkommenen Brauch, nicht jedoch den jüdischen Gesetzen. Von daher hätte sich die Gemeinde – im Prinzip – dem Landesrecht unterwerfen müssen. Hier handelte Moses Mendelssohn gewissermaßen als Treuhänder der Gemeinde und im Sinne des oben erwähnten *effacement*: nicht seine persönliche Überzeugung spielte die entscheidende Rolle, sondern der Wunsch der Gemeinde.

Noch stärker treten die spezifischen Möglichkeiten Mendelssohns zur Fürsprache im Fall der 1777 von der Austreibung bedrohten Dresdner Judenheit zutage. Gemäß einer neuen Steuerordnung waren die auf die Gemeindemitglieder erhobenen Abgaben deutlich heraufgesetzt worden. Bei Nichterlegung der Steuer sollte unverzüglich die zwangsweise Entfernung aus der Stadt erfolgen, was die Existenz zahlreicher jüdischer Familien in der Stadt bedrohte. Der Vorsteher der Dresdner Gemeinde, Samuel Halberstadt, wandte sich nun in einem Brief an Mendelssohn, und bat ihn, seinen Einfluss bei Höflingen der sächsischen Residenz geltend zu machen, deren Bewunderung für den Berliner Philosophen bekannt war. In der Tat hatte der Philosoph Mendelssohn im Geheimrat von Ferber, der ein enger Berater des Kurfürsten war, einen großen Verehrer. Diesem schrieb er im November 1777 einen drängenden Brief, seinen Einfluss bei Hofe geltend zu machen, um die menschenverachtende Gesetzgebung und ihre Folgen außer Kraft zu setzen. Hierbei bediente sich Mendelssohn einerseits des traditionellen Gnadenappells, andererseits erhob er jedoch Vorwürfe gegen die diskriminierenden gesetzlichen Bestimmungen, die zum materiellen Unglück noch die existentielle Bedrohung durch die Austreibung hinzufügte. In der Tat wurde aufgrund Mendelssohns Intervention die geplante Vertreibung ausgesetzt.

Auf vergleichbarem Wege soll, wobei diese Darstellung noch der historischen Überprüfung harrt, Moses Mendelssohn seinen Einfluss auch bei Stanislaw August Poniatowski, dem aufgeklärten letzten König der polnischen Adelsrepublik, geltend gemacht haben. Mendelssohn selbst zitiert den Fall in der Vorrede zu seiner Übersetzung der *Vindiciae*, ohne jedoch seine eigene Rolle hierbei zu explizieren. Gegen Warschauer Juden war 1774 ein Ritualmordvorwurf erhoben worden, und der erste Biograph Mendelssohns, Isaak Euchel, führte das Eingreifen des polnischen Monarchen und einiger Magnaten zugunsten der Verfolgten auf die Intervention Mendelssohns zurück, an den sich Juden aus Warschau gewandt hatten. Die Fürsprachetätigkeit Mendelssohns gestaltete sich bei den hier geschilderten Fällen traditionell, insofern er als Sachwalter der ihn mandatierenden Judenheiten und unabhängig von seinen persönlichen Einsichten oder Überzeugungen, aus Solidarität mit den bedrängten Glaubensgenossen handelte. In zwei Fällen erfolgte die Fürsprache auf unmittelbare Bitte der Gemeindevorsteher, im Fall des Warschauer Ritualmordvorwurfs agierte der Berliner Philosoph, falls der Gang der Ereignisse der Darstellung Euchels entsprach, als »ad-hoc-Fürsprecher« (Israel Bartal) in einer unmittelbaren Notlage. Es handelte sich also nicht, wie etwa im Fall

Menasseh ben Israels, um eine ideologisch motivierte, nicht mandatierte Fürsprache.

Eine entscheidende Verschiebung in der mit dem Namen Moses Mendelssohn verbundenen Praxis der Fürsprache entwickelte sich aus der Bitte um Hilfe, mit der einer der prominentesten elsässischen Juden, Herz Cerfberr, sich 1780 an Moses Mendelssohn gewandt hatte. Seit jeher durch besonders hohe Steuern belastet und mit Niederlassungsverboten belegt, sahen sich die elsässischen Juden durch den allenthalben erhobenen Vorwurf des Wuchers in einer politisch zunehmend bedrängten Situation. Wie andere vor ihm auf die große Reputation des Berliner Philosophen hoffend, erbat Cerfberr eine Denkschrift für den Staatsrat, mit der die Aufhebung zumindest der diskriminierenden Gesetzeslage argumentiert werden sollte. Die in diesem Kontext begonnene Zusammenarbeit zwischen Mendelssohn und Christian Wilhelm Dohm führte zu dem erbetenen Memorandum wie auch zur Ausarbeitung der »Bürgerlichen Verbesserung«, einer richtungweisenden Begründung für die Notwendigkeit einer rechtlichen Gleichstellung der Juden als Juden ohne Vorbedingung, und unter Akzeptanz ihrer religiösen Geschiedenheit. Diese Geschiedenheit legte Dohm großzügiger aus als Mendelssohn. Im Gegensatz zu Dohm sprach er sich in seinem Nachwort vehement dagegen aus, den religionsgesetzlich verankerten Bann als Teil einer jüdischen Autonomie beizubehalten.

Die aus einer Bitte um Fürsprache erfolgte umfassende Begründung für die Notwendigkeit der Judenemanzipation eröffnete eine neue Perspektive, den Diskriminierungen und immer wieder neuen Notlagen grundlegend abzuhelfen: durch den Kampf um die öffentliche Meinung die Gleichberechtigung der Juden zu erlangen, entsprechend der Einsicht, dass sich hier, in der öffentlichen Meinung, wie Jürgen Habermas schrieb, »ein politisches Bewußtsein entfaltet, das gegen die absolute Herrschaft den Begriff und die Forderung genereller und abstrakter Gesetzte artikuliert, und schließlich auch sich selbst, nämlich öffentliche Meinung, als einzig legitime Quelle dieser Gesetze zu behaupten lernt«. Es war seine Geltung als Autor und Philosoph in der sich entfaltenden bürgerlichen Öffentlichkeit, als *public intellectual* avant la lettre, die die sich wandelnde Fürsprachetätigkeit Moses Mendelssohns zu einem Ausdruck der Zeitenwende werden ließ. Er trat nicht mehr im Rahmen höfischer Arkanpolitik als Bittsteller einer spezifischen Gemeinde auf, sondern leitete seine Forderung nach einem Ende der Ungleichbehandlung aus dem Postulat der Gleichheit aller vor dem Gesetz ab, und legte diese Forderung der Öffentlichkeit zum *raisonnement* vor. Wohl blieben traditionelle Formen der Fürsprache noch in vielen Notsituationen das Mittel der Wahl – verwiesen sei beispielhaft auf die in diesem Band von Dan Diner und Markus Kirchhoff diskutierte Damaskus-Affäre –, jedoch setzte sich das Bemühen um eine auf allgemeinen gesetzlichen Grundlagen beruhende Sicherung jüdischer Existenzbedingungen als wesentliches Ziel der Gestaltung jüdischer politischer Kultur durch.

Quellen und Literatur

Wichtige Arbeiten zur Funktion und Entwicklung der Fürsprache in Europa sind Eli Lederhendler, The Road to Modern Jewish Politics. Political Tradition and Political Reconstruction in the Jewish Community of Tsarist Russia, New York/Oxford 1989; Israel Bartal, Moses Montefiore. Nationalist Before His Time, or Belated Shtadlan?, in: Studies in Zionism 11 (1990), 111–125; ders., David Assaf. Shtadlanut v'ortodoksia. Cadikej polin b'mifgash 'im hasmanim hahadashim, in: Cadikim v'anshe ma'ase: mehkarim b'hasidut polin, Jerusalem 1994, 45–63; Scott Ury, The Shtadlan of the Polish-Lithuanian Commonwealth: Noble Advocate or Unbridled Opportunist, in: Polin 15 (2002), 267–299.

Einzelaspekte der Untersuchung liegen vor von: François Guesnet, Strukturwandel im Gebrauch der Öffentlichkeit. Zu einem Aspekt jüdischer politischer Praxis zwischen 1744 und 1881, in: Jörg Requate/Martin Schulze Wessel (Hg.), Europäische Öffentlichkeit. Transnationale Kommunikation seit dem 18. Jahrhundert, Frankfurt a.M. 2002, 43–62, sowie: ders., Politik der Vormoderne – Shtadlanut am Vorabend der polnischen Teilungen, in: Jahrbuch des Simon-Dubnow-Instituts/Simon-Dubnow-Institute Yearbook 1 (2002), 235–256.

Ein Briefkonvolut zur Austreibung aus Prag, die wichtigste Quellengruppe zu diesem Ereignis, wurde herausgegeben von: Salomon Hugo Lieben, Briefe von 1744–1748 über die Austreibung der Juden aus Prag, in: Jahrbuch der Gesellschaft für Geschichte der Juden in der Cechoslovakischen Republik 4 (1932), hrsg. von Samuel Steinherz, 353–479. Ein Beitrag des Autors hierzu befindet sich in Vorbereitung.

Aus der umfangreichen Literatur zum Buch Esther seien nur Elias Bickerman, Four Strange Books of the Bible, New York 1967 erwähnt, sowie: Barry Dov Walfish, Esther in Medievel Garb. Jewish Interpretation of the Book of Esther in the Middle Ages, New York 1993.

Salomon Aschkenasi und die jüdischen Hofdamen bei der Hohen Pforte haben nach Heinrich Graetz, Geschichte des jüdischen Volkes, Bd. 9, 4. Auflage, Leipzig 1907, 369–74 die HistorikerInnen immer wieder beschäftigt, so z.B.: Leah Bornstein-Makovetsky, Jewish Lay Leadership and Ottoman Authorities during the Sixteenth and Seventeenth Centuries, in: Aron Rodrigue (Hg.), Ottoman and Turkish Jewry. Community and Leadership, Bloomington 1992, 87–121; Benjamin Arbel, Trading Nations. Jews and Venetians in the Early Modern Eastern Mediterranean, Leiden u.a. 1995, sowie: Maria Pia Pedani, Safiye's Household and Venetian Diplomacy, in: Turcica. Revue d'Études turques 32 (2000), 9–31. Das Gebet für Aschkenasi findet sich bei: L. Luzzatto, Un ambasciatore ebreo nel 1574, in: Il vessillo israelitico: rivista mensile per la storia, la scienza e lo spirito del giudaismo 41 (1893), 245f. Für diese Betrachtung wurde Joseph Hacohen, Emek Habakha. Sefer hakorot v'hatoldot asher avru al bet israel, hrsg. von Meir Letteris, Krakau 1895, zitiert.

Als zuverlässige Orientierung des Lebens Josel von Rosheims dient nach wie vor Selma Stern, Josel von Rosheim. Befehlshaber der Judenschaft im Heiligen Römischen Reich Deutscher Nation, Stuttgart 1959; Hava Frenkel-Goldschmidt besorgte die jüngste Edition seiner Autobiographie: Josef ben Gershon Rosheim. Ktavim historiim, Jerusalem 1996. Die Anklageschrift gegen Josel ist dokumentiert in: Elie Scheid, Histoire des Juifs d'Alsace, Paris 1887, 373 (hier: Dokument Nr. 31). Die nachfolgenden Fürsprecher im Heiligen Römischen Reich beschrieben Bernhard Brilling, Die Prager jüdische Gemeinde als Fürsprecherin und Vertreterin des deutschen Judentums im 16. und 17. Jahrhundert, in: Theokratia 3 (1979), 185–198 und Daniel J. Cohen, Cosman zum Rade. Emissary of the Jews of Germany in the 1560s, in: Zion 35 (1970), 117–126.

Die erste historiographische Würdigung erfuhr Menasseh ben Israel durch Eljakim Carmoly, Menasseh ben Israel, in: Revue Orientale 2 (1842), 299–308. Die Verteidigungsschrift ebd., 490–535. Als Überblick nach wie vor lesenswert Cecil Roth, A Life of Menasseh ben Israel. Rabbi, Printer, and Diplomat, Philadelphia 1934, sowie: Lucien Wolf, Menasseh ben Israel's Mission to Oliver Cromwell, London 1901. Aus den zahlreichen Beiträgen von David S. Katz ist v.a. der folgende zu erwähnen: Katz, Menasseh ben Israel's Mission to Queen Christina of Sweden, 1651–1655, in: Jewish Social Studies 45 (1983), 57–72. Neue Perspektiven der Forschung werden in folgendem Sammelband dokumentiert: Yosef Kaplan u.a. (Hg.), Menasseh Ben Isreal and his World, Leiden u.a. 1989. Die 1782 von Moses Mendelssohn erfolgte Übertragung der Vindiciae Judaeorum ins Deutsche ist kürzlich neu herausgegeben worden: Moses Mendelssohn, Jerusalem oder über religiöse Macht und Judentum. Vorrede zu Manasseh Ben Israels »Rettung der Juden«, hrsg. von David Martyn, Bielefeld 2001. Aus der umfänglichen Literatur zu Moses Mendelssohn sei an dieser Stelle nur auf die Biographie von Alexander Altmann, Moses Mendelssohn. A Biographical Study, London/Portland,Oreg. 1998 [Erstausgabe 1973], hingewiesen.

Die politische Grundspannung zwischen den Ereignissen der Französischen Revolution und den Teilungen Polens reflektiert Michael G. Müller, Die Teilungen Polens 1772 – 1793 – 1795, München 1984. Zu der Dynamik von Gesetzgebung und Öffentlichkeit ist nach wie vor grundlegend: Jürgen Habermas, Strukturwandel der Öffentlichkeit. Untersuchungen zu einer Kategorie der bürgerlichen Gesellschaft, Frankfurt a.M. 1990 [zuerst: 1962]; zur Differenzierung zwischen konservierender und innovativer Modernisierung vgl.: Shmuel Noah Eisenstadt, Tradition, Wandel und Modernität, Frankfurt a.M. 1979, 104–188; zu einem der zentralen Kapitel der jüdischen Geschichte dieser Epoche muss neuerdings auch der folgende Band Erwähnung finden: Rotraud Ries/Friedrich Battenberg (Hg.), Hofjuden – Ökonomie und Interkulturalität. Die jüdische Wirtschaftselite im 18. Jahrhundert, Hamburg 2002.

Universität, Differenz und Innovation – Paradoxe Begegnung mit der Vormoderne

Stephan Wendehorst

Die Bedeutung der Begegnung jüdischer und universitärer Eigenheit für die Interpretation der Geschichte der Juden und einer sich als allgemein verstehenden Geschichte stand in der wissenschaftsgeschichtlichen Forschung bisher nicht im Vordergrund. Umsomehr erscheint eine Verknüpfung von jüdischer Emanzipation, Wissenschaftsinnovation und der Universität als autonomer Institution und als korporativem Personenverband erklärungsbedürftig. Die Universität nahm weder eine Führungsrolle bei der Durchsetzung der bürgerlichen Gleichstellung der Juden ein, noch sah die Wissenschaftsgeschichte in ihr eine entscheidende Voraussetzung für die Erfolge jüdischer Wissenschaftler.

Auf den Beitrag jüdischer Forscher zum Aufstieg der modernen Wissenschaften ist mehrfach hingewiesen worden. Auffallend sind die Leistungen in bereits etablierten Wissenschaftszweigen, wie in verschiedenen Sparten der Medizin. Noch auffallender ist die Pionierrolle, die jüdische Forscher bei der Etablierung und dem Ausbau neuer Wissenschaftszweige spielten. Um den hohen Grad der Beteiligung jüdischer Wissenschaftler am präzedenzlosen Aufschwung, den die Wissenschaften im 19. Jahrhundert genommen haben, zu erklären, sind verschiedene Vorschläge gemacht worden. Sie reichen von Vorstellungen einer essentialistischen Wesensverwandtschaft zwischen »jüdischem Geist« und »Geist der Wissenschaft«, der Nutzung eines spezifischen kulturellen Kapitals, das die Juden als ›Volk des Buches‹ für die Wissenschaft prädestiniere, sozialen Ursachen, der Notwendigkeit, sich als

Außenseiter in der nicht-jüdischen Umgebung zu behaupten, der strategischen Nutzung von Nischen oder neuen Forschungsfeldern, wie der theoretischen Physik, der physikalischen Chemie oder der Psychoanalyse, bis hin zu Kombinationen verschiedener Ansätze.

Es fällt auf, dass diese Erklärungen der Zugehörigkeit von Juden zum sozialen und institutionellen Raum der Universität keine Bedeutung für deren Leistungen zumessen und die innovativen Erfolge jüdischer Wissenschaftler vornehmlich außerhalb der Universität verorten.

Mit dem hier vorgelegten Versuch, den Blick auf Konturen der Universität auch als einen Raum jüdischer Emanzipation und Wissenschaftsinnovation frei zu machen, sollen genau diese Strukturbedingungen in den Vordergrund rücken und weniger die Inhalte interessieren oder gar die geistesgeschichtlichen Höhen der vieldiskutierten deutsch-jüdischen Symbiose neu vermessen werden. Dieser Ansatz hebt mit der gleichsam ›technisch-mechanischen‹ Seite der Beziehungen der jüdischen Studenten und Akademiker zur Universität nicht nur einen bislang wenig beachteten spezifischen Aspekt dieses Verhältnisses hervor. Er erweitert auch die bisherige Sicht auf den Gegenstand, und zwar in dreierlei Hinsicht: erstens Vollständigkeit des Fächerspektrums, zweitens Berücksichtigung der jüdischen Wissenschaftler in ihrer Gesamtheit und drittens Einbeziehung der jüdischen Studenten. Sowohl ältere, geistesgeschichtliche als auch jüngere, wissenschaftsgeschichtliche Studien haben sich zum einen vornehmlich auf Angehörige der alten Philosophischen Fakultät, auf Geistes- und Naturwissenschaftler, und zum andern auf die herausragenden Forschergestalten konzentriert. Mit Ulrich Sieg ist jedoch an die zahlreichen jüdischen Gelehrten zu erinnern, »die mit ihrer Kärrnerarbeit und Loyalität eine wertvolle Stütze des Universitätsbetriebs waren«. Ein struktureller Ansatz muss notwendigerweise über die »Leuchtturmgestalten« hinaus und stärker in die Breite gehen, sozusagen weniger Einstein und Freud als vielmehr jüdische Rechtsanwälte und niedergelassene Ärzte erfassen. Zudem eröffnet er mit dem Kriterium der Zugehörigkeit zum universitären Personenverband die Möglichkeit, den Gegenstand auf die Studenten auszudehnen.

Die Begriffe Emanzipations- und Innovationsraum sind weit gefasst. Jüdische Emanzipation wird nicht im engen Sinn der individuellen bürgerlichen Gleichberechtigung verwandt, sondern umfassender als Steigerung von Partizipations- und Handlungsmöglichkeiten verstanden. Der Begriff der Innovation bezeichnet hier nicht nur bahnbrechende Neuerungen wie nobelpreisgekrönte Forschungen oder Patente, sondern auch Erscheinungen wie die Expansion und Professionalisierung der freien Berufe.

Universitas trifft *Universitas Hebraeorum*

Das Zusammentreffen von Juden und Universität besaß insofern ein paradoxes Moment, als das aus dieser Begegnung hervorgehende, in die Zukunft gerichtete Emanzipations- und Innovationspotential auch in die Vormoderne verweisende Voraussetzungen aufweist. Diese liegen in beider Verhältnis zu der tief greifenden Transformation vormoderner, strukturell auf der Anerkennung von Differenz beruhender Herrschaft und Gesellschaft in moderne einheitliche Territorialstaaten und homogene nationale Staatsbürgergesellschaften begründet. Sie haben mehr gemeinsam als die semantische Ähnlichkeit von *universitas* und *universitas hebraeorum* im Lateinischen oder *università* (in der Bedeutung von ›Universität‹) und *università* (in der Bedeutung von jüdische Gemeindekorporation) im Italienischen (Israel Bartal). Transterritorial und korporativ verfasste soziale und politische Formationen, wie Adel, Kirche, Gelehrtenrepublik, Judenheit oder zusammengesetzte Imperien waren durch den Umbruch an der Wende vom 18. zum 19. Jahrhundert besonders berührt, in dessen Gefolge eindeutige, horizontale staatliche und nationale Schranken an die Stelle der hochdifferenzierten, vertikalen, korporativen und gruppenspezifischen Zuordnungen der Vormoderne als primäre Kriterien der Einordnung des Einzelnen traten. Auch wenn die traditionelle Judenheit wie auch die Universitäten des *ancien régime* mit dem Beginn des langen 19. Jahrhunderts einen Prozess der De-Korporation durchliefen, war in beiden Fällen die Integration in Staat und Nation nicht wirklich vollständig. Den säkularen Trends der Verstaatung und Nationsbildung standen Gegengewichte gegenüber. Hier wäre zu nennen der Kernbestand autonomer Vergesellschaftung – teils institutionell garantiert, teils auf freiwilliger, assoziativer oder informeller Grundlage. Hinzu kommt, als besonderes kulturelles Kapital, der Auftrag der Wissenschaft und die Einbettung in transterritoriale und transnationale Zusammenhänge, die durch grenzüberschreitende Kooperation, Migration oder Mobilität immer wieder aktualisiert wurden.

Im weiteren soll die Konversion dieser durch die jeweiligen Differenzgefälle zwischen jüdischen Lebenswelten und Universität zu der sie umgebenden Gesamtheit entstehenden Spielräume in Emanzipations- und Innovationsräume erörtert werden. Das Emanzipations- und Innovationspotential der Schnittmenge der Freiräume, die sich aus dem Spannungsverhältnis zwischen universitärer Autonomie und Staat und Nation einerseits und dem Gegenüber von jüdischer Eigenheit und staatlicher wie gesellschaftlicher Einheit andererseits ergaben, wird anhand von vier Beispielen dargelegt. Das erste thematisiert die Freiräume, die das Universitätsstudium jüdischen Studenten in der Vormoderne eröffnete, sowie die Innovationsschübe, die das Zusammentreffen zweier Wissenskulturen zur Folge hatte. Das zweite Beispiel behandelt die Rolle akademischer Bildungspatente für den Prozess der Verbürgerlichung des deutschen Judentums im 19. Jahrhundert. Der dritte Fall geht auf die Krise des ins Mittelalter zurückreichenden Prinzips der akademischen Freizügigkeit im sogenannten »Klinikerstreit« ein. Das vierte Beispiel diskutiert die Rolle der

Universität als Scharnier der Emigration vor dem Nationalsozialismus und des Wissenschaftstransfers in die angelsächsische Welt.

Bürgerrechte und Universitätsbürgerrechte

Mit der Forderung, Differenzgefälle auf ihr Emanzipations- und Innovationspotential hin zu untersuchen und in der Erfolgsgeschichte der Juden in der Moderne nicht (nur) Konsequenz und Spiegelbild allgemeiner gesellschaftlicher Entwicklungen, sondern vor allem das Zusammengehen spezifischer kultureller Voraussetzungen auf jüdischer Seite und partikularer Frei-, Experimentier- und Innovationsräume auf der Seite der Gesamtgesellschaft zu sehen, wird die Einsicht von Jacob Katz aufgegriffen, dass sich die Juden mit der Emanzipation nicht dem deutschen Volk in seiner Gesamtheit angepasst hätten, sondern nur einem spezifischen Segment, dem Bürgertum. Der Erkenntniswert dieser Einsicht ist aufgrund der gesamtgesellschaftlichen Vorbildfunktion des deutschen Bürgertums und der damit verbundenen Einheitsdiskurse in der Wissenschaft weitgehend unbeachtet geblieben. Der Ansatz von Katz wird an dieser Stelle insofern modifiziert, als es ihm um die Begegnung der sozialen Formationen Judenheit und Bürgertum ging, während hier das Zusammentreffen jüdischer Studenten und Wissenschaftler mit der Universität thematisiert wird.

Die Anfänge der Begegnung zwischen Juden und Universität reichen zurück in die Vormoderne. Die Promotionsurkunden, die zahlreiche Ärzte der Frankfurter Judengasse an der Universität Padua erworben hatten, erinnern an die lange Tradition jüdischer Präsenz an den Hochschulen Norditaliens. An den Universitäten des Römisch-Deutschen Reiches nördlich der Alpen lassen sich jüdische Studenten vereinzelt seit dem 17. Jahrhundert nachweisen. Die Akademie für Medizin in Duisburg und die Universität in Frankfurt an der Oder erheben beide Anspruch darauf, als erste Hochschule einen jüdischen Studenten immatrikuliert zu haben. Ende des 18. Jahrhunderts war die Zahl jüdischer Studenten, die zum allergrößten Teil für das Fach Medizin eingeschrieben waren, auf mehr als dreihundert angestiegen. Ausschlaggebend gerade für die Immatrikulation der ersten jüdischen Studenten an einer Universität war häufig die Intervention des Landesherren oder anderer einflussreicher Gönner. Grundsätzliche Voraussetzung für die Öffnung der sich als christliche bzw. konfessionelle Korporation verstehenden Universität für Juden war der Verzicht auf die Ableistung von Eiden bzw. die Verwendung von Eidesformeln, die keine christologischen oder marianischen Elemente enthielten, sondern lediglich eine *Invocatio Dei*, wie dies an der Universität Göttingen seit ihrer Gründung der Fall war, oder die alternative Verwendung einer jüdischen Eidesformel, wie etwa an den Universitäten von Erlangen und Heidelberg.

Mit der jüdischen Frequentierung von Universitäten im Römisch-Deutschen Reich, in der Republik Venedig und in den Niederlanden werden bereits in der Frühen Neuzeit die Emanzipations- und Innovationsräume sichtbar, die als Folge des Aufeinandertreffens von Juden und Universität entstanden und sich unter den veränderten Rahmenbedingungen des 19. und 20. Jahrhunderts in ganz unterschiedlichen Konstellationen immer wieder herstellten. Die Immatrikulation bedeutete den Eintritt in einen korporativ verfassten Personenverband mit eigenem Regelwerk und damit eine weitgehende Neutralisierung jüdischer Herkunft. Die an der Universität verbrachten Semester waren die Voraussetzung für die Hybridisierung jüdischer und nicht-jüdischer Wissenskulturen. Mit dem Doktorgrad waren für Juden nicht sämtliche Vorteile verbunden, die Christen daraus erwuchsen, insbesondere nicht das Recht zu lehren. Trotzdem bedeutete sein Erwerb nicht nur den Abschluss einer Phase der Aneignung von Wissen, sondern auch Reputation und ein formales Bildungspatent, die Startvorteile für das Fortkommen nach dem Verlassen der Universität darstellten.

Mit der Immatrikulation gelangten jüdische Studenten in den Besitz des Universitätsbürgerrechts und damit auch in den Genuss der den Universitätsangehörigen verliehenen Privilegien: Exemption von der allgemeinen Gerichtsbarkeit, Steuerfreiheit und das Recht, Waffen zu tragen. Wie dramatisch der auf einen Schlag vollzogene Wechsel von einem Rechtszustand in den anderen empfunden werden konnte, geht aus einer Passage des Briefwechsels hervor, den zwei der ersten jüdischen Studenten an Universitäten des Alten Reichs unterhielten. 1701 schrieb der aus dem zum Kurfürstentum Trier gehörenden Koblenz stammende Hallenser Medizinstudent Isaak Wallich an Samuel Simon Ben-Jakob, der aus Polen-Litauen nach Frankfurt an der Oder gekommen war, um an der kurbrandenburgischen Universität ebenfalls Medizin zu studieren: »So wie ich meinen Degen wie all die anderen Medizinstudenten trage, gibt es hier niemanden, der mir sagt, was ich zu tun und zu lassen habe.« Die Vergünstigungen, die mit der Zugehörigkeit zum Personenverband der Universität verbunden waren, lassen sich etwa auch am Beispiel des 1744 in Veitshöchheim im Hochstift Würzburg geborenen Simon Höchheimer, der dank der Intervention einflussreicher Domherren in Mainz Medizin studiert hatte, ablesen. Um sich in Freiburg niederlassen und an der dortigen Universität 1791 sein Studium mit der Promotion abschließen zu können – dazu bestand seit dem Toleranzpatent Josephs II. die Möglichkeit –, waren die universitären Privilegien unerlässlich, da ihm die Stadt das Wohnrecht verweigerte.

Die Auswirkungen der Hybridisierung jüdischer und nicht-jüdischer Wissenskulturen, für welche die Präsenz jüdischer Studenten an den Universitäten eine entscheidende Voraussetzung bildete, lassen sich am Ausgang der Vormoderne in zwei Richtungen feststellen. Der Beitrag, den die – abgesehen von den Höfen – vor allem an Universitäten erfolgte Aneignung säkularer Wissensbestände zur Herausbildung der frühen Haskala geleistet hat, ist von Shmuel Feiner herausgearbeitet worden. Umgekehrt wirkte die Universität auch als Umschlagplatz für die

Vermittlung spezifisch jüdischer Interessen und Wissensbestände. Im 19. und 20. Jahrhundert sollten jüdische Mediziner in Teildisziplinen ihres Faches, wie etwa der Ophtalmologie, der Geburtshilfe, der Bekämpfung von Geschlechtskrankheiten und der Dermatologie – der Affinität zu letzterer verdankt der Begriff des »Hautjuden« seine Prägung – eine prominente Rolle einnehmen. Verschiedene dieser Schwerpunktsetzungen deuteten sich bereits in Veröffentlichungen des ausgehenden 18. Jahrhunderts an. So verfasste der aus Burg bei Magdeburg stammende Salomon Hirsch Burgheim, der erste in Leipzig promovierte Jude, der 1786 die Herausgabe der Judenbibliothek unterstützte und als bekannte Erscheinung der Jahrhundertwende in die Leipziger Stadtgeschichte eingegangen ist, ein Handbuch über venerische Krankheiten, das mehrere Auflagen erlebte.

Die von Juden an den Hochschulen erworbenen Abschlüsse stellten keine hinreichende Garantie für beruflichen Erfolg dar. Über die Zulassung als Arzt entschieden nicht die Universitäten, sondern obrigkeitliche Medizinalkollegien. Die Prüfungen, denen sich jüdische Ärzte vor ihrer Niederlassung in Frankfurt unterziehen mussten, besaßen regelmäßig demütigenden Charakter. Jüdische Jurastudenten, die sich vereinzelt etwa in Göttingen fanden, konnten zwar das Studium an der Universität abschließen; Aussicht auf eine Stelle im Staatsdienst bestand für sie aber nicht.

Im *ancien régime* zeichneten sich somit nicht nur die Konturen der Universität als jüdischer Emanzipations- und Innovationsraum ab. Es sind auch schon die Schranken sichtbar, die im 19. Jahrhundert vor dem Hintergrund der Durchsetzung der Emanzipation im Sinne der bürgerlichen Gleichberechtigung als immer bedrückender empfunden wurden: der Ausschluss von Juden aus dem Kreis der Hochschullehrer und die Nicht-Verwertbarkeit universitärer Abschlüsse für den Staatsdienst. In der im Vergleich zur Moderne noch wenig verstaateten und vom Prozess der Nationalisierung erst in Ansätzen berührten, korporativ-hierarchisch verfassten Gesellschaft des *ancien régime* tritt die Bedeutung des Eintritts von Juden in die Universität als einer Korporation besonders plastisch hervor. Mit ihm waren handfeste Vorteile verbunden, umgekehrt proportional zur Abgrenzung nach außen eine Nivellierung der Unterschiede nach innen und eine eindeutige gesellschaftliche Zuordnung der jüdischen Studenten. Universitätsbürgerrecht und Zugehörigkeit zu einer der *nationes* neutralisierten die Herkunft eines an der Universität Leipzig studierenden Sohnes eines Hoffaktors, ohne sie aufzuheben. Mit fortschreitender Nationalisierung reichte die Zugehörigkeit zur Universität nicht mehr aus, um den Status eines Studenten festzuschreiben. Die Frage der Organisation und Repräsentation der Studenten sollte im Verlauf des 19. Jahrhunderts einer der Austragungsorte des Kampfes um die Definition der Nation und ihre Handhabung zu einem Instrument der Exklusion von Juden werden.

Bildungspatente jüdischer Akademiker

Die von jüdischen Studenten erworbenen Wissensbestände und Bildungspatente stellten gleichsam Wechsel dar, die sich nach dem Verlassen der Universität einlösen ließen. Ihr Wert differierte je nach eingeschlagenem Lebensweg erheblich. Während die Mehrzahl der jüdischen Hochschulabsolventen sie zu ihrem Vorteil einlösen konnten, waren sie für diejenigen, die eine Laufbahn an der Universität oder im Staatsdienst anstrebten, nicht oder nur unter Wert einzuwechseln.

Machten jüdische Studenten im 18. Jahrhundert nur einen Bruchteil und noch zu Beginn des 19. Jahrhunderts einen absolut wie relativ gesehen geringen Teil der Studenten aus, nahm ihr Anteil im Verlauf des 19. Jahrhunderts in den Staaten des Deutschen Bundes stetig zu. Das Anwachsen der Zahl jüdischer Studenten lag über dem allgemeinen Trend der Expansion der Studentenzahlen. Mit ihren Bildungspatenten erhöhte die Universität die Berufschancen. Dies galt für die jüdischen Absolventen der verschiedenen Fakultäten in ganz unterschiedlichem Maße. Da der öffentliche Dienst – die Anstellung beim Staat wie auch bei den Kommunen – jüdischen Inhabern von Bildungspatenten weitgehend verschlossen war, blieben neben der Anstellung in der Wirtschaft und bei jüdischen Einrichtungen vor allem die freien Berufe. Für Mediziner war die Lage am wenigsten problematisch, für Juristen öffnete sich mit der Entstaatlichung der Advokatur die Anwaltschaft. Die Absolventen der Philosophischen Fakultät – sofern es sich nicht um die sogenannten Doktor-Rabbiner handelte, die die bis in die Reihen der Neo-Orthodoxie hineinreichende Hybridisierung jüdischer und säkularer Wissensbestände verkörperten – hatten beim Berufseinstieg mit den größten Schwierigkeiten zu kämpfen. Abgesehen von den wenigen Simultanschulen in Preußen und Baden, die in begrenztem Umfang auch Juden als Lehrer einstellten, sowie den jüdischen Schulen war ihnen der von der Mehrzahl ihrer nicht-jüdischen Kommilitonen eingeschlagene Weg zum Lehramt versperrt. Als sich etwa der Leipziger Germanistikprofessor Georg Witkowski nach Beendigung seines Studiums im Kultusministerium in Dresden nach den Aussichten einer Laufbahn im höheren Schuldienst erkundigte, fiel die Auskunft so eindeutig negativ aus, dass ihm die Universitätskarriere als die noch aussichtsreichere Option erschien.

Der Aufstieg großer Teile der jüdischen Bevölkerung ins Bürgertum im 19. Jahrhundert ist ohne die von der Universität ausgestellten Bildungspatente schwer vorstellbar. Vor dem Hintergrund der Professionalisierung weiter Berufsfelder konnten die durch die Universität und die von ihr vermittelten Wissensbestände und Abschlüsse hergestellten Unterschiede zwischen Akademikern und dem Rest der Gesellschaft gerade auch von jüdischen Universitätsabsolventen in verbesserte Berufschancen konvertiert werden. Dieser Zusammenhang dürfte sich noch deutlicher als im Fall der Ärzte und Rechtsanwälte bei Absolventen nicht-universitärer Hoch- und Fachschulen, insbesondere der Handels(hoch)schulen abzeichnen.

Während sich bei jüdischen Akademikern, die nach dem Studium die Universität verließen, das Differenzgefälle zur Gesellschaft als Emanzipations- und Innovationspotential darstellte, war bei denen, die eine Universitätskarriere anstrebten, das Gegenteil der Fall. Vor dem Hintergrund der sich im 19. Jahrhundert in West- und Mitteleuropa durchsetzenden bürgerlichen Gleichberechtigung war die Diskriminierung der Juden an den Universitäten, sei es durch statuarische Festlegung oder durch ›unsichtbare Schranken‹, d.h. informelle, aber deshalb keineswegs weniger wirksame Mechanismen der Exklusion oder Beschränkung ein Skandalon. Bis ins 19. Jahrhundert hinein schlossen konfessionell gebundene Eide Juden vom Universitätsstudium bzw. dem Ablegen von Prüfungen an den britischen Universitäten Oxford und Cambridge aus. Im russländischen Reich, aber auch an den privaten Universitäten in den Vereinigten Staaten bestanden Quotenregelungen für jüdische Studierende. Im Polen der Zwischenkriegszeit mussten jüdische Studenten auf »Ghettobänken« Platz nehmen. Im Wilhelminischen Kaiserreich sahen sich ungetaufte Juden von Professuren aufgrund von gesetzlichen Bestimmungen oder aufgrund der Handhabung des Kooptationsrechts der Professoren weitgehend ausgeschlossen. Die Erfahrungen von Julius Fürst, Richard Willstätter, Paul Ehrlich oder auch von Lewis Namier, um nur einige Namen zu nennen, unterstreichen die besonderen Schwierigkeiten, die der Karriere jüdischer Akademiker entgegenstanden.

Hatte in der Frühen Neuzeit die Konfessionalisierung der Universitäten die Aufnahme von Juden in den Kreis der Hochschullehrer verhindert, wirkte im 19. Jahrhundert die fortschreitende Nationalisierung der Wissenschaftsgemeinschaft als entscheidende Blockade. Im Wilhelminischen Kaiserreich waren die Universitäten, obwohl sie in den rechtlichen Kompetenzbereich der Bundestaaten fielen, zu Schaufenstern der Nation geworden. Die nationalen Exklusionsmechanismen illustriert folgende bei Witkowski überlieferte Anekdote. Als König Johann von Sachsen, selbst als Danteübersetzer hervorgetreten, den von ihm geschätzten Leipziger Orientalisten Julius Fürst nach seinem Wohlergehen fragte und die Antwort erhielt »Schlecht, Euer Majestät; ich bin immer noch nicht Professor«, tröstete ihn der König mit den Worten: »Beruhigen Sie sich, ich kann es als Katholik auch nicht werden.« Auch wenn nicht nur Juden, sondern auch Sozialdemokraten, Katholiken und Atheisten um ihren Platz in der nationalen Gemeinschaft zu ringen hatten und sich von Professuren ausgeschlossen sahen, waren jüdische Akademiker besonders betroffen; zum einen rein zahlenmäßig, zum anderen weil sie zur »Usurpation«, zur gleichsam feindlichen Übernahme der geistigen Kommandobrücken der Nation als besonders befähigt und daher als besonders gefährlich erschienen. Solche Befürchtungen waren nicht auf Antisemiten beschränkt, wie das folgende Zitat Friedrich Paulsens zeigt:

»Dass wir hier vor einem wirklichen und schwer aufzulösenden Problem stehen, das wird auch der, der die Dinge nicht mit den Empfindungen des Antisemitismus ansieht, nicht in Abrede stellen können. Würden die gelehrten Berufe rückhaltlos, wie die übrigen wirtschaftlichen Berufe dem freien Wettbewerb überlassen, dann müsste, so scheint es, allmählich der Zustand eintreten, dass sie, wenn nicht in monopolistischem Alleinbesitz, so doch ganz überwiegend in den Händen der durch Wohlstand, Energie und Zähigkeit überlegenen jüdischen Bevölkerung wären. Dass kein europäisches Volk einen solchen Zustand ertragen würde, dass es ihn als Fremdherrschaft empfinden und mit Gewalt abwerfen würde, daran wird nicht zu zweifeln sein. Und also haben alle, auch die Juden, ein Interesse daran, dass er nicht eintritt. Man wird demnach einen Gegendruck gegen das Überhandnehmen der Juden in den gelehrten Berufen, soweit sie mit einer öffentlichen Autorität ausgestattet sind, so hart er dem Einzelnen werden mag, nicht überhaupt verwerflich nennen können.«

Der »Klinikerstreit«

Die am Vorabend des Ersten Weltkriegs an verschiedenen Universitäten des Wilhelminischen Reichs, besonders an den Medizinischen Fakultäten, eskalierende »Ausländerfrage« bündelte die Auseinandersetzungen um das Verhältnis von Juden, Universität und Nation wie in einem Prisma. Konkreter Streitgegenstand war die Zulassung der in weiten Teilen der Öffentlichkeit wie der Universität perhorreszierten »Ostjuden« zum Studium an deutschen Universitäten. Die Debatte reichte weit über die Zulassungsmodalitäten zu begehrten Praktika und die Frage der Belegung der ersten Bankreihen in den Hörsälen hinaus. Sie berührte das Zentrum des Verhältnisses von Nation, transnationaler Wissenschaftsgemeinschaft und Universität.

An der Wende vom 19. zum 20. Jahrhundert war der Ausländeranteil unter den Studierenden an deutschen Universitäten beträchtlich, bei manchen lag er über zehn Prozent der Gesamtstudentenzahl. Im Wintersemester 1912/13 studierten mehr als 2000 russische Juden an deutschen Universitäten und Hochschulen. Besonders beliebt waren die Universitäten Berlin, Leipzig, München, Königsberg und Breslau. Die Anziehungs- und Integrationskraft der Universität als Institution und als Personenverband war freilich nur die eine Seite der Medaille. In den Jahren vor Ausbruch des Ersten Weltkriegs wurden ostjüdische Studenten verstärkt zum Zielpunkt antisemitischer Anfeindungen. Im Gegensatz zu der Vorstellung, dass erst der Krieg den Antisemitismus wesentlich verschärft habe, belegt die Debatte über die so genannte ›Ausländerfrage‹ an den deutschen Universitäten, dass die Radikalisierung gerade des akademischen Antisemitismus bereits zuvor eingesetzt hatte und durch den Ausbruch des Weltkriegs eine weitere Eskalation geradezu sistiert wurde.

Die Proteste gegen das Ausländerstudium, die an den Hochschulen, in der Presse und in den Parlamenten der Einzelstaaten laut wurden, richteten sich im Grundsatz gegen ostjüdische Studenten, wenn auch durchmischt mit antislawischen Untertönen und Parolen zum Schutz nationalen geistigen Eigentums. Ihren Höhepunkt, den Wandel vom »Klinikerstreit« zum »Klinikerstreik«, erreichten die Auseinandersetzungen an der Universität Halle, an der die Studenten der klinischen Semester die Vorlesungen für ein Semester zum Erliegen brachten. Mit den 1913 ergriffenen Maßnahmen zum faktischen Ausschluss russischer Juden vom Studium an deutschen Universitäten setzten die deutschen Bundesstaaten eine Forderung der radikalisierten Studenten um.

In den Auseinandersetzungen und im Ausgang des »Klinikerstreits« spiegeln sich Verschiebungen und Verschärfungen im Verhältnis von Juden, Universität und Nation am Vorabend des Weltkriegs. Professoren wie Max Weber und Gustav Radbruch, die die Präsenz russischer Juden unter den Studenten begrüßten, taten dies auch aus Sorge darüber, dass Bildung und Universitätsstudium von den deutschen Studenten als selbstverständliches Attribut sozialer Stellung und als quasi nationales Eigentum, als Anspruch auf den Erwerb nationaler Bildungspatente und nationaler Zugangsberechtigungen betrachtet wurden. Dagegen verteidigten sie einen von sozialer Herkunft, Konfession und Staatsbürgerschaft unabhängigen Zugang zum Universitätsstudium als Strukturbedingung von Wissenschaft. Sie wehrten sich damit nicht nur gegen eine nationale Vereinnahmung und Verengung des Wissenschaftsbetriebs. In der Anwesenheit häufig hochmotivierter Ausländer sahen sie eine wohltuende Belebung des akademischen Alltags. Von Max Weber ist der Ausspruch überliefert, dass er, um des akademischen Standards willen, in sein Seminar nur noch »Russen, Polen und Juden« aufnehmen wolle.

In dem Schreiben, mit dem sechs Mitglieder der Leipziger Medizinischen Fakultät gegen den seit Sommersemester 1913 in Sachsen geltenden Erlass protestierten, der de facto gleichbedeutend mit der Vorschrift war: »Russische Juden sind von der Immatriculation an der Universität Leipzig ausgeschlossen«, betonten sie die Leistungen jüdischer Wissenschaftler auf dem Gebiet der Medizin und die Notwendigkeit des Erhalts der akademischen Freizügigkeit: »Die medizinische Wissenschaft & mittelbar die ganze Menschheit hat Israeliten wichtige

Fortschritte zu danken & im Besonderen auch russischen. Die Medizin hat eine allgemeine Freizügigkeit der Wissenschaft nötig.« Die Personalautonomie der Universitäten hinsichtlich der Studenten, also das Recht der Universitäten, über die Zulassung der Studenten zu entscheiden, schien gefährdet.

Vor dem Hintergrund der Nationalisierung der Wissenschaftsgemeinschaft, einer Entwicklung, die ganz im Trend der Zeit lag, ist weniger die Marginalisierung ausländischer Juden erstaunlich als vielmehr die Tatsache, dass ihre Präsenz relativ lange Zeit nicht kontrovers war. Unter dem schützenden Dach der Universität hatte sich ein den säkularen Prozessen der Nationalisierung und Verstaatung partiell entzogener Freiraum erhalten. Mit ihrer Teilhabe an der traditionellen studentischen Migration trug die Universität als Institution und Personenverband Freiräume in die Moderne, die von der Gesamtgesellschaft zunehmend infrage gestellt wurden.

In welche Richtung die Weichen gestellt wurden, zeigen die hinter den nach außen neutral formulierten Verordnungen stehenden Überlegungen. Im »Klinikerstreit« ging es keineswegs um die unterschiedslose Abschottung der deutschen Hochschulen gegen ausländische Studenten. Die Kriterien für die Zulassung ausländischer Studenten machen die Prioritäten deutlich. Entscheidende Zugangsvoraussetzung war nicht die staatliche, sondern die nationale Zugehörigkeit, wobei letztere sowohl kulturell als auch ethnisch verstanden wurde. So wandte sich der Rektor der Leipziger Universität explizit gegen die in der Tagespresse häufig laut werdende Forderung nach erhöhten Gebühren für ausländische Studenten, da diese alle Ausländer treffen würde, was keineswegs seiner Absicht entsprach: »[...] denn unter den Ausländern sind viele, die uns als Gäste willkommen sein müssen. Dahin gehören vor allem die Ausländer deutscher Zunge und darüber hinaus die übrigen Ausländer germanischen Stammes [...].«

Der vor Ausbruch des Ersten Weltkriegs besonders an den medizinischen Fakultäten eskalierende Streit über die Zulassung ostjüdischer Studenten unterstreicht die Bedeutung des bis ins Mittelalter zurückreichenden Prinzips der akademischen Freizügigkeit. Verteidigt – wenn auch letztlich vergeblich – wurde sie als unverzichtbarer Teilbestand der traditionellen universitären Autonomie und der Grundvoraussetzungen von Wissenschaft.

Emigration, Wissenstransfer und Neuanfang

Trotz seines für die Zukunft wenig Gutes verheißenden Ausgangs hatte der »Klinikerstreit« indirekt noch einmal die zentrale Stellung des Wilhelminischen Kaiserreichs in der transnationalen Wissenschaftsgemeinschaft unterstrichen. Wenn auch andere Pullfaktoren, wie die günstige Verkehrslage und die vergleichsweise niedrigen Studien- und Lebenshaltungskosten nicht zu unterschätzen sind, war es doch nicht zuletzt der wissenschaftliche Ruf, der jüdische Studenten aus dem Ausland an die deutschen Universitäten zog. Diese kamen nicht nur aus dem russländischen Reich, sondern auch aus den Vereinigten Staaten und aus Großbritannien, sofern sich ihre Zugehörigkeit überhaupt sinnvoll in Kategorien der Staatsangehörigkeit fassen lässt, wie das Beispiel Selig Brodetskys zeigt. Dieser, geboren in Olviopol, in der heutigen Ukraine, aufgewachsen im Londoner East End, Absolvent der Universität Cambridge, Professor an der Universität Leeds und schließlich zweiter Präsident der Hebräischen Universität Jerusalem, hatte seinen Doktorgrad in Mathematik an der Universität Leipzig erworben.

Zwanzig Jahre nach dem »Klinikerstreit« setzte ein akademischer Wanderungsstrom ganz anderer Art und in umgekehrter Richtung ein. Die Vertreibung jüdischer Studenten und Professoren von den deutschen Universitäten nach 1933 war zwar nicht völlig gleichbedeutend mit dem Verlust der führenden Stellung, die die deutsche Gelehrtenrepublik auf verschiedenen Gebieten bis in die Weimarer Republik hinein hatte behaupten können – erste Anzeichen für einen Niedergang hatte es bereits im

Kaiserreich gegeben –, beschleunigte ihn aber erheblich, riss irreversible Lücken und bewirkte einen nachhaltigen Glaubwürdigkeitsverlust. So furchtbar die Erfahrung der Verfolgung für die betroffenen jüdischen Wissenschaftler war, der Verlust akademischer Positionen und der Entzug akademischer Grade hatte nicht ihren Ausschluss aus der transnationalen Wissenschaftsgemeinschaft zur Konsequenz.

Soweit die Betroffenen vor Verfolgung und Vernichtung fliehen konnten und nicht an den Widrigkeiten des Exils scheiterten, boten in zahlreichen Fällen ausländische Universitäten die Chance zu einem Neuanfang. Aufnahmeländer waren insbesondere Großbritannien und noch mehr die Vereinigten Staaten. Drei Aspekte sind in unserem Zusammenhang hervorzuheben. Erstens die Scharnierfunktion, die britische und amerikanische Universitäten als korporative Akteure in den Prozessen der Flüchtlingsmigration und des Wissenstransfers einnahmen. Im Unterschied zu den von Louise London untersuchten britischen Standes- und Selbstverwaltungsorganisationen der Mediziner, die der Niederlassung von Flüchtlingsärzten zähen Widerstand entgegensetzten, spielten die Universitäten als Teil der Wissenschaftsgemeinschaft eine entscheidende Rolle bei der Aufnahme von Exilanten. Insofern, als die Universität die eigentliche Anlaufstelle für den jüdischen Akademikerflüchtling bildete, lässt sich argumentieren, dass sich seine Migration nicht von Land zu Land, sondern von Universität zu Universität vollzog.

Zweitens war mit der Emigration nicht nur ein Wissenstransfer im Sinne einer Abnahme von Wissensbeständen und Innovationspotential im Herkunfts- und einer Zunahme im Transit- oder Bestimmungsland verbunden. Vielfach entstand das Innovationspotential erst aus der Begegnung unterschiedlicher Wissenschaftskulturen, wie dies Beispiele aus den Rechts-, Natur- und Geisteswissenschaften belegen. Drittens, die Bewertung des mit der Emigration jüdischer Akademiker verbundenen *brain drain* ist bislang unter bilateralen Vorzeichen als Gewinn- und Verlustrechnung vorgenommen worden. Diese Betrachtungsweise hat den Blick auf einen Vorgang, der mit dem Wissenstransfer von einem Land zum andern nur teilweise identisch, aber von mindestens ebenso großer Tragweite war, verstellt: die Neuzentrierung der transnationalen Wissenschaftsgemeinschaft. Nach einer Phase, in der die deutsche Gelehrtenrepublik eine herausgehobene Stellung eingenommen hatte, konstituierte sich die vormoderne *république des lettres* mit ihren Gelehrtensprachen Latein und Französisch neu als *scientific community*. Die angelsächsische Welt rückte ins Zentrum der Wissenschaftsgemeinschaft. Das Englische trat an die Stelle des Deutschen, als Wissenschaftssprache und damit auch als jüdische Sprache.

Differenz, Geschichte und Gesellschaft

Aus den angeführten Beispielkonstellationen lassen sich Konsequenzen für die besondere Geschichte der Begegnung von Juden und Universität ziehen, aber auch für die Geschichte der Juden wie für die allgemeine Geschichte insgesamt. Zunächst ist die im Vergleich mit der Gesamtgesellschaft eigenständige Rolle festzuhalten, die die Universität als Institution und als Personenverband bei der Herstellung jüdischer Frei- und Handlungsspielräume spielte. Bei den Universitäten des 19. und 20. Jahrhunderts handelte es sich nicht einfach um Verlängerungen der ständisch-korporativen Gesellschaftsverfassung des *ancien régime*, die als obsolete Relikte in die Moderne hereinragten. Das Gebilde der traditionellen Universität war durch die Französische Revolution beseitigt worden. Aber auch wenn es sich – besonders deutlich bei den deutschen Universitäten des 19. und 20. Jahrhunderts – um unter den Bedingungen der Moderne neugeschaffene Einrichtungen (Berlin, Bonn, München) oder reformierte Institutionen der Vormoderne (Leipzig) handelte, so hatten sie doch alle insofern einen Fuß in der Vormoderne, als sie den säkularen Prozessen von Verstaatung, Vereinheitlichung, Durchsetzung des Gleichheitspostulats und Nationalisierung zumindest partiell entzogen blieben. Die Folge waren entsprechende Differenzgefälle zwischen Universität einerseits und Gesamtheit andererseits. Je nachdem, auf welche gesamtgesellschaftliche Entwicklung sich diese Unterschiede bezogen, stellten sie für jüdische Studenten und Wissenschaftler eine Quelle der Zurücksetzung und des Stillstandes oder aber das Potential für Emanzipation und Innovation dar.

Die zunehmende Integration der Universitäten in gesamtgesellschaftliche Prozesse bedeutete für Juden nicht automatisch eine Zunahme von Freiräumen. Für die Behinderung der Universitätskarrieren jüdischer Wissenschaftler und ihren weitgehenden Ausschluss von Lehrstühlen während des Wilhelminischen Kaiserreichs konnten Zu- wie Abnahme von Differenz verantwortlich sein. Mindestens genauso gewichtig wie die der Korporation Universität innewohnenden Abschottungstendenzen – hier öffnete sich die Schere zur Durchsetzung bürgerlicher Gleichberechtigung –, war die Nationalisierung der Wissenschaftsgemeinschaft, die sich im Einklang mit der allgemeinen Entwicklung vollzog.

Umgekehrt erhielt und schuf sich die Universität gerade aufgrund des Differenzgefälles, das sich aus ihrer unvollständigen Absorption in Staat und Gesellschaft ergab, Freiräume. Entscheidend war das Zusammenspiel der Universität als einer mit erheblichen Selbstverwaltungskompetenzen und beträchtlicher Personalautonomie ausgestatteten Institution mit dem Anspruch der Wissenschaft auf die universale Vertretbarkeit ihrer Ergebnisse und mit dem Prinzip der akademischen Freizügigkeit. Gemessen an anderen Bereichen von Staat und Gesellschaft eröffneten sich für jüdische Studenten und Forscher attraktive Partizipationsmöglichkeiten sowie Entfaltungsspielräume. Die Nutzung dieser Freiräume wirkte wiederum positiv auf wissenschaftliche Innovation und universitäre Autonomie zurück.

Die Bedeutung der Universität als Schlüsselfaktor für die jüdische Erfolgsgeschichte der Moderne ist nicht nur nach ihrem Beitrag zum Prozess der Verbürgerlichung der Juden zu bemessen. Für dessen erfolgreichen Verlauf war die Öffnung des Universitätsstudiums für jüdische Studenten und dessen Vermittlungsfunktion für deren Zugang zu den freien Berufen unabdingbar. Ein noch zu leistender diachroner Vergleich mit der Geschichte der Juden in den angelsächsischen Ländern, in welchen der Prozess des *embourgeoisement* der jüdischen Bevölkerung trotz der frühzeitigen politisch-rechtlichen Gleichberechtigung erst nach dem Zweiten Weltkrieg zum Abschluss kam, dürfte diesen Zusammenhang unterstreichen.

Die Universität legte nicht nur die Grundlage für die spätere berufliche Tätigkeit jüdischer Absolventen der medizinischen und juristischen Fakultäten als Rechtsanwälte und Ärzte, um die zahlenmäßig bedeutendsten Gruppen zu nennen. Sie war trotz aller Ausgrenzungen und Zurücksetzungen Dreh- und Angelpunkt des Engagements von Juden in den Wissenschaften. So nahm während des Kaiserreiches die Zahl derer nicht ab, die sich trotz Diskriminierung und obwohl das Ordinariat in unerreichbarer Ferne lag, auf eine Universitätskarriere einließen. Ihre wissenschaftlichen Leistungen waren beträchtlich. In der Weimarer Republik konnten dann schließlich einige derer, die zuvor nicht- oder nur halbbefriedigende Existenzen außerhalb der Universität oder als Privatdozenten und außerordentliche Professoren geführt hatten, in Ordinariate einrücken. Nicht zu vergessen sind die innovativen Leistungen jüdischer Wissenschaftler außerhalb oder an den Rändern der universitären Wissenschaft. Die Grundlagen dafür waren regelmäßig an der Universität gelegt worden.

Mit der Interpretation der Begegnung von Juden und Universität als eines besonderen Emanzipations- und Innovationsraums stellt sich zunächst die Frage nach Konsequenzen für die Interpretation der Geschichte der Juden. Die Freiräume, die die Universität schuf und an die jüdische Studenten und Wissenschaftler ›andocken‹ konnten, waren Freiräume, die sich jenseits von und nicht zeitgleich mit der allgemeinen gesellschaftlichen Entwicklung entfalteten. Die Betonung der Bedeutung von Differenzgefällen zwischen Universität und Gesellschaft einerseits und zwischen jüdischer Bevölkerung und Gesellschaft anderseits für das Entstehen von Innovations- und Emanzipationspotentialen steht in einem gewissen Spannungsverhältnis zum vorherrschenden Interpretationsparadigma der jüdischen Geschichte, demzufolge sich die Emanzipation der Juden gewissermaßen im Gleichschritt mit der Modernisierung vollzog. Dieser Vorstellung gemäß spiegelte sich der gesamtgesellschaftliche Fortschritt unmittelbar in der Stellung der Juden, respektive standen letztere pars pro toto für die Entwicklung von Staat und Gesellschaft (Reinhard Rürup).

Nicht nur klassisch liberalen Ansätzen, sondern auch zionistischen Einheitsvorstellungen verpflichtete Interpretationen haben regelmäßig explizit oder unterschwellig an der Nivellierung jüdischer Unterschiede als *telos* des Geschichtsprozesses festgehalten. Unterschiede in der Kultur und Sozialstruktur der jüdischen Bevölkerung im Verhältnis zur Gesamtgesellschaft wurden als über- oder unterproportional charakterisiert, erklärt, auch gerechtfertigt, aber letztlich als zu korrigierende Abweichungen betrachtet. Mit der Betonung von Differenz als Motor von Innovation und Emanzipation verschieben sich die Interpretationsparameter. An die Stelle von Kategorien wie »Angleichung« oder »Gleichberechtigung« treten Identifikation und Nutzung von Differenzgefällen als Maßstab für ein Mehr bzw. Weniger an jüdischer Emanzipation.

Die Frage nach der Bedeutung der aus dem Zusammentreffen von Juden und Universität entstandenen partikularen Freiräume stellt sich nicht nur für die Geschichte der Juden, sondern kann auch an die allgemeine Geschichte gerichtet werden. In der historischen Forschung zum 19. Jahrhundert ist auf verschiedene in der ›Sattelzeit‹ existierende ›gesellschaftliche Sonderzonen‹, wie den herausgehobenen Status von Staatsbeamten und Inhabern von Bildungspatenten oder das höfische Manufakturwesen hingewiesen worden. Dies geschah jedoch stets unter der Prämisse, dass es sich bei diesen Freiräumen sozusagen um Prototypen und Vorreiter einer gesamtgesellschaftlichen Entwicklung handelte, die dazu bestimmt waren, im Allgemeinen aufzugehen. Partikulare Freiräume und die damit verbundene Differenz wurden als durchaus erwünschte, aber zeitlich begrenzte Ausnahmeerscheinungen, nicht als gesellschaftliches Strukturprinzip gedacht. Innovation und Dynamik in Wissenschaft und Gesellschaft beruhten dieser, dem Modernisierungsparadigma verpflichteten Lesart zufolge auf der Etablierung und Durchsetzung allgemeiner Standards, nicht auf als permanent gedachter und gewünschter Differenz und Konkurrenz.

Mittelalter- und Frühneuzeithistoriker und besonders an der Vormoderne interessierte Historiker und Sozialwissenschaftler von Johan Huizinga, Marc Bloch und Harold Laski bis hin zu Otto Gerhard Oexle und Anthony Grafton haben verschiedentlich auf die Eigenheit und das Eigenrecht von Gruppen aufmerksam gemacht, sowie auf die Erkenntnisgewinne, die damit verbunden sind, historische und gesellschaftliche Prozesse aus den zwischen Individuum, Gruppen und Gesamtheit, und nicht nur aus den zwischen dem Einzelnem und der Gesamtheit bestehenden Beziehungsgeflechten heraus zu erklären. Es dürfte kein Zufall sein, dass ihnen dies leichter gefallen ist als den lange in Einheitsdiskursen befangenen Historikern der Neueren und Neuesten Geschichte. Die Geschichte der Begegnung von Juden und Universität bietet als die Geschichte zweier sozialer Formationen, die mit einem Bein in der Vormoderne stehen, einen Ansatzpunkt für den Transfer von Fragestellungen und Methodik der Mittelalter- und Frühneuzeitforschung in die Geschichtsschreibung des 19. und 20. Jahrhunderts.

Quellen und Literatur

Als Einführung in die Universitätsgeschichte mit weiterführenden Literaturhinweisen: Walter Rüegg (Hg.), Geschichte der Universität in Europa, Bd. 3: Vom 19. Jahrhundert zum Zweiten Weltkrieg 1800–1945, München 2004; den verschmitzt amüsierten Hinweis auf die semantische Ähnlichkeit von *universitas* und *universitas hebraeorum* im Lateinischen oder *università* und *università* im Italienischen hat Israel Bartal im Mai 2004 auf der Jahreskonferenz *»From Pre-Modern Corporation to Post-Modern Pluralism – Diasporic Cultures and Institutions of the Jews between Empire and National State«* des Simon-Dubnow-Instituts gegeben; zur trans-nationalen Dimension der Geschichte der Juden und deren methodischen Implikationen: Dan Diner, Geschichte der Juden – Paradigma einer europäischen Historik, in: Gerald Stourzh (Hg.), Annäherungen an eine europäische Geschichtsschreibung, Wien 2002, 85–103; zum Verhältnis von Institution und Toleranz: ders, Institutionelle Toleranz. Über die Neutralisierung von Religion und Ethnie, in: Das Ende der Toleranz. Identität und Pluralismus in der modernen Gesellschaft, hrsg. von der Alfred-Herrhausen-Gesellschaft für internationalen Dialog, München 2002, 89–107; zur Bedeutung des Bürgertums als partikularer Referenzgruppe: Jacob Katz, Die Entstehung der Judenassimiliation in Deutschland und deren Ideologie, Frankfurt a.M. 1935.

Zur Warnung vor der ans Obsessive grenzenden Beschäftigung mit Albert Einstein und Sigmund Freud: Ulrich Sieg, Der Preis des Bildungsstrebens. Jüdische Geisteswissenschaftler im Kaiserreich, in: Andreas Gotzmann u.a. (Hg.), Juden, Bürger, Deutsche. Zur Geschichte von Vielfalt und Differenz 1800–1933, Tübingen 2001, 67–95 (das Zitat 69); dieser Beitrag auch als kritische Auseinandersetzung mit Shulamit Volkov, Juden als wissenschaftliche »Mandarine« im Kaiserreich und in der Weimarer Republik. Neue Überlegungen zu sozialen Ursachen des Erfolges jüdischer Naturwissenschaftler [zuerst: 1997], in: dies., Das jüdische Projekt der Moderne. Zehn Essays, München 2001, 138–164; sowie: dies., Soziale Ursachen des jüdischen Erfolges in der Wissenschaft. Juden im Kaiserreich [zuerst: 1987], in: dies., Jüdisches Leben und Antisemitismus im 19. und 20. Jahrhundert, München 1990, 146–165; zur Debatte über die deutsch-jüdische Symbiose die Replik Stefan Rohrbachers auf Peter Schumann: Kaiserreich und Weimarer Republik. Horte innigster deutsch-jüdischer Symbiose, in: Geschichte in Wissenschaft und Unterricht 43 (1992), 681–687 und Elisabeth Albanis, German-Jewish Cultural Identity from 1900 to the Aftermath of the First World War. A Comparative Analysis of Moritz Goldstein, Julius Baab and Ernst Lissauer, Tübingen 2002; zu den Erfolgen jüdischer Wissenschaftler in einzelnen Disziplinen ist im Jahrbuch des Simon-Dubnow-Instituts/Simon-Dubnow-Institute Yearbook 3 (2004) ein Schwerpunkt erschienen, vgl. hier v.a. die Beiträge von Anthony S. Travis, From Color Makers to Chemists. A Jewish Profession Elevated, 199–219, und Ute Deichmann, Erfolg und Fachdisziplin. Juden in Chemie und Biomedizin in Deutschland bis 1933, 269–292.

Zur Frühen Neuzeit: Monika Richarz, Der Eintritt der Juden in die akademischen Berufe. Jüdische Studenten und Akademiker in Deutschland 1678–1848, Tübingen 1974; David Ruderman, Jewish Thought and Scientific Discovery in Early Modern Europe, New Haven 1995, 100–117; das Beispiel des Promotionseides der Göttinger Medizinischen Fakultät bei Wilhelm Ebel (Hg.), Die Privilegien und ältesten Statuten der Georg-August-Universität zu Göttingen, Göttingen 1961 (hier 168); das Studium der Judenärzte der Frankfurter Judengasse bei Isidor Kracauer, Geschichte der Juden in Frankfurt am Main (1150–1824), Bd. 2, Frankfurt a.M. 1927, 259–274; das Zitat aus dem Brief Isaak Wallichs bei A. Freimann, »Briefwechsel eines Studenten der Medizin in Frankfurt a.d. Oder mit dem in Halle Medizin studierenden Isaak Wallich im Jahre 1702«, in: Zeitschrift für Hebräische Bibliographie 14 (1910), 117–123; zur Bedeutung des Universitätsstudiums für die frühe Haskala: Shmuel Feiner, The Jewish Enlightenment, Philadelphia 2004 [zuerst hebr. 2002]; das erwähnte Werk von Burgheim ist S[alomon] H[irsch] Burgheim, Kurze theoretisch-praktische Anweisung, wie man sämmtliche venerische Krankheiten ... heilen kann, 4. Aufl., Leipzig 1796.

Zu den Bedingungen des sozialen Aufstieg der deutschen Juden als Gruppe Simone Lässig, Jüdische Wege ins Bürgertum, Göttingen 2004; zur Rezeption Kants in der Frankfurter Neo-Orthodoxie: Isaac Breuer, Mein Weg, Jerusalem/Zürich 5748/1988, 51–64; als Überblick zum akademischen Antisemitismus im Kaiserreich: Notker Hammerstein, Antisemitismus und deutsche Universitäten 1871–1933, Frankfurt a.M. 1995; zum Ausschluss jüdischer Akademiker aus der Professorenschaft: Norbert Kampe, Jüdische Professoren im Deutschen Kaiserreich. Zu einer vergessenen Enquête von Berhard Berslauer, in: Rainer

Erb/Michael Schmidt (Hg.), Antisemitismus und jüdische Geschichte, Berlin 1987, 185–211; der Begriff »unsichtbare Schranke« zur Bezeichnung informeller Exklusionsmechanismen bei Helmut Berding, Moderner Antisemitismus in Deutschland, Frankfurt a.M. 1988 (152); die Anekdote zu Julius Fürst bei: Georg Witkowski, Von Menschen und Büchern. Erinnerungen 1863–1933 [Originaltitel: Erzaehltes aus sieben Jahrzehnten (1863–1933)], Leipzig 2003, 15f.; das Zitat von Friedrich Paulsen, Die deutschen Universitäten und das Universitätsstudium, Berlin 1902 (199–200), zit. nach: Notker Hammerstein, Professoren im Kaiserreich und in der Weimarer Republik, in: Peter Alter/Claus-Ekkehard Bärsch/Peter Berghoff (Hg.), Die Konstruktion der Nation gegen die Juden, München 1999, 119–136 (hier 119).

Zu jüdischen Studenten im Kaiserreich: Konrad Jarausch, Students, Society, and Politics in Imperial Germany, Princeton 1982; Norbert Kampe, Studenten und »Judenfrage« im deutschen Kaiserreich, Göttingen 1988; Max Weber zitiert nach Dittmar Dahlmann, Bildung, Wissenschaft und Revolution. Die russische Intelligencija im Deutschen Reich um die Jahrhundertwende, in: Gangolf Hübinger/Wolfgang Mommsen (Hg.), Intellektuelle im Deutschen Kaiserreich, Frankfurt a.M. 1993 (155); Jack Wertheimer, The »Ausländerfrage« at Institutions of Higher Learning – A Controversy over Russian-Jewish Students in Imperial Germany, in: Leo-Baeck-Institute Yearbook 27 (1982), 187–215; die Zitate zum »Klinikerstreit« in Leipzig: »Jüdische Kapitel der Leipziger Universitätsgeschichte. Biographien – Fächer – Epochen«, 3. Wechselaustellung des Simon-Dubnow-Instituts (Konzeption von Stephan Wendehorst).

Zu Emigration und Wissenschaftstransfer: Louise London, Whitehall and the Jews. British Immigration Policy and the Holocaust, Cambridge 2000; Jack Beatson/Reinhard Zimmermann (Hg.), Jurists Uprooted. German-speaking Émigré Lawyers in Twentieth-century Britain, Oxford 2004; zum Entzug akademischer Grade siehe z.B. Kerstin Thieler, »...des Tragens eines deutschen akademischen Titels unwürdig.« Die Entziehung von Doktortiteln an der Georg-August-Universität Göttingen im »Dritten Reich«, Göttingen 2004; zum Deutschen als einer jüdischen Sprache hielt Stephan Braese auf der zweiten Klausurtagung des Simon-Dubnow-Instituts im März 2003 einen Vortrag mit dem Titel: Deutsch als Jüdische Sprache. Deutsche Sprachkulturen von Juden in Europa 1770–1930.

Exemplarisch für die dem Modernisierungsparadigma verpflichtete Interpretation der Geschichte der Juden und der allgemeinen Geschichte: Reinhard Rürup, Jewish Emancipation and Bourgeois Society, in: Leo-Baeck-Institute Yearbook 14 (1969), 67–91; Reinhart Koselleck, Kritik und Krise. Eine Studie zur Pathogenese der bürgerlichen Welt, Freiburg 1959; ders., Preußen zwischen Reform und Revolution, 2. Aufl., Stuttgart 1975 [zuerst 1967]; Hans-Ulrich Wehler, Deutsche Gesellschaftsgeschichte, Bd. 1.: Vom Feudalismus des Alten Reiches bis zur Defensiven Modernisierung der Reformära 1700–1815, München 1987, 33–58.

Instruktiv für die Bedeutung der Probleme und Methoden der Erforschung der Vormoderne für die Interpretation der Moderne: Johan Huizinga, Ein Brief an M. Julien Benda. Sinn und Aufgabe der Nationen im zukünftigen Europa, in: ders., Geschichte und Kultur. Gesammelte Aufsätze, Stuttgart 1954 (hier 365); Harold Laski, Studies in the Problem of Sovereignty, London 1997 [zuerst 1917]; Anthony Grafton, Die tragischen Ursprünge der deutschen Fußnote, München 1998 [zuerst englisch 1995] (hier 26) und Otto-Gerhard Oexle, Soziale Gruppen in der Ständegesellschaft. Lebensformen des Mittelalters und ihre historischen Wirkungen, in ders./Andrea von Hülsen-Esch (Hg.), Die Repräsentation der Gruppen, Göttingen 1998, 9–44.

Intervention und Interpellation

Einfluss ohne Macht – Jüdische Diplomatiegeschichte 1815–1878

Markus Kirchhoff

In der in Leipzig publizierten *Allgemeinen Zeitung des Judentums* (*AZJ*) erschien am 18. September 1860 der Leitartikel »Ueber die *Alliance israélite universelle*«. Dem Autor Ludwig Philippson, zugleich Chefredakteur des Blattes und liberaler Rabbiner von Magdeburg, ging es um die im gleichen Jahr in Paris gegründete »Vereinigung unter den Israeliten zur Erlangung der Emancipation in *den* Staaten, wo ihnen dieselbe noch vorenthalten«. Dieses in der Tat wesentliche Ziel der neuen Organisation beschrieb Philippson als eine »an sich gewiß schöne« Idee, und »in jedem warm fühlenden jüdischen Herzen« sei diese »schon irgend einmal aufgetaucht.« Dennoch, seine Zustimmung mochte er einer solchen Einrichtung nicht geben. Es war ihr internationaler, eben dem Namen nach »universeller« Charakter, den er mit Blick auf ein altes Stereotyp entschieden ablehnte:

»Eines der ältesten und unvertilgbarsten Vorurtheile ist aber, daß man den Juden ein geheimes Verständnis, ein Zusammenhalten, eine Kameraderie zuschreibt, welche durch alle Glieder unseres Stammes, durch alle Zonen und Zeiten gehe, und zum Nachtheil der christlichen und anderen Völker, unter welchen wir wohnen, wirke.«

Zwar existiere ein »gewisses Band unter den Gliedern eines Glaubens und Stammes wirklich und von selbst.« Gerade die historische Erfahrung der Juden »mußte gewisse gemeinschaftliche Interessen erwirken, eine Art von Solidarität hervorrufen«. Aber, so betonte er, »weiter ging die Verbindung unter den Juden niemals.« Doch sei dieses Vorurteil da und es sei »eines der gefährlichsten.« Eben diesen Gedankengang führte er gegen eine internationale jüdische Organisation an:

»Dies ist es daher, was mir der Gründung einer ›*Alliance israélite universelle*‹ aufs Bedenklichste entgegen zu stehen scheint. Schon der Name macht Tausenden von Christen Grauen; ›die Juden verbinden sich miteinander allesamt, organisieren sich unter einander‹ – lasset dieses Wort in die Massen geraten, und die ärgsten Phantome sind wach gerufen!«

Dabei stellte der Leitartikel nicht in Frage, *dass* es eine Fürsprache für die Belange von bedrängten und verfolgten Juden, also ein *Shtadlanut* (siehe den Beitrag von François Guesnet in diesem Band), angepasst an die Bedingungen der Moderne, geben solle. Vielmehr ging es um die angemessene Form: *Wie* sollte – gegenüber den Herrschern, den Mächten, der allgemeinen Öffentlichkeit – für bedrängte und verfolgte Juden interveniert werden? Das Auftreten der Alliance Israélite Universelle (AIU) entsprach dem Bewusstsein voller Emanzipation und dem Bezug auf die Werte der Französischen Revolution. Hingegen entsprach es der jüdischen Erfahrung in Deutschland, für das insgesamt um 1860 noch immer nicht vollständig von der rechtlichen Gleichstellung der Juden gesprochen werden kann, wenn Philippson in der *AZJ* dazu aufrief, eher verhaltener aufzutreten. Der Artikel diskutierte, auf welcher Ebene gegen die Diskriminierung von Juden eingetreten werden solle: Eher lokal, also in der jeweiligen Ortschaft, oder im größeren Rahmen des jeweiligen Staates, oder aber gar auf der Bühne internationaler Politik? Philippson selbst spielte die potenzielle Ausdehnung jüdischen diplomatischen Engagements herunter: »Der Angriff ist meist ein lokaler und die Vertheidigung muß daher auch eine lokale sein«. Zugleich ging es um den organisatorischen Aspekt: Sollten jüdische diplomatische Initiativen ad hoc, anlässlich konkreter Fälle unternommen werden, sollten sie in eher personaler Form erfolgen, oder sollte jüdische Fürsprache gar mittels einer primär hierfür zuständigen, dauerhaften Einrichtung kontinuierlich koordiniert werden? Vor einem solchen, »die ganze Judenheit vertreten wollenden Verbande«, wie es eben das »universelle« im Namen der AIU insinuierte, warnte Philippson wiederholt.

Fragen jüdischer Diplomatie in der liberalen Ära

Tatsächlich handelt es sich hier um so etwas wie eine zeitgenössische Diskussion der Mittel einer jüdischen Diplomatie. Denn um diese Frage, recht eigentlich selbst eine der modernen »jüdischen Fragen«, ging es hier. Philippson diskutierte vor allem die Aspekte der Form und der Außenwirkung. Weitere, grundsätzliche Fragen lassen sich anschließen: Denn nicht nur *konnte* es eine jüdische Diplomatie im »regulären«, also staatlichen Sinne nicht geben, ihrem Wesen nach *sollte* es sie paradoxerweise gar nicht geben – galt es doch, Initiativen zugunsten von bedrängten Juden überflüssig zu machen.

Die AIU, aber genauso auch Philippson und andere liberale Vertreter einer jüdischen Diplomatie sind im Kontext der Emanzipationsverheißung zu sehen. Emanzipation korrelierte mit der Integration in die jeweiligen Gemeinwesen (um nicht den belasteten Begriff »Assimilation« zu verwenden). Eben dies war gleichermaßen das Ziel individueller Vertreter, der französischen Gründerväter der AIU und weiterer im 19. Jahrhundert in verschiedenen Ländern etablierten Institutionen einer – ob so genannt oder nicht – jüdischen Diplomatie: keinesfalls Separation, sondern Beseitigung rechtlicher Diskriminierung als Voraussetzung der Integration.

Im Verlauf des 19. Jahrhunderts konnte für Juden nun nicht nur der Eindruck entstehen, dass es eine internationale jüdische Interessenvertretung sehr wohl gab, sondern dass sie, vor allem in dessen zweiten Drittel, auch erfolgreich war. Dabei war ihr Gegenstand von erheblicher Reichweite – im wörtlichen, also räumlichen Sinne: Der Verteilung im Raum – in Europa und seinen aschkenasischen und sephardischen Räumen, im Orient und, zunehmend zum Faktor werdend, in Amerika –, standen vor allem durch die Presse bereitgestellte neue Möglichkeiten der Kommunikation zur Seite, die ein neues Bewusstsein für die Vielfalt der Judenheiten, aber eben auch ein neues Problembewusstsein für solche Juden ermöglichten, deren Lage sich vom eigenen Status vollständiger oder erwartbarer bürgerlicher Gleichstellung unterschied. Mit der Wahrnehmung solcher Diasporizität korrelierte die Transterritorialität jüdischer Diplomatie.

Somit ist verständlich, dass diese – informell wie ›instinktiv‹ – ihren Schutz und Schirm in der ebenfalls überstaatlichen diplomatischen Konstellation des Europäischen Konzerts der Mächte suchte. Es ist in diesem Zusammenhang von Gartner das Wort vom »europäischen Konzert der Judenschaft« geprägt worden. Es ergab sich eine Affinität zwischen den Bedürfnissen einer jüdischen Diplomatie und dem Konstrukt einer Wertegemeinschaft der Mächte. Innerhalb dieser Konstellation schien für jüdische Belange ein günstiges Klima zu bestehen.

Dennoch lagen hier Selbstwahrnehmung und diplomatiegeschichtliche Faktenlage, »Erfolge« und tatsächlich Erreichtes, häufig weit auseinander. Es ist die These dieses Essays, dass, wie an Beispielen aus dem 19. Jahrhundert gezeigt werden wird, das eigentliche Problem nichtstaatlicher jüdischer Diplomatie darin bestand, keinerlei auch nur halbwegs verlässliche Prognosen über den Erfolg der eigenen Bemühungen treffen zu können, unerheblich ob diese Diplomatie individuell oder institutionell, ad hoc oder präventiv organisiert war. Die Großen Mächte verfolgten ihre eigenen Agenden auswärtiger Politik – wozu auch die Realisierung bestimmter Wertvorstellung zählen mochte. Demgegenüber konnten, selbst in der für diese Zwecke durchaus liberal zu nennenden Ära von der Französischen Revolution bis zum Berliner Kongress 1878, jüdische Initiativen zugunsten rechtlich diskriminierter oder an Leib und Leben bedrohter Juden höchstens ambivalente Erfolge erzielen. Ein unstrittiger, wenngleich sekundärer Effekt jüdischer Diplomatie hingegen ist, dass diese, ab etwa 1840, mittels ihrer öffentlichen wie nichtöffentlichen Krisenkommunikation über weite Räume hinweg wesentlich zu einem modernen transnationalen Bewusstsein von Juden für die Lage bedrängter Judenheiten beitrug.

Die »Judenfrage« auf dem Wiener und auf dem Aachener Kongress

Die Behandlung der *Judenfrage auf dem Wiener Kongress* (so der Titel der Studie des Historikers Salo Baron) ist seinerzeit sicher noch kein Thema einer breiteren jüdischen Massenkommunikation gewesen. Die Zeit war schlichtweg noch nicht soweit; beispielsweise sollten erste jüdische Zeitungen erst zwei Jahrzehnte später erscheinen. Gleichwohl ging die Thematik tendenziell bereits alle versammelten Mächte – und ihre Judenheiten – an. Die Ära der napoleonischen Expansion hatte dazu beigetragen, die Idee und Praxis der Emanzipation der Juden zu exportieren. So stellte sich auf dem Wiener Kongress am Rande die Frage, ob und wie das Prinzip der bürgerlichen Gleichbehandlung der Juden insgesamt im Bereich des Europäischen Konzerts der Mächte Geltung beanspruchen sollte. Nicht zu vernachlässigen ist dabei die eigentliche Agenda des Kongresses – nominell die Restauration des Ancien Régime.

Den konkreten Anlass der »Judenfrage« bildete die Situation der Juden in vier deutschen Städten: in Frankfurt am Main sowie in den Hansestädten Hamburg, Bremen und Lübeck. Bereits vor Beginn des Kongresses hatten diese Städte erkennen lassen, dass sie die zwischenzeitlich, eben während der französischen Herrschaft gewährte bürgerliche Gleichstellung, die überhaupt erst den Zugang zu bestimmten Berufen oder die Möglichkeit des Erwerbs von Eigentum bedeuten konnte, zurücknehmen würden. Dementsprechend war eine jüdische Diplomatie auf dem Kongress vor allem in Form von Delegierten der betroffenen jüdischen Gemeinden präsent: für Frankfurt war unter anderem Jacob Baruch, der Vater Ludwig Börnes, zum Wiener Kongress gereist; die Juden der drei Hansestädte wurden gemeinsam durch Carl August

Buchholz aus Lübeck vertreten, einem christlichen Juristen, der zuvor bereits als Anwalt jüdischer Emanzipation hervorgetreten war. Während der offiziellen Sitzungen wurden diese Delegierten nicht gehört. Eher handelte es sich um informelle Diplomatie – so auch, wenn bezüglich der Situation der Juden im Vorfeld und während des Kongresses vieles durch inoffiziellen Schriftverkehr zwischen führenden jüdischen Persönlichkeiten Europas und den höchsten Staatsmännern, allen voran Metternich und Hardenberg kommuniziert wurde. Ein atmosphärischer Blick auf den Wiener Kongress könnte nahe legen, dass dieser Juden gegenüber positiv eingestellt war. Ein geschätztes gesellschaftliches Ereignis waren die Wiener Salons »brillanter Jüdinnen«. Und wie sich zeigen sollte, traten während des Kongresses tatsächlich große Staatsmänner Europas für die Emanzipation der Juden ein. Allen voran traf dies zu auf den liberalen preußischen Staatskanzler Fürst Hardenberg, den Schöpfer des Edikts über die Emanzipation der Juden in Preußen aus dem Jahr 1812, sowie Wilhelm von Humboldt. Aber auch der reaktionär gesinnte österreichische Metternich, noch vom Josephinismus und seinen judenfreundlichen Tendenzen beeinflusst, signalisierte Zustimmung. Selbst der konservative, doch mit einigen liberalen Neigungen auftretende Zar schien Zugeständnissen an die Juden nicht abgeneigt. Wohlgemerkt waren die Mächte in ihrer ›Innenpolitik‹ selbst noch weit von einer endgültigen Emanzipation der Juden entfernt: Preußen sollte sie wenige Jahre später wieder einschränken, in Österreich(-Ungarn) sollte sie bis 1866–68 auf sich warten lassen, im zarischen Russland wurde sie nie vollzogen.

Ein konkreter Beschluss über die rechtliche Stellung der Juden erfolgte während des Kongresses bezüglich des künftigen Deutschen Bundes. Für die deutsche Staatenlandschaft sollte unter anderem auch in dieser Hinsicht eine einheitliche Regelung gefunden werden. Einen Niederschlag fand dies in der Bundesakte, die, ausgehandelt von den am Deutschen Bund beteiligten Mächten und Staaten, auch in die Abschlussakte des Kongresses aufgenommen und somit der Garantie der Mächte unterstellt wurde. Der seinerzeit gleich als »Judenparagraph« bekannt gewordene Artikel der Bundesakte (Art. 16) lautet:

»Die Bundesversammlung wird in Berathung ziehen, wie, auf eine möglichst übereinstimmende Weise, die bürgerliche Verbesserung der Bekenner des jüdischen Glaubens in Teutschland zu bewirken sey, und wie insonderheit denselben der Genuß der bürgerlichen Rechte, gegen die Uebernahme aller Bürgerpflichten, in den Bundesstaaten verschafft und gesichert werden könne. Jedoch werden den Bekennern dieses Glaubens, bis dahin, die denselben von den einzelnen Bundesstaaten bereits eingeräumten Rechte erhalten.«

Auf dem Wiener Kongress war das liberale Auftreten zumindest unter den Großen Mächten als Geste in Mode. Dazu passend, kam Artikel 16 der Bundesakte freundlich formuliert daher, garantierte bereits gewährte Rechte und sprach das Prinzip der völligen Gleichbehandlung der Juden als ein Ziel an, dessen Umsetzung bloß vertagt worden war. Tatsächlich wurde der Artikel von einigen Teilnehmern in diesem Sinne positiv aufgefasst, am prominentesten von Hardenberg und Metternich selbst.

Doch die Realität sollte zeigen, dass die Formulierung dieses Artikels, bei entsprechender Auslegung, das Gegenteil einer Verbesserung der Stellung der Juden bedeuten konnte. Österreich und Preußen war es darum gegangen, ihre vergleichsweise liberale Einstellung zur rechtlichen Gleichstellung der Juden für den gesamten Deutschen Bund zu empfehlen. Aber unter anderem über diese Frage, die nur einen Teil der ohnehin komplexen »Untertanenfrage« ausmachte, wurde unter den Repräsentanten der deutschen Staaten auch die Wahrung der jeweiligen Souveränität ausgehandelt. So gelang es zunächst einmal nicht, die Gleichstellung der Juden für den Deutschen Bund noch während des Kongresses durchzusetzen. Eine nähere Regelung wurde auf den Bundestag zu Frankfurt verschoben. Wie die Zukunft zeigen sollte, wurde dort in dieser Angelegenheit nie etwas beschlossen.

Blieb noch der weitere Satz des Art. 16, der Juden die

ihnen *von* den einzelnen deutschen Staaten eingeräumten Rechte garantierte. Es ist wichtig, hier das Wörtchen »von« hervorzuheben, denn in dieser Präposition lag eine Veränderung gegenüber einem früheren Entwurf, in dem es stattdessen »*in* den einzelnen Bundesstaaten« geheißen hatte. In der Konsequenz konnte dies eine Verkehrung ums Ganze bedeuten: Die Bundesstaaten mussten sich demnach nicht an Rechte gebunden sehen, die nicht von ihnen selbst, sondern durch eine fremde Gesetzgebung – die französische – gewährt worden waren.

Es ist nicht bis ins Letzte klar, wie und mit welcher Intention der Austausch der Formulierungen zustande kam. Es spricht einiges dafür, dass so noch einmal der Nichtanerkennung bestimmter Aspekte der französischen Herrschaft in Deutschland Ausdruck gegeben werden sollte. Eindeutig ist, dass Hardenberg ebenso wie der Kongresspräsident Metternich bezüglich des Status der Juden vom Geist der ursprünglichen Formulierung ausgingen. Auch ist festzuhalten, dass längst nicht alle Bundesstaaten, denen dies dem Wortlaut des Paragraphen nach nun möglich gewesen wäre, zur alten Diskriminierung zurückkehrten. Die größeren deutschen, nach dem Ende der französischen Herrschaft wiederhergestellten Staaten entsprachen, bis auf Hannover, dem Geist der Formulierung und beließen es – grosso modo – bei der einmal *in* ihren Gebieten den Juden gewährten Rechten. Hannover war schon vor dem Kongress zu seiner früheren Judengesetzgebung zurückgekehrt – »aus Bürgern« wurden dort, so schreibt Baron, »die Juden wieder Schutzjuden.«

Mit Blick auf eine jüdische Diplomatie lag die bitterste Ironie wohl darin, dass gerade jene deutschen Städte, aus denen Repräsentanten entsandt worden waren, um beim Kongress für die Aufrechterhaltung der einmal gewährten Rechte einzutreten, ungehindert zur früheren Praxis gegenüber den Juden zurückkehrten. Der rechtliche Status der Juden in diesen Städten hatte die Diskussion über ihre Gleichstellung für den gesamten zukünftigen Deutschen Bund angestoßen, und gerade besagte Städte praktizierten nun, wie von vornherein beabsichtigt, das Gegenteil. Über die Dramatik der Konsequenzen kann keine Illusion bestehen; im Rückblick aus dem frühen 20. Jahrhundert hat sie Simon Dubnow wie folgt auf die Spitze getrieben: Nach Rücknahme der den Juden gewährten Rechte erschien nun Frankfurt wieder als »der alte Hort der jüdischen Sklaverei«; in Hamburg konnten sich liberale Traditionen des Senats nicht gegen die Interessen der christlichen Händler durchsetzen, die in den Juden lästige Konkurrenten sahen; und

»[n]och weiter gingen die Pläne der Bürgerschaft der zwei anderen Hansestädte Lübeck und Bremen, deren Regierungen den Beschluß fassten, die gute alte Ordnung in vollem Umfange wiederherzustellen und die Juden aus den ihnen ehedem verwehrten Städten restlos zu vertreiben.«

Allerdings ist demgegenüber festzuhalten, dass auf und nach dem Wiener Kongress Metternich und Hardenberg ebenso wie Vertreter der weiteren Mächte nicht bereit waren, dieses Verhalten der Städte zu akzeptieren. So lässt sich mit Baron von einem »moralischen Erfolg« sprechen: »die Judenfrage ist zur europäischen Frage geworden.« Wenn in diesem Sinne im Herbst 1816 die Mächte Österreich, Preußen, England und Russland tatsächlich in identischen Noten gegen den antijüdischen Kurs der Stadt Frankfurt protestieren, dann handelte es sich, wie Kohler schreibt, um »the earliest joint international correspondence for the protection of Jewish rights.« Gleichwohl: Schon damals vermochte der von den Mächten angemahnte entsprechende Geist des Paragraphen gegen das obstruktive Verhalten der gerügten – aber souveränen – Gemeinwesen nichts.

Zwei Jahrzehnte nach der Französischen Revolution schien ein gewisser Konsens des Europäischen Konzerts zu bestehen, die Judenemanzipation im Prinzip gut zu heißen. Ähnliches gilt für den Aachener Kongress im Jahre 1818. Anlass des Kongresses war die Diskussion, ob die alliierten Truppen aus Frankreich abzuziehen waren und wie hoch die französischen Reparationen ausfallen sollten; an dessen Ende stand die Zulassung Frankreichs zum Europäischen Konzert. Juden versuchten sich an den Aachener Kongress zu wenden, um insbesondere auf die vier deutschen Städte aufmerksam zu machen, die weiterhin gegen den Geist des Wiener Kongresses verstießen. Davon unabhängig war es der russische Zar, der die Emanzipation der Juden zum Thema machte, indem er die Initiative des englischen Judenmissionars Reverend Lewis Way aufgriff. Way, wichtiger Repräsentant der London Society for Promoting Christianity amongst the Jews, trat für die Emanzipation der Juden in Europa ein; gleichwohl erklärte er als Anhänger der in England verbreiteten millenaristischen Idee der »Rückführung der Juden« nach Palästina (als Vorbedingung der Wiederkehr Christi), für die jüdische Nation sei das »Exil in Europa« nur eine Zwischenstation. Nach Aachen gereist, ließ er Alexander I. eine entsprechende Petition zur Emanzipation der Juden übergeben. Offenbar sprach diese die mystisch-religiösen Gefühle des Zaren derart an, dass dieser die Gedanken auf dem Kongress vorbrachte. Mit Erfolg, denn ein besonderes Protokoll hielt das »lobenswerte Ziel« der Vorschläge des Zaren fest; für Österreich und Preußen erklärten Metternich und Hardenberg, eine Lösung finden zu wollen »d'un problème qui doit également occuper l'homme d'état et l'ami de l'humanité«, und dieses Protokoll unterzeichneten auch die Vertreter der anderen Mächte.

Eigentlich war der Kongress damit aufgerufen, international die jüdische Emanzipation herbeizuführen. Über einen konkreten und wiederholten Protest gegen die antijüdische Gesetzgebung in den deutschen Städten ging aber auch der Aachener Kongress nicht hinaus. Paradoxerweise war, so könnte man meinen, selbst die Diplomatie der Mächte in der »Judenfrage« ohne Macht.

Die Damaskus-Affäre

Über eine solche Macht schienen die Juden im Verlauf des 19. Jahrhunderts zunehmend selbst zu verfügen. Es war eben der liberale, emanzipatorische Geist, auf den sich eine moderne jüdische Fürsprache im Westen berief. Anders als die Behandlung der Frage jüdischer Gleichstellung auf den Kongressen zu Wien und zu Aachen, sollte die Damaskus-Affäre des Jahres 1840 zu einem Ereignis jüdischer Diplomatie werden.

Am 5. Februar 1840 verschwand in Damaskus ein älterer Mönch des örtlichen Kapuzinerordens, Pater Tommaso, zusammen mit seinem jungen Diener. Der wahre Grund hierfür wurde nie geklärt. Nach einer der vielen Zeugenaussagen war der Pater mit einem Muslim in Streit geraten. Wie auch immer, von christlicher Seite wurde der Verdacht auf die Juden der Stadt gelenkt, in deren Viertel der Pater am gleichen Tag gesehen worden sein soll. Es verbreitete sich das Gerücht, er sei von Juden aufgrund ihrer rituellen Vorschriften umgebracht worden – der im Mittelalter aufgekommene Ritualmordvorwurf wurde reaktiviert. Umgehend ließ der ägyptische Gouverneur Ibrahim Pascha (ganz Syrien stand seit 1831 unter ägyptischer Herrschaft) mehrere Angehörige der jüdischen Gemeinde verhaften. Die örtliche Polizei unterzog sie der Befragung, gepaart mit grausamer Folter. Vier von ihnen wurden in den Verhören zu Tode gequält. Wesentlich verstärkt wurde die Ritualmordbeschuldigung von Anfang an durch den einflussreichen französischen Konsul in Damaskus, Graf Ratti-Menton, zu dessen Aufgaben auch der Schutz der von Frankreich garantierten römisch-katholischen Privilegien vor Ort zählte. Nach Pater Tommasos Verschwinden lenkte er massiv den Verdacht auf die Juden der Stadt, verhörte selbst und erzwang »Geständnisse«. Die Hinrichtung der Inhaftierten, über die letztlich Mehmed Alî als ägyptischer Herrscher zu entscheiden hatte, schien ausgemacht.

Unterdessen weitete sich der Fall im Frühjahr 1840 in der Tat zu einer in der gesamten westlichen Welt kommunizierten »Affäre« aus; auch nach ihrem Ausgang sollte sie immer wieder Anlass für nicht enden wollende Darstellungen des Falles und seiner nur erdenklichen Hintergründe geben. In der modernen Ära musste die

Ritualmordanschuldigung absurd erscheinen – und dennoch: zahlreiche Zeitschriften setzten der wiedergegebenen Beschuldigung nichts entgegen und trugen so zur Wahrnehmung bei, es könne doch etwas Wahres daran sein. Angesichts eines solch prekären, über die Presse verbreiteten Bildes stand nun nicht nur der lokale Fall in Damaskus zur Diskussion, sondern die Situation aller Judenheiten schien bedrohlich in Frage gestellt.

Umso mehr war das Einschreiten von Juden selbst geboten. Tatsächlich legten Juden den Fall erfolgreich bei. Wesentlich hierfür war das Agieren einer Delegation, die auf Initiative des Board of Deputies der englischen Juden zustande kam, gleichwohl als britisch-französisches Gemeinschaftsprojekt ausgeführt wurde. Ihr Ziel war, Mehmed Alî aufzusuchen, ihn dazu zu bewegen, die Ritualmordanschuldigung für unhaltbar zu erklären, die zu Unrecht Inhaftierten freizulassen und die Verantwortlichen der falschen Anklage und der Folter zur Rechenschaft zu ziehen. Die Leitung dieser Mission übernahmen Moses Montefiore (1784–1885), Philanthrop und Repräsentant der britischen Juden, und Adolphe Crémieux (1796–1880), Rechtsanwalt, französischer Politiker und Vizepräsident des Zentralkonsistoriums der französischen Juden. Nach ihrer Ankunft am 4. August 1840 in Alexandria trafen beide Mehmed Alî mehrfach, am Ende mit einem beeindruckenden Ergebnis: Im September war die Freilassung der überlebenden Inhaftierten in Damaskus erreicht. Auf ihrer auf unterschiedlichen Routen unternommenen Rückreise nach und durch Europa wurden Montefiore und Crémieux in den von ihnen besuchten Gemeinden als Helden gefeiert. Es handelte sich um eine Demonstration erfolgreicher Krisenbewältigung: Juden versicherten sich der Möglichkeit, für ihre Rechte erfolgreich eintreten zu können.

Tatsächlich war die ›Lösung‹ der Damaskus-Affäre weit komplexer. Gegen die Blutbeschuldigung gab es wichtige nicht-jüdische Fürsprecher, allen voran den österreichischen Generalkonsul in Alexandria, Anton Laurin. Dieser war von Amts wegen involviert, da ein österreichischer Untertan, ein in Damaskus tätiger jüdischer Kaufmann, ebenfalls beschuldigt worden war. Laurin hielt ohnehin die ganze Angelegenheit für unhaltbar und setzte, mit Unterstützung Metternichs, Mehmed Alî unter Druck. Nicht zuletzt daher rührte dessen Zögern, die Todesurteile auszusprechen. Zudem ließ Laurin dem Bankier James de Rothschild in dessen Eigenschaft als österreichischer Konsul in Paris diplomatische Korrespondenz zukommen. Diese Schriftstücke beschrieben nicht nur das ganze Ausmaß der Folter sondern beinhalteten auch wichtige Gegendarstellungen. Als Rothschild das französische Außenministerium hiermit konfrontierte, erhielt er die Antwort, die Juden des Orients würden noch immer glauben, dass Christenblut zum Pessachfest verwendet werden solle. Ebenso war die französische öffentliche Meinung, quer zur liberalen Tradition der Französischen Revolution, durch die einseitige, das Verhalten des Konsuls vor Ort rechtfertigende Darstellung in der Presse, insbesondere der ultramontanen, bestimmt. Rothschild machte die ihm zugegangenen Berichte Laurins nun Crémieux sowie Heinrich Heine zugänglich – so gelangten die Gegendarstellungen in die französische und die deutsche Presse. In England war die Öffentlichkeit durch Berichte nicht zuletzt der vor Ort aktiven Missionsgesellschaften gut unterrichtet. Auf Seiten der englischen Diplomatie ließ Außenminister Palmerston seine Missbilligung des Vorgehens gegen die Juden von Damaskus an Mehmed Alî übermitteln.

Überhaupt wurde zum bestimmenden Faktor nun die britische Außenpolitik. Dabei war London nur mittelbar an den Juden der Region interessiert, sondern setzte, mit Blick auf Indien, strategische Ziele in der Region durch. Palmerston ging es darum, die ägyptische Dominanz zu schwächen. Die Expansionspolitik Mehmed Alîs brachte das prekäre Kräftegleichgewicht in der Orientalischen Frage aus den Fugen. Der Bestand des gesamten Osmanischen Reichs war durch die ägyptische Expansion gefährdet, und dies konnte die europäischen Großmächte nicht uninteressiert lassen. Gerade im Jahr 1840 waren

England, Russland und Österreich sowie Preußen, wenn auch aus Rivalität untereinander, so doch gemeinsam entschlossen, dem Sultan zur Hilfe zu kommen. Anders als diese Allianz machte hingegen Frankreich in Mehmed Alî eine Figur aus, mittels derer sich die eigenen Ambitionen im östlichen Mittelmeer zur Geltung bringen ließen. Wenn nun die Allianz der vier Mächte im Juli 1840 ultimativ den ägyptischen Rückzug aus Syrien forderte, war damit zugleich Frankreich isoliert – und brüskiert: Nicht nur war die französische Öffentlichkeit entrüstet, das Außenministerium erwog gar einen europäischen Krieg.

Als nun die jüdische Delegation im August in Alexandria eintraf, war der Zeitpunkt denkbar ungünstig. Mehmed Alî war nicht bereit, die Besetzung Syriens zu beenden. Umso weniger konnte er es sich, zumal angesichts der Drohkulisse der Viererallianz, mit Frankreich als einzigem Verbündeten verscherzen. Für Montefiore und Cremiéux, die Mehmed Alî im August immer wieder aufsuchten, schien die Lage aussichtslos: Selbst wenn dieser ihr Anliegen nicht gänzlich ablehnte, so konnte er doch nichts unternehmen, dass Frankreich brüskiert hätte. Eben dies wäre aber bei der Anordnung der Freilassung der jüdischen Gefangenen in Damaskus der Fall gewesen. Zu Ende des Monats befand sich ein resignierender Crémieux bereits auf der Abreise aus Ägypten. Im selben Moment allerdings entschied sich Mehmed Alî widerstrebend, den Forderungen der übermächtigen Allianz Englands, Russlands, Österreichs und Preußens nachzugeben, um nicht letztlich auch noch Ägypten selbst zu verlieren. Nun endlich erreichten der umgekehrte Crémieux und Montefiore das lange erwartete Wort des Herrschers, das die Freilassung der inhaftierten Juden in Damaskus bewirkte.

Bei sachlicher Betrachtung hatte also alles von der Konstellation der Großen Politik abgehangen. Montefiore konnte nicht klar sein, ob er per se auf die Unterstützung der englischen Politik zählen konnte, oder ob seine Reise nicht bloß eines von mehreren Instrumenten Außenminister Palmerstons war, Ägypten und Frankreich in der Levante zu schwächen. Unabhängig vom jüdischen Interventionsversuch war die Folterung der Gefangenen infolge der Intervention der österreichischen Diplomatie eingestellt worden. Die jüdische Mission selbst erlangte zwar von Mehmed Alî die Freilassung der Inhaftierten, nicht aber, dass es zu der geforderten vollen Untersuchung und einem fairem Gerichtsverfahren gegen die für die Anschuldigung und die Folter Verantwortlichen kam.

Jüdische Diplomatie bestand in der Damaskus-Affäre also darin, von einer diplomatiegeschichtlichen Konstellation der Mächte zu profitieren, in der diese ihre Ziele unabhängig von jüdischen Belangen durchsetzten, in deren Folge sich gleichwohl eigene Ziele realisieren ließen. Fraglos ist auch dies eine Qualität erfolgreicher Diplomatie – ein sicheres Mittel allerdings nicht.

Jüdische Diplomatie in der Mitte des 19. Jahrhunderts

Allemal wurde jüdische Diplomatie nun zu einem, wenn nicht gar, im Moment des Jahres 1840, zu dem wesentlichen Faktor jüdischer Wahrnehmung transterritorialer Kohärenz, oder, anders formuliert, eines neuen politischen Bewusstseins für die diasporische Situation der Juden. Westliche Juden hatten zugunsten von Juden im Orient interveniert, recht eigentlich aber für die Belange aller Juden agiert. Die räumliche Dimension einer solchen Diplomatie tritt somit deutlich hervor. Zugleich ist hervorzuheben, dass es sich um eine Diplomatie der Werte handelte: Crémieux und Montefiore waren als Angehörige der europäischen Zivilisation aufgetreten, hatten sich auf die Menschenrechte berufen – und mithin die reaktionären Kreise im Frankreich des Juli-Königtums an das Erbe der Revolution »erinnert«. Als wesentliche Mittel hatten sich die mittels der Presse hergestellte Öffentlichkeit sowie die offizielle Lobbyarbeit in England, Frankreich und den Vereinigten Staaten herausgestellt.

Als führender jüdischer Historiker des 19. Jahrhunderts hat bereits Heinrich Graetz die Damaskus-Affäre wie einen Neubeginn in der modernen Geschichte der Juden beschrieben. An den »Triumphzug« ihrer Gesandten knüpfte er den Gedanken eines verstetigten und kollektiv ausgeübten jüdischen Selbstschutzes an: Die »Gesamtjudenheit« habe nun der Wunsch beschäftigt, »endlich ein Mittel zu finden, um einen Zusammenhalt und ein Zusammenwirken gegen Wiederholungen ähnlich lügenhafter Anschuldigungen gegen Juden und Judenthum zu ermöglichen.« Damit ist die Idee einer Institutionalisierung jüdischer Diplomatie angesprochen. Wenn die Gründung einer solchen »universellen« jüdischen Organisation – wie oben gesehen – von Ludwig Philippson in der *AZJ* massiv kritisiert wurde, so stellt sie sich in der historischen Narration Graetz' als naheliegende Entwicklung dar.

Mit der Alliance Israélite Universelle trat also 1860 erstmals eine solche Organisation in Erscheinung. Als Anlass ihrer Gründung gilt eine weitere, die jüdische Öffentlichkeit erschütternde Krise, die 1858 als Mortara-Fall bekannt werden sollte: Im zum Kirchenstaat gehörigen Bologna wurde der sechsjährige jüdische Junge Edgaro Mortara, der in seinem ersten Lebensjahr von einem Dienstmädchen getauft worden war, entführt und in ein Kloster gesteckt, um ihn zum Priester auszubilden. Die Interventionsversuche, unter anderem erneut durch Montefiore und Crémieux, aber auch seitens Napoleon III. sowie die internationale Publizität auch dieses Falles nützten nichts. Papst Pius IX. weigerte sich zu befehlen, dass das Kind an seine Familie zurückgegeben werde.

Dieser Fall mag in der Tat den konkreten Anlass der Gründung der AIU in Paris im Jahre 1860 gebildet haben; kontextuiert werden muss diese jedoch durch das letztlich ungebrochene emanzipatorische französische Erbe. Hinzu tritt die im Zuge des Krimkrieges der Jahre 1853–56 wiedererlangte Geltung Frankreichs in der Großen Politik. Es entsprach dieser Stellung Frankreichs, dass jener große Kongress, der den Krimkrieg beendete, in Paris stattfand. Napoleon III. hatte den englisch-russischen Gegensatz in der Orientalischen Frage geschickt genutzt, und trat, gleichwohl Teil der siegreichen Allianz gegen Russland, als europäischer Schiedsrichter auf.

Als Teil seiner Bestimmungen erwähnte und ratifizierte der Pariser Vertrag 1856 den Erlass Hatt-ı hümâyûn des osmanischen Sultans aus dem Februar des gleichen Jahres. Dieses Edikt sprach die Gleichberechtigung aller osmanischen Untertanen aus – die siegreichen Großmächte hatten entsprechend auf die ihnen ohnehin zu Dank verpflichtete osmanische Regierung einzuwirken vermocht. Für Juden war dabei von Interesse, dass angesichts der expliziten Erwähnung von »Rabbis« und »christlichen oder andern nicht-muslimischen Untertanen« deutlich wurde, dass der Ferman des Sultans Juden ausdrücklich mit einbezog.

Weit problematischer gestaltete sich für den Kongress die Aufgabe, die Donaufürstentümer Moldau und Walachei zur Anerkennung aller Einwohner zu veranlassen. Beide Fürstentümer (aus denen, wie die nächsten Jahre zeigten, Rumänien entstand) hatten zuletzt russischer Kontrolle unterstanden, wurden nun aber semi-autonom der (eher fiktiven) osmanischen Suzeränität und der Garantie der Großmächte unterstellt. Auf ihrem Territorium stellten die Juden einen signifikanten Bevölkerungsanteil. Zum größeren Teil waren sie aus Russland geflohen, sollten sich aber alsbald mit einem massiven Antisemitismus in der rumänischen Bevölkerung und Politik konfrontiert sehen. Schon im Vorfeld des Pariser Kongresses war an die Walachei und die Moldau seitens der Siegermächte des Krimkrieges die Aufforderung ergangen, allen Einwohnern die religiöse Gleichberechtigung und die Bürgerrechte zu gewähren; das Thema wurde auf dem Kongress selbst wie auch zwei Jahre später, im Rahmen der Pariser Konferenz 1858 behandelt. Dem *Geiste* der Pariser Konvention nach war nun die Gleichberechtigung aller Rumänen gefordert – entsprechend wurde diese Bestimmung von Juden, die sich hierfür eingesetzt hatten, als Erfolg gewertet. Allerdings besagte der genaue Wortlaut des entsprechenden Artikels, dass in den beiden Fürstentümern *christliche* Konfessionen gleiche politische Rechte erhielten, wobei diese »auf andere Religionen durch Gesetz ausgedehnt werden« könnten. Ganz in seinem Interesse hatte sich der im Werden begriffene rumänische Staat freie Hand gegenüber den Juden auf seinem Territorium reserviert.

In der Tat wurde nun Rumänien zum Fokus jüdischer Diplomatie. Hier war es nun vor allem die AIU, die sich in den 1860er Jahren um die Besserung der Lage der drangsalierten Juden Rumäniens, aber auch Russlands bemühte; da sich dort praktisch nichts erreichen ließ, erfolgte ab 1869 die Unterstützung für rumänische und russische Juden vor allem in Form aktiver Auswanderungshilfe. Insbesondere nachdem Crémieux 1863 die Präsidentschaft der Alliance übernommen hatte, ergaben sich zudem enge Kontakte zur französischen Außenpolitik, die der Lage der Juden in den französischen Kolonien und Protektoraten zugute kam. Hinzu kam die Förderung vor allem französischer Bildung unter den Juden des »Orients« – des Balkans, Nordafrikas und des Mittleren Ostens. Neben der internationalen Orientierung stand somit der Bezug vor allem zur französischen Kultur und Politik.

Diesem halb universellen, halb französischen Anspruch mochten oder konnten allerdings Sprecher der Judenheiten anderer Länder nicht unbedingt Folge leisten. 1873 wurde die Israelitische Allianz zu Wien gegründet. Der Name verrät die intendierte Nähe zur Alliance, als deren Ableger sich die neue Organisation zu etablieren gedachte. Da dies auf die Ablehnung der österreichischen Behörden stieß, erfolgte die Gründung als eigenständige Organisation. Weitere eigenständige, je »nationale« Gründungen waren die Anglo-Jewish-Association (1871), der Hilfsverein der Deutschen Juden (1901) oder das American Jewish Committee (1906).

Ähnliches gilt für das 1872 etablierte deutsche Komitee für die rumänischen Juden (Rumänienkomitee). Zwar stand dieses Komitee in Kooperation mit der AIU, wurde jedoch mit Blick auf den Eindruck bei der Reichsregierung bewusst als eigenständige, inländische Organisation gegründet. In der Frage der in den 1870er Jahren nicht nur rechtlosen, sondern immer wieder auch an Leib und Leben bedrohten rumänischen Juden trat die AIU nun eher in den Hintergrund. Nach dem Ausgang des deutsch-französischen Krieges verlagerte jüdische Diplomatie ihren Schwerpunkt tendenziell in das vereinte Deutschland – das zudem nun ebenfalls die Juden vollständig emanzipiert hatte.

Generell sollte Rumänien nun, wie Fritz Stern in seiner Doppelbiographie *Gold und Eisen. Bismarck und sein Bankier Bleichröder* schrieb, zu einem »Testfall jüdischer Macht« werden. Vorreiter waren auf diesem Gebiet amerikanische Juden, denen es gelang, dass sich Präsident Grant für die Lage in Rumänien interessierte und Benjamin Peixotto, einen Juden sephardischer Herkunft, zum amerikanischen Konsul in Bukarest ernannte. In seiner Amtszeit in den Jahren 1870–76 verlieh Peixotto der Diskriminierung der Juden Rumäniens massive Publizität. Zugleich trat das Berliner Rumänienkomitee in Aktion; für Herbst 1872 berief es eine internationale Konferenz nach Brüssel ein. Im Fokus standen zunächst Handelsabkommen, die Rumänien mit den Großmächten abzuschließen erhoffte, welche eine implizite Anerkennung seiner Unabhängigkeit bedeuteten. Weil aber Rumänien die Gleichberechtigungsklausel ablehnte und dadurch auch deutsche Juden, die mit Rumänien Handel trieben, betroffen waren, verweigerte die deutsche Regierung den Vertragsabschluss. Das junge Deutsche Reich schien ganz auf liberaler Linie zu sein und hierauf konnte das Rumänienkomitee aufbauen.

Als wesentlicher Ansatzpunkt für eine jüdische diplomatische Intervention rückte nun Bleichröder in den

Blick. Die Verbundenheit Bismarcks gegenüber »seinem« Bankier war zuletzt noch gewachsen. Im Auftrag des Reichskanzlers hatte er die Aufgabe übernommen, ein vor dem Kollaps stehendes hohes finanzielles Engagement deutscher Anleger im rumänischen Eisenbahnbau zu retten. Neben Geldern des »kleinen Mannes« handelte es sich um große Investitionen von Freunden des Kaisers. Aufgrund dieser Konstellation sah sich Bleichröder – aus eigenem Antrieb, wie aufgrund von Erwartungen insbesondere auch der Rothschilds – veranlasst, als Gegenleistung für seine Rettung deutschen Kapitals Bismarck auf ein Eintreten zugunsten der bedrängten rumänischen Juden zu verpflichten.

All dies sollte anlässlich des Berliner Kongresses 1878 kumulieren. Es traf sich, dass ein solcher Kongress nun erstmals in Deutschland und unter Leitung Bismarcks stattfand. Der Großen Politik ging es darum, den Frieden von San Stefano des gleichen Jahres zu revidieren. Dieser hätte Russland nach seinem Sieg im russisch-türkischen Krieg 1877/78 eine vor allem von England nicht akzeptierte Dominanz auf dem Balkan (sowie im Kaukasus) verschafft. In Bezug auf Südosteuropa galt es nun, über die Unabhängigkeit Rumäniens, Serbiens und Montenegros sowie über die Autonomie Bulgariens zu befinden. Konzertierte jüdische Bemühungen richteten sich darauf, die Gleichberechtigung der Juden in eben diesen neuen Staaten zu garantieren. Und tatsächlich, der von Bismarck straff geführte Kongress machte, über massive Einwände Russlands hinweggehend, die Anerkennung der neuen Gemeinwesen hiervon abhängig. In Bezug auf das für seine Diskriminierung der Juden mittlerweile bereits notorische Rumänien lautete der entsprechende Artikel (Art. 44) des Berliner Kongresses:

»In Rumänien darf der Unterschied der Religion und Bekenntnisse niemandem als Grund der Ausschließung oder der Unfähigkeit entgegengestellt werden, insoweit er den Genuß der bürgerlichen und politischen Rechte, die Zulassung zu öffentlichen Ämtern, Funktionen und Ehrenstellen oder die Ausübung der verschiedenen Gewerbe und Industrien betrifft, an welchem Orte es auch sei.«

Die umständliche Formulierung des Aktenstücks bedeutete nichts anderes als die vollständige Gleichberechtigung aller Einwohner Rumäniens in jeglicher Hinsicht.

Es handelte sich um einen vollen Erfolg jüdischer Diplomatie. Ohne in irgendeiner Form anerkannte Partei des Kongresses zu sein, hatte sie diese Bestimmung dennoch erwirkt. Dies war die allgemeine Wahrnehmung – nicht zuletzt die der Initiatoren selbst.

Spätere Aussagen Bismarcks legen nahe, dass sein projüdisches Engagement in der Rumänienfrage vor allem aus seiner Angewiesenheit auf die Rettung des Vermögens deutscher Großanleger durch Bleichröder resultierte. Der Reichskanzler wird zitiert, er habe die Frage der rumänischen Unabhängigkeit für »bedeutungslos« gehalten, »außer für die deutschen Juden, die ich hätscheln, gewinnen muß und die für mich in Deutschland sehr nützlich sein können, und die ich gern mit rumänischem Geld bezahle«.

Wenn Bismarck also kein genuines, sondern ein nur mittelbares Interesse daran hatte, jüdische Belange im fernen Rumänien zu realisieren, so trübt dies die Aussichten einer humanitären Diplomatie zugunsten verfolgter Minderheiten. Im Sinne nüchterner Realpolitik wäre es hingegen als ein Erfolg jüdischer Diplomatie zu werten, *trotzdem* die Anerkennung der Juden Rumäniens als gleichberechtigte Staatsbürger erreicht zu haben.

Allein, dem Wortlaut des Paragraphen widersprach erneut die Praxis: Rumänien entzog sich seiner Verpflichtung, und keine der Mächte hinderte es daran. Das galt auch für Bismarck. Zu Beginn der 1880er Jahre gelang endlich, nach über einem Jahrzehnt aufreibenden Verhandelns mit der sich windenden rumänischen Regierung, eine endgültige Rettung der deutschen Gelder im rumänischen Eisenbahnbau. Zu verdanken war dies weiterhin vor allem (dem für diesen Einsatz längst nobilitierten) von Bleichröder. Unterdessen machte der rumänische Staat hinsichtlich der Gleichberechtigung seiner Juden nicht nur keine Fortschritte, im Gegenteil, er erklärte sie in der großen Mehrheit für Ausländer, für die die Verfassung nicht gelte. Damit wurden die Juden Rumäniens fast ausnahmslos zu Staatenlosen. Bismarck sah kein Mittel, aber zeigte nun auch keine Initiative mehr, die Bukarester Regierung zur Einhaltung der Bestimmungen des Berliner Kongresses zu bewegen. Mehrere Mächte, darunter Deutschland, gingen in den 1880er Jahren Abkommen mit dem strategisch wichtigen Rumänien ein, die diesem zeigten, dass er, abgesehen von wiederholten Ermahnungen zur besseren Behandlung seiner Juden, nichts zu befürchten hatte.

Diplomatie ohne Macht

Parallel zum Berliner Kongress war die liberale Ära zu ihrem Ende gekommen. Aus der Perspektive jüdischer Geschichte waren die innerhalb dieser Spanne auftretenden Krisen, vor allem deren Kommunikation und das mit ihnen einhergehende Krisenmanagement, wesentliche Faktoren für die Generierung einer modernen Kohäsion der unterschiedlichen Judenheiten untereinander. Reaktionen auf Krisen wie die Damaskus-Affäre 1840, den Mortara-Fall, anti-jüdische Exzesse in Rumänien in den 1870er Jahren oder, im Jahrzehnt danach, die Pogrome 1881/82 in Russland hat Jonathan Frankel mit dem Verhalten eines Staates verglichen: Die jüdischen Reaktionen auf solche Herausforderungen offenbarten »realities, forces, that in normal times remain hidden far beneath the surface of everyday existence. In this sense these crisis in Jewish life were the nearest equivalent to war and revolution in the history of a state, a sovereign society.« Ähnlich die Argumentation Dan Diners: Die jüdische Diplomatie im 19. Jahrhundert habe Judenheiten der verschiedensten Regionen und unterschiedlichster Lebensformen »überhaupt erst« zusammengeführt: »Recht eigentlich war es eben diese betroffenen Juden geltende diplomatische Aktivität im 19. Jahrhundert, die paradoxerweise gerade in der anhebenden Moderne jenes verpflichtende Band knüpfte zwischen den Juden im Westen, im Osten wie im Orient.«

Dabei war es für die jüdische Diplomatie in der Mitte des 19. Jahrhunderts nur adäquat, wenn sie, parallel zum Europäischen Konzert der Mächte, in jenem bereits zitierten Bild eines »europäischen Konzerts der Judenheiten« zum Ausdruck kam. Der Transterritorialität der jüdischen Fragen entsprach die Transterritorialität einer jüdischen Diplomatie, die auf den Schutz und Schirm der liberalen Werte Europas rekurrierte. Die Bedeutung, die einer solchen jüdischen Diplomatie für die moderne Geschichte der Juden zukommt, ist allerdings mit dem realpolitischen Befund aus der Perspektive der Diplomatiegeschichte abzugleichen. Hinsichtlich konkreter Ziele war jüdische Diplomatie wenn überhaupt, dann meist *en passant* ganz anders gelagerter Interessen der Mächte erfolgreich. An dieser prekären Konstellation sollte es nichts ändern, ob Initiativen jüdischer Diplomatie individuell oder institutionalisiert, eher lokal oder »universell« vorgebracht wurden.

In dieser Hinsicht war die eingangs referierte Diskussion über deren angemessene Form also müßig. Allerdings konnte zu Ende der liberalen Ära, wie Philippson dies bereits anlässlich der Gründung der AIU befürchtet hatte, die Außenwirkung einer jüdischen Diplomatie gefährlich sein. Am Auftreten der Juden am Berliner Kongress entzündeten sich Polemiken; wie Stern resümierte, machte sich die »antisemitische Reaktion [...] die vermeintliche Macht wie die tatsächliche Ohnmacht des internationalen Judentums zunutze [...], wie aus dem Beispiel Rumänien zu ersehen ist.«

Der Berliner Kongress war die letzte große Zusammenkunft der Mächte im Rahmen des Europäischen Konzerts, innerhalb dessen jüdische Diplomatie ohnehin nur ambivalente Erfolge hatte erzielen können. Was aber, wenn diese Konstellation der Mächte, für die ja nicht umsonst die Metapher »Konzert« gewählt worden war, zerbrach? Jüdische Diplomatie hatte sich neu zu justieren. Über »Macht« sollte sie als nichtstaatliche Diplomatie in einer vermehrt durch nationalstaatliche Agenden der Mächte und neuer Staaten geprägten Großen Politik ebenso wenig verfügen, wie in den mittleren Jahrzehnten des 19. Jahrhunderts.

Quellen und Literatur

Zu »jüdischen Fragen« als dezidiertem Thema der modernen Diplomatiegeschichte liegen einige ältere, meist kommentierte Quellensammlungen vor. Als früheste ist zu nennen: Cyrus Adler, Jews in the Diplomatic Correspondence of the United States, Baltimore 1906 – interessanterweise steht in dieser Reihe also eine Darstellung aus amerikanischer Perspektive am Anfang. Adler sollte dieses Thema immer wieder aufgreifen und aktualisieren, bis es, unmittelbar nach dem Zweiten Weltkrieg und der Shoa, seine letzte Darstellung erhielt: Cyrus Adler/Aaron M. Margalith, With Firmness in the Right. American Diplomatic Action Affecting Jews, 1840–1945, New York 1946. Als eine weitere Quellensammlung ist jene hervorzuheben, die Lucien Wolf (der seine Artikel in Tageszeitungen bisweilen mit »diplomaticus« unterschrieb) exakt aus Anlass der Pariser Friedenskonferenz vorlegte und die somit eine Programmschrift darstellt: Lucien Wolf, Notes on the Diplomatic History of the Jewish Question. With Texts of Protocols, Treaty Stipulations and other Public Acts and Official Documents, London 1919. Etwa zur gleichen Zeit erschien der prägnante diplomatiegeschichtliche Überblick von Max J. Kohler, Jewish Rights at International Congresses, repr. from the American Jewish Yearbook 5678, Philadelphia 1917 (zitierte Seite: 35).

Die Anfänge dieser Diplomatiegeschichte lassen sich detailliert in zwei Studien zum Wiener Kongress nachlesen: Max J. Kohler, Jewish Rights at the Congress of Vienna, 1814–1815, and Aix-La-Chapelle 1818, New York 1918 sowie Salo Wittmayer Baron, Die Judenfrage auf dem Wiener Kongress, Wien/Berlin 1920 (zitierte Seiten: 181, 205f.). Als Fallstudien zur Damaskus-Affäre siehe: Jonathan Frankel, The Damascus Affair. »Ritual Murder«, Politics, and the Jews in 1840, Cambridge 1997; Rainer Erb, Die »Damaskus-Affäre« 1840 und die Bedeutung des Hauses Rothschild für die Mobilisierung der öffentlichen Meinung, in: Georg

Heuberger (Hg.), Die Rothschilds. Beiträge zur Geschichte einer europäischen Familie, Sigmaringen 1994, 101–115.

Zum Kontext der modernen Geschichte der Juden Frankreichs, der für die Gründung der AIU wesentlich ist, siehe Michael Graetz, Jews in Nineteenth Century France. From the French Revolution to the Alliance Israélite Universelle, Stanford, Cal. 1996. Für die Jahre 1856 bis 1878 vergleiche unter anderem Eliyahu Feldman, The Question of Jewish Emancipation in the Ottoman Empire and the Danubian Principalities after the Crimean War, in: Jewish Social Studies 41 (1979), 41–74.

Dies leitet über zur Behandlung der jüdischen Gleichstellung auf dem Berliner Kongress. Als meisterhafte Darstellung muss noch immer gelten: Fritz Stern, Gold und Eisen. Bismarck und sein Bankier Bleichröder, Neuausgabe, Reinbek bei Hamburg 2000 [amerikan. Originalausg. New York 1977] (zitierte Seiten: 490, 514, 545) Bereits Stern hat das Wort über »das europäische Konzert der Judenschaft« zitiert, es findet sich bei: Lloyd P. Gartner, Roumania, America, and World Jewry. Consul Peixotto in Bucharest, 1870–1876, in: American Jewish Historical Quarterly 58 (1968), 24–117, 54. Für Wesentliches zum deutschen Rumänienkomitee siehe Nathan Michael Gelber, Jüdische Probleme beim Berliner Kongress, in: Robert Weltsch (Hg.), Deutsches Judentum. Aufstieg und Krise, Stuttgart 1963, 216–252.

Wie gezeigt, sind jüdische Fragen in der Diplomatiegeschichte des 19. Jahrhunderts neben Baron auch von weiteren »Klassikern« jüdischer Historiographie wie Graetz und Dubnow, jeweils innerhalb ihrer mehrbändigen Hauptwerke, thematisiert worden. Hier wurden beispielhaft folgende Werke zitiert: Simon Dubnow, Weltgeschichte des jüdischen Volkes. Von seinen Uranfängen bis zur Gegenwart, 10 Bde., Bd. 9, Berlin 1929 (zitierte Seiten: 12 und 13) sowie Heinrich Graetz, Geschichte der Juden. Von den ältesten Zeiten bis auf die Gegenwart, 11 Bde., Bd. 11, Leipzig 1870 (zitierte Seiten: 549 und 550f.).

An jüngeren Darstellungen sei verwiesen auf den Sammelband: Selwyn Ilan Troen/Benjamin Pinkus (Hg.), Organizing Rescue. National Jewish Solidarity in the Modern Period, London 1992; siehe darin insbesondere Jonathan Frankel, The Crisis as a Factor in Modern Jewish Politics, 1840 and 1881–1882, ebd. 33–49 (zitierte Seite: 33). Für eine analytisch dichte Übersicht zum Thema siehe Dan Diner, »Meines Bruders Wächter« – Zur Diplomatie jüdischer Fragen, in: ders., Gedächtniszeiten. Über jüdische und andere Geschichten, München 2003, 113–124 (zitierte Seite: 113). Für die Ära ab 1878 nun unerlässlich ist die Studie von Carole Fink, Defending the Rights of Others. The Great Powers, the Jews, and International Minority Protection, 1878–1938, Cambridge u.a. 2004.

Minderheitendiplomatie – Leo Motzkin zwischen Imperien und Nationen

Frank Nesemann

Der *Europäische Nationalitätenkongress*, dessen Delegierte am 16. September 1933 im Berner Ständeratssaal zu ihrer jährlichen Konferenz zusammentraten, war acht Jahre zuvor auf Initiative des aus dem estländischen Pernau (estnisch: Pärnu) stammenden baltendeutschen Kaufmanns und Publizisten Ewald Ammende (1892–1936) ins Leben gerufen worden. Seine Angehörigen – politische Honoratioren aus den Reihen verschiedener, vorwiegend mittel- und osteuropäischer nationaler Minderheiten – hatten sich der Aufgabe verschrieben, den zahlreichen sprachlichen und kulturellen Minoritäten in der nach dem Ersten Weltkrieg entstandenen europäischen Staatenlandschaft ein unabhängiges, von konkreter staatlicher Einflussnahme freies politisches Forum zu bieten und die Artikulation ihrer Probleme und Wünsche auf einer internationalen Bühne zu ermöglichen. In diesem Zusammenhang war der *Nationalitätenkongress* in der Vergangenheit stets vehement dafür eingetreten, dass der Minderheitenschutz, wie er im Zuge der Pariser Friedensregelung für einige neue bzw. territorial vergrößerte Nationalstaaten in Ostmittel- und Südosteuropa völkerrechtlich fixiert worden war, auf alle europäischen Staaten ausgedehnt werden solle.

Im Unterschied zu den früheren jährlichen Vollversammlungen des *Nationalitätenkongresses* standen jedoch bereits die Planungen für die Berner Konferenz von Anfang an unter einem unheilvollen Stern. Der Grund dafür war, dass es zwischen den jüdischen und den deutschen Kongressdelegierten im Gefolge der nationalsozialistischen Machtergreifung und der antijüdischen Politik der deutschen Reichsregierung zu einem schwerwiegenden Zerwürfnis gekommen war. Im Vorfeld der Berner Versammlung hatten die jüdischen Vertreter im *Nationalitätenkongress* unablässig darauf gedrungen, dass das Kongressplenum eine Resolution verabschiede, welche die Politik der deutschen Reichsregierung unmissverständlich verurteilen solle: von einer solchen Entschließung hatten sie ihre Teilnahme an der Konferenz abhängig gemacht. Für den Fall, dass deren Angehörige nicht bereit seien, einen solchen Beschluss zu verabschieden, hatten die Mitglieder der jüdischen Kongressdelegation wenige Tage vor dem Zusammentritt der Berner Versammlung ihr endgültiges Fernbleiben angekündigt.

Schon seit langem hatte sich jedoch abgezeichnet, dass weder die Mehrheit der deutschen Minderheitenvertreter noch das Präsidium des *Nationalitätenkongresses* bereit war, einer Resolution zuzustimmen, welche ein ungeschriebenes Gesetz des Minderheitenparlaments verletzt hätte – dasjenige, dass einzelne Staaten oder Regierungen nicht verurteilt werden dürften. Darüber hinaus hatten die jüdischen Delegierten schon während der Vorbereitung des Kongresses davon Kenntnis erlangt, dass eine Mehrheit der deutschen Minderheitenpolitiker die Versammlung zu einer Resolution bewegen wollte, die sich zwar zu den Rechten aller nationalen Minderheiten klar bekannte, jedoch ebenso für das grundsätzliche Recht eines jeden Volkes eintrat, »fremden Volkselementen« eine Assimilation an das eigene Volkstum zu versagen – diese somit national zu »dissimilieren«.

Statt dem jüdischen Wunsch nach einer Verurteilung der deutschen Regierung zu entsprechen, erteilte das Plenum der Berner Versammlung einer entsprechenden Erklärung über »Dissimilation und Nationalitätenrecht« schließlich gar seine ausdrückliche Zustimmung. Die jüdischen Delegierten schieden daraufhin endgültig aus dem *Nationalitätenkongress* aus. Sie sollten sich auch in den Folgejahren – das Gremium bestand noch bis zum Jahre 1938 – an seiner Arbeit nicht mehr beteiligen.

Die Schatten der nationalsozialistischen Entrechtungspolitik gegenüber den Juden im Deutschen Reich hatten somit auch die einst von so großen Hoffnungen begeleitete nichtstaatliche Minderheitendiplomatie erreicht: mit dem Eklat von Bern erfuhr diese de facto den Todesstoß. Vor allem für die Vordenker der Bewegung bedeutete das Scheitern des Berner *Nationalitätenkongresses* eine nicht wieder gutzumachende Enttäuschung und das politische Scheitern von Idealen, denen sie einen Großteil ihres politischen und publizistischen Wirkens gewidmet hatten. Es handelte sich bei ihnen um Männer mit einer nahezu durchweg liberalen und demokratischen Haltung, die ihre politische Sozialisation einst als Bürger bzw. Untertanen der untergegangenen multinationalen europäischen Imperien – des Russischen Imperiums und der Habsburgermonarchie – erfahren hatten. Vor diesem Hintergrund hatten sie in der Phase des Übergangs vom Imperium zum Nationalstaat in Ostmittel- und Südosteuropa nach Kräften versucht, die internationale Öffentlichkeit gegen die häufig intolerante Minderheitenpolitik der nach dem Kriege neu entstandenen oder territorial erheblich erweiterten Staaten jener Regionen zu mobilisieren.

Mit dem *Europäischen Nationalitätenkongress* hatten sie ein quasi-diplomatisches Forum aus der Taufe gehoben, innerhalb dessen sie nicht den Anspruch erhoben, als gewählte Vertreter ihrer jeweiligen Volksgruppen aufzutreten. Als bekannte Honoratioren aus deren Mitte begaben sie sich gleichwohl selbst in eine derartige Repräsentantenrolle. Die institutionelle Existenzberechtigung des von ihnen geschaffenen Minderheitenparlaments gründete neben dem persönlichen Ansehen ihrer Gründer primär auf der Legitimität ihres politischen Kernanliegens – der Verwirklichung kollektiver Rechte für die sprachlichen und kulturell-religiösen Minderheiten in den europäischen Nationalstaaten. Mit dem unrühmlich verlaufenen *Nationalitätenkongress* von Bern erlitt diese Bewegung jedoch auf dramatische Weise Schiffbruch. Die auf die Berner Ereignisse folgenden Entwicklungen in der internationalen Politik taten dann ein übriges, um allen Bemühungen, die Spaltung in der Nationalitätenbewegung zu kitten, jegliche Grundlage zu entziehen.

Zu den maßgeblichen Persönlichkeiten der 1933 gescheiterten europäischen Minderheitendiplomatie gehörte der aus dem Russischen Imperium stammende Jude Leo Motzkin (1867–1933); zugleich zählte er zu den prominentesten Zionisten im ersten Drittel des 20. Jahrhunderts. Sein jüdisch-nationaler Hintergrund und sein zionistisches Engagement heben ihn gegenüber den anderen prominenten Minderheitenpolitikern auf charakteristische Weise hinaus. Geprägt von dem Bestreben, eine säkulare jüdische Nationalidentität zu begründen, agierte er auf der Bühne der internationalen Politik nach dem Ersten Weltkrieg als führender Protagonist einer universal gedachten jüdischen Interessendiplomatie mit zionistischem Hintergrund. In diesem Zusammenhang leistete er einen wichtigen Beitrag bei der völkerrechtlichen Fixierung allgemeingültiger Schutzmechanismen zugunsten aller nationalen Minoritäten innerhalb der territorialen Erbmasse der europäischen Vielvölkerimperien, und er avancierte zu einem der prominentesten Theoretiker der nichtstaatlichen Minderheitendiplomatie. In seiner Person fanden zionistisches Engagement und universaler Einsatz für die Rechte aller nationalen Gruppen zu einer nahezu einzigartigen Synthese zusammen, verschränkten sich jüdische Interessendiplomatie und die Anliegen der allgemeinen Minderheitenschutzbewegung.

Zionismus und nationaljüdischer Autonomismus

Leo Motzkin wurde im Jahre 1867 in Brovary nahe Kiew geboren. Ein Jahr nach den Pogromen von 1881, deren Augenzeuge er in Kiew wurde, begab sich Motzkin unter der Obhut eines mit seiner Familie gut bekannten jüdischen Arztes nach Berlin. Dort besuchte er das Gymnasium und absolvierte anschließend ein Studium der Mathematik. Er schickte sich an, eine wissenschaftliche Laufbahn einzuschlagen: seine Doktorarbeit sollte er jedoch niemals zu Ende führen. Seine ganze Schaffenskraft verschrieb er stattdessen der zionistischen Bewegung.

Schon 1889 hatte er – ebenfalls in Berlin – zu den Gründern der *Russisch-Jüdischen Wissenschaftlichen Gesellschaft* gehört, welche jüdische Studenten aus dem Russischen Imperium versammelte. Im Rahmen dieser Vereinigung trat er später als tonangebende Persönlichkeit auf. Zu den Mitgliedern der *Russisch-Jüdischen Wissenschaftlichen Gesellschaft* zählte unter anderem der junge Chaim Weizmann – der erste Präsident des Staates Israel. Ihre führenden Vertreter engagierten sich später dann an prominenter Stelle in der 1897 ins Leben gerufenen *Zionistischen Organisation*.

Diese Zionisten der ersten Stunde einte zum einen ihr naturwissenschaftlicher Bildungs- und Studienhintergrund, der sie zu einer zumindest agnostischen Grundhaltung und zu einer entschieden säkularen, antiklerikal geprägten Definition jüdischer nationaler Identität finden ließ. Bei ihren Überlegungen über eine derartige, auch jenseits des Religiösen legitimierte jüdische Nationalidentität zeigten sie sich in elementarer Form von ihrer eigenen persönlichen Herkunft geprägt – derjenigen einer zu Untertanen zweiter Klasse abgestempelten religiösen und kulturellen Diasporagruppe, welche innerhalb des russischen Vielvölkerimperiums mit zahlreichen Nationalitäten in einer häufig konfliktbeladenen Nachbarschaft lebte.

Vor diesem Hintergrund schloss sich Motzkin innerhalb der zionistischen Bewegung daher der sogenannten »Demokratischen Fraktion« an – jener 1901 entstandenen großen oppositionellen Gruppierung innerhalb der *Zionistischen Organisation*. Diese Fraktion setzte sich im Kontrast zu Herzls fast ausschließlicher Zielorientierung auf Palästina entschieden für ein aktives Programm der »Gegenwartsarbeit« zum Wohle der – vorwiegend im östlichen Europa lebenden – jüdischen Diaspora ein. Die Befürworter der »Gegenwartsarbeit« vertraten den Anspruch, dass es Juden auch außerhalb einer künftigen palästinensischen Heimstatt möglich sein solle, frei von allen politischen und rechtlichen Hindernissen eine säkulare Nationalkultur zu entfalten. Sie erhoben daher die Forderung, dass der zionistischen Bewegung ebenso sehr wie an ihrem Palästina-Fernziel daran gelegen sein müsse, die politischen und kulturellen Interessen der jüdischen Diaspora in den jeweiligen Heimatländern zu vertreten. Aus Sicht der »Demokratischen Fraktion« konnte dies nicht allein bedeuten, auf die Beseitigung aller rechtlichen Benachteiligungen hinzuwirken, denen Juden in verschiedenen Staaten ausgesetzt waren: darüber hinaus habe man vielmehr auch dafür zu kämpfen, dass den jüdischen Bevölkerungsgruppen in den einzelnen europäischen Ländern ein möglichst hohes Maß an institutionell abgesicherter Kultur- und Bildungsautonomie eingeräumt werde. Bezogen auf die Staatenwelt des mittleren und des östlichen Europa traten die führenden Vertreter der »Demokratischen Fraktion« also bereits zur Jahrhundertwende als ausgeprägte nationaljüdische Autonomisten hervor.

Genau in einem solchen Sinne trat Motzkin bis zum Ersten Weltkrieg in erster Linie für die Rechte der Juden im russischen Vielvölkerstaat ein. Nach wie vor in Berlin ansässig, wirkte er schon kurz nach der Jahrhundertwende an zionistischen Konferenzen im Zarenreich mit. Der Schwerpunkt seiner aktiven politischen Tätigkeit auf dem Boden des Petersburger Imperiums lag jedoch in den Jahren nach der Revolution von 1905. Er nahm in dieser Zeit unter anderem an mehreren Kongressen des *Verbandes zur Erlangung der Gleichberechtigung des jüdischen Volkes in Russland* (Sojuz dlja dostiženija polnopravija evrejskogo naroda v Rossii) teil.

Seine aus der »Gegenwartsarbeit« im Russischen Imperium gewonnenen Einsichten begann Motzkin um die Jahrhundertwende herum außerdem in eine rege publizistische Tätigkeit umzumünzen, in deren Rahmen er schließlich zu einem der international bekanntesten, schärfsten, aber auch kundigsten Kritiker der zarischrussischen Judenpolitik avancierte.

Indessen setzte sich Motzkin bereits vor dem Ersten Weltkrieg nicht allein für die politischen und kulturellen Interessen der jüdischen Diasporanationalität in Russland und im östlichen Europa ein. Im Zusammenhang mit den Diskussionen über die Art und Weise einer jüdischen Besiedlung Palästinas war er seit dem Ersten Zionistenkongress vielmehr ebenso mit bemerkenswerten und eigenständigen Überlegungen in einer ganz anderen Richtung hervorgetreten. Zwei Fragen schlugen ihn in diesem Kontext in ihren Bann – die außenpolitisch-diplomatische Absicherung der jüdischen Ansiedlung in Palästina und das Verhältnis der jüdischen Einwanderer zur arabischen Bevölkerung Palästinas.

Obgleich er selbst von der Legitimität der Zielvorstellung einer jüdischen Heimstatt in Palästina felsenfest überzeugt war, plädierte er in der Siedlungsfrage mit Entschiedenheit für ein behutsames politisches Herangehen und für eine auf vertraglichen Übereinkünften gründende Verständigung mit der Hohen Pforte in Konstantinopel.

Die in diesem Kontext verfassten schriftlichen Äußerungen Motzkins lassen eine bemerkenswerte Neigung dazu erkennen, die Palästina-Frage in einem möglichst breiten internationalen Rahmen zu verrechtlichen. Wie auch einige andere zionistische Theoretiker blieb Motzkin dabei bis zum Ausbruch des Ersten Weltkrieges an der Zielvorstellung orientiert, dass die Errichtung einer jüdischen Heimstatt im Rahmen eines administrativ und politisch »europäisierten« osmanischen Imperiums bewerkstelligt werden könne. Denkbar sei zum Beispiel, führte er unter anderem aus, die Einrichtung einer autonomen jüdisch-palästinensischen Provinz innerhalb eines reformierten osmanischen Vielvölkerstaates. Der Prozess einer solchen Reichsreform könne indessen am besten unter dem Patronat der europäischen Großmächte in die Wege geleitet werden – über völkerrechtlich bindende

Vereinbarungen und Verträge, die dem Osmanischen Reich nicht zuletzt seine territoriale Unverletzlichkeit garantieren sollten.

Darüber hinaus entwickelte Motzkin um die Jahrhundertwende herum ein – freilich nicht im Detail konkretisiertes – Konzept »personal-kultureller« Autonomie, in deren Genuss die arabische Bevölkerung eines jüdischen Palästina überall in vollem Umfang kommen solle. Den Arabern dies zuzugestehen, machte Motzkin deutlich, bedeute nichts anderes als ein zwangsläufiges Gegenstück zu denjenigen »personal-kulturellen« Autonomierechten, welche man selbst für die jüdische Diaspora außerhalb einer palästinensischen Heimstatt einfordern wolle.

Es scheint gut möglich, dass diese Vorstellungen unter dem Einfluss derjenigen Ideen standen, welche die beiden Austromarxisten Otto Bauer und Karl Renner für die Lösung der Nationalitätenproblematik in der cisleithanischen Hälfte des Habsburgerreiches entwickelt hatten und welche gegen Ende des 19. und zu Beginn des 20. Jahrhunderts über die Grenzen der Donaumonarchie hinaus eine beachtliche Wirkung entfalteten. Den Kern der Theorie Bauers und Renners von der »personal-kulturellen Autonomie« der verschiedenen Nationalitäten im österreichischen Vielvölkerstaat stellte der Gedanke dar, dass es für diese auch außerhalb ihrer geschlossenen Siedlungsgebiete Formen und Institutionen nationaler Repräsentanz geben müsse.

Aus Motzkins Aufzeichnungen geht zweifelsfrei hervor, dass er die Theorien Bauers und Renners zur Kenntnis nahm. Gleichwohl scheint es verfehlt, seine Gedanken über eine »personal-kulturelle« Autonomie der Araber in einem künftigen jüdischen Palästina lediglich im Fahrwasser der beiden Austromarxisten anzusiedeln. Zum einen stand er diesen nämlich politisch dezidiert fern, da seine politische Vorstellungswelt ganz und gar von Idealen des politischen Liberalismus durchdrungen war. Zum anderen wies aber auch der Nexus zwischen Minderheitenschutz und dessen völkerrechtlicher Verankerung, welcher in seinen auf Palästina bezogenen Erörterungen zutage getreten war, deutlich über den Tellerrand der Bauerschen und Rennerschen Ansätze hinaus.

Motzkin als führender Vertreter jüdischer Diplomatie nach dem Ersten Weltkrieg

Das Ende des Ersten Weltkrieges brachte es schließlich mit sich, dass Motzkin aus der zionistischen Palästina-Debatte, welche seit der Balfour-Deklaration von 1917 doch eine neue Qualität erfahren hatte, weitgehend ausschied. Von nun an verlagerte sich der Schwerpunkt seiner politischen Aktivitäten endgültig auf die »Gegenwartsarbeit« in Mittel-, Ost- und Südosteuropa. Dies erfolgte zunächst nun im Zusammenhang der Pariser Friedenskonferenz. Aus diesem Anlass hatten sich verschiedene jüdisch-zionistische Politiker, Publizisten und einflussreiche Personen des öffentlichen Lebens aus dem Russischen Imperium und aus Nordamerika im sogenannten *Comité des Délégations Juives auprès de la Conférence de la Paix* zusammengeschlossen.

Die Tätigkeit des *Comité* während der Pariser Friedenskonferenz schlug in der Geschichte jüdischer Interessenartikulation im Rahmen der internationalen Diplomatie ein neues Kapitel auf. In der Vergangenheit hatten jüdische Vertreter auf dem diplomatischen Parkett stets nur indirekt mitzuwirken vermocht; die Wahrnehmung konkreter religiöser, kultureller und wirtschaftlicher Belange der Judenheiten einzelner Länder hatte bislang in den Händen von Fürsprechern aus den Regierungen bzw. den diplomatischen Gesandtschaften der großen Mächte gelegen. Als Vertretung eines »staatenlosen« Volkes verfügte zwar auch das *Comité* nur über begrenzte Möglichkeiten, den Gang der Pariser Friedensverhandlungen zu beeinflussen, und es war auf den Kooperationswillen der Entente-Regierungen und ihrer Delegationen – namentlich derjenigen der Vereinigten Staaten – angewiesen. Gleichwohl erhob nun erstmals eine selbständige jüdische Deputation den Anspruch, die – nicht allein religiös definierten – nationalen und kulturellen Interessen des in der Diaspora verstreuten eigenen Volkes vor der internationalen Öffentlichkeit als dessen legitimer Stellvertreter wahrzunehmen.

Motzkin spielte im *Comité* von Anfang an eine Schlüsselrolle. Die von ihm verfasste Schrift *Les revendications nationales des Juifs* enthielt die wichtigsten Forderungen, mit welchen das *Comité* auf der Pariser Friedenskonferenz für kulturelle und politische Autonomierechte der Juden in den neugeschaffenen Nationalstaaten des östlichen Europa eintrat.

In diese Vorlage war eine für das Russische Imperium entwickelte politische Schrift des jüdischen Historikers und Politikers Simon Dubnow eingeflossen – dessen Abhandlung *Čego chotjat evrei*? (Was wollen die Juden?). Dubnow, der dem Zionismus distanziert gegenüberstand, hatte mit jener nach der Februarrevolution von 1917 verfassten Denkschrift ein Modell für eine umfassende religiöse, kulturelle und gesellschaftliche Autonomie der Juden im Russischen Reich entworfen. Sein Programm zielte nicht allein auf die Gebiete des Zarenimperiums mit mehr oder weniger kompakten jüdischen Bevölkerungsgruppen, war somit also nicht allein »territorial« fixiert. Ähnlich wie bei Bauer und bei Renner sowie in Motzkins Ausführungen anlässlich der »Araberfrage« erhob es vielmehr ebenso die Forderung nach »personal-kulturellen« Autonomierechten für kleinere jüdische Diasporagruppen.

In unübersehbarer Parallele zu Dubnow bezeichnete es nun auch Motzkin als politisches Nahziel, dass eine Dachorganisation der – ethnisch-kulturell, nicht allein religiös definierten – jüdischen Gemeinden in einem jeden der neuen Nationalstaaten als öffentlich-rechtliche Körperschaft eingerichtet werden solle. Diese werde dann das Recht haben, alle internen Belange der jeweiligen nationalen Judenheiten zu regeln – samt der innerjüdischen Steuererhebung – und auch über das autonome jüdische Bildungssystem jedes Landes Aufsicht zu führen.

Dass sich Motzkin bei der Abfassung seiner *Revendications nationales des Juifs* in so auffälliger Weise auf die Vorlage Dubnows stützte, lässt sich vor dem Hintergrund derjenigen politischen Situation erklären, in der sein Memorandum im Frühjahr 1919 entstand. Gerade angesichts der wirtschaftlichen Not und angesichts häufiger antisemitischer Gewaltakte, denen die jüdischen Bevölkerungsgruppen vieler Gebiete des östlichen Europa infolge des Krieges, der revolutionären Ereignisse im früheren Russischen Reich und der territorial noch ungefestigten Nachkriegsordnung ausgesetzt waren, schien es geboten, im Rahmen der Pariser Friedenskonferenz möglichst schnell ein taugliches »Sofortprogramm« vorzulegen. Gleichwohl stellten die darin formulierten politischen Zielvorstellungen auch in inhaltlicher Hinsicht nicht einfach eine eklektische Übernahme der Dubnowschen Vorlage dar. Sie enthielten vielmehr ebenso eine Fülle von Vorstellungen, die unübersehbar von Motzkins Grundüberzeugung geprägt waren, dass die Etablierung einer jüdischen Autonomie – wie auch der Autonomie einer jeden anderen nationalen Minderheit – nur auf der Grundlage völkerrechtlicher Absicherung erfolgen könne. Dies bedeute primär, führte Motzkin in seiner Denkschrift aus, dass der Völkerbund in Zukunft darüber Aufsicht führen müsse, ob die Entscheidungen der Friedenskonferenz im Hinblick auf den Schutz der jüdischen Minderheiten in den Staaten Ostmittel-, Ost- und Südosteuropas tatsächlich Beachtung fänden.

Nicht zuletzt infolge der rührigen Tätigkeit des *Comité* gewannen derartige Ideen schließlich praktisch-politische Relevanz. Seine in erster Linie von der amerikanischen Delegation politisch protegierten Vorlagen spielten im Rahmen der diplomatischen Verhandlungen, welche im Gefolge der Friedenskonferenz schließlich in die Minderheitenschutzverträge mit mehreren Staaten Ostmittel- und Südosteuropas mündeten, eine wegweisende Rolle. Zum ersten Mal war der kollektive Schutz »rassischer, linguistischer und religiöser« Minderheiten zu einem wirkungsmächtigen Bestandteil des Völkerrechts geworden – wenn auch nicht allgemein, sondern ausschließlich im Falle einiger bestimmter Länder, unter denen sich manche überdies auch nur unter dem Zwang der Großmächte zur Unterschrift bereit fanden. Das in der Folgezeit auf den Grundlagen der Verträge von 1919 und 1920 errichtete Minderheitenschutzregime des Völkerbundes sollte darüber hinaus in der Praxis so gut wie keine Effizienz entfalten: insbesondere in Polen und in Rumänien kümmerten sich die Regierungen denn auch wenig oder gar nicht um die einst eingegangenen Verpflichtungen.

Vor dem Hintergrund dieser Entwicklungen, welche sich schon im unmittelbaren zeitlichen Gefolge der Pariser Friedensverhandlungen andeuteten, löste sich das *Comité* nach dem Abschluss der Minderheitenschutzverträge nicht auf. Nachdem sein ursprünglicher Namenszusatz *auprès de la Conférence de la Paix* getilgt worden war, blieb es in Paris ansässig und befasste sich in den Folgejahren mit der tatsächlichen Lage der jüdischen Bevölkerungsgruppen innerhalb und außerhalb der Signatarstaaten der Minderheitenschutzverträge. Unter Führung seines Generalsekretärs Motzkin profilierte es sich als vehementer Verteidiger der in der Praxis vielerorts verletzten Schutzbestimmungen zugunsten der Juden und anderer nationaler Minoritäten. Ebenso dokumentierten Motzkin und seine Mitstreiter im *Comité* die regelmäßig ernüchternde Realität des beim Völkerbund etablierten Minderheitenschutzregimes und mahnten in diesem Zusammenhang beharrlich Korrekturen an.

In der Existenz des *Comité* sah Motzkin eine institutionelle Gewähr für den Anspruch des als universale Einheit verstandenen jüdischen Volkes, auch außerhalb Palästinas eine säkulare nationale Identität zu entfalten und zu vervollkommnen. Von dieser Vorstellung eines jüdischen »Weltvolkes« ausgehend, entwickelte er im Jahre 1919 gar die Idee, dass alle Juden der Welt eine gemeinsame eigene Staatsbürgerschaft erhalten und somit die Möglichkeit gewinnen sollten, als ein einheitliches, unmittelbares Subjekt des internationalen Rechtes und als Mitglied des Völkerbundes in Erscheinung zu treten.

In den zwanziger Jahren verdichteten sich Motzkins Vorstellungen über das jüdische »Weltvolk« dann zu umfassenderen Überlegungen über dessen Verhältnis zu den Ansprüchen anderer sprachlich oder kulturell-religiös definierter Minderheiten auf nationale Autonomie. Was er in seinen Ausführungen über die personal-kulturelle Autonomie der Araber in einem jüdischen Palästina einst schon angedeutet hatte, brachte Motzkin nun auf einen abstrakteren theoretischen Nenner. Er argumentierte, dass man von jüdisch-zionistischer Seite die berechtigten Ansprüche anderer nationaler Minderheiten ohne Ausnahme anerkennen und respektieren müsse. Dies stelle, unterstrich er, nicht allein ein Gebot einer liberalen politischen Grundhaltung und der Menschenrechte dar, sondern vielmehr sogar eine unabdingbare und logische Entsprechung derjenigen »personal-kulturellen« Autonomierechte, welche man für die jüdische Bevölkerung in der außerpalästinensischen Diaspora in gleicher Weise einfordern dürfe. Zeige man, warnte er schließlich, gegenüber den Ansprüchen und Rechten anderer, durch die jeweiligen Nationalstaaten nicht repräsentierten Minderheiten kein Verständnis, so delegitimiere man unweigerlich auch die Forderungen der territorial nicht definierten, auf zahlreiche Einzelstaaten aufgesplitterten Judenheiten auf eine einheitliche nationale Identität.

Ganz in diesem Sinne führte Motzkin im Jahre 1927 aus, dass die Interessen und Ambitionen einer jeden nationalen Minderheit nur dann einen »idealen Sinn« besitzen und von der Weltöffentlichkeit ernst genommen werden könnten, wenn ebenjene Minderheit die Anliegen sämtlicher anderen, großen wie kleinen nationalen Minoritäten zu begreifen und zu respektieren vermöge. Genau deshalb, hatte Motzkin bereits im Vorjahr in einer Rede unterstrichen, hätten sich die im *Comité des Délégations Juives* versammelten jüdischen Repräsentanten anlässlich der Pariser Friedenskonferenz nicht allein im eigenen

Interesse, sondern ebenso im Hinblick auf alle anderen nationalen Minoritätengruppen für die völkerrechtliche Fixierung von Minderheitenrechten eingesetzt.

Wie kein anderer zionistischer Politiker und Theoretiker plädierte Motzkin im gleichen Zuge für ein aktives Engagement der zionistischen Bewegung im Rahmen jener politischen Strömungen, welche sich im Europa der Zwischenkriegszeit für die Verwirklichung und Respektierung nationaler Minderheitenrechte stark machten. Er unterstrich, dass eine solche Interessenkoordination gerade den Juden, die in der Vergangenheit vielerorts unter Verfolgungen gelitten hätten, deren Rechtsstatus in mehreren Ländern auch nach dem Weltkrieg noch äußerst prekär sei und deren nationale Identitätsansprüche überdies vielerorts auf Ablehnung und offenen Widerstand stießen, nur den allergrößten Nutzen bringen könne.

Zionistische Palästina-Orientierung, »Gegenwartsarbeit« zugunsten der jüdischen Diaspora und universaler Einsatz für die Interessen ethnischer, sprachlicher und kulturell-religiöser Minoritäten fanden in Motzkins Auffassung damit zu einer unauflöslichen Einheit zusammen.

Jüdische Diplomatie und Europäischer Nationalitätenkongress

Vor diesem Hintergrund – und angesichts seiner Erfahrungen als quasi-diplomatischer Vertreter eines territorial nicht fixierten »Weltvolkes« – trug Motzkin maßgeblich dazu bei, den Tätigkeitsradius des *Comité des Délégations Juives* mit dem 1925 ins Leben gerufenen *Europäischen Nationalitätenkongress* zu verschränken. Von Anfang an wirkten jüdische Delegierte an der Arbeit dieses Minderheitenparlamentes mit. Motzkin selbst spielte unter den jüdischen Mitgliedern des *Nationalitätenkongresses* eine bestimmende Rolle – zusammen mit dem aus Böhmen stammenden Rechtsanwalt Emil Margulies (1877–1943), der gleich ihm seine politischen Wurzeln in der zionistischen Bewegung hatte. Von 1925 an fungierte

Motzkin im *Europäischen Nationalitätenkongress* als einer von dessen Vizepräsidenten: in dieser Eigenschaft arbeitete er nicht zuletzt mit dem aus Kurland stammenden baltendeutschen Juristen und Journalisten Paul Schiemann (1876–1944) eng zusammen.

Schiemann wirkte seit 1919 als Hauptschriftleiter der *Rigaschen Rundschau*. Schon vor und während des Ersten Weltkrieges befürwortete er die Unabhängigkeit der baltischen Völker vom Russischen Reich. Dies trug ihm zunächst die Feindschaft der baltendeutschen Herrschaftseliten ein, ließ ihn in der Zwischenkriegszeit jedoch zu einem wertvollen Ansprechpartner für das Berliner Auswärtige Amt werden. Die Außenpolitik der Weimarer Republik verfolgte das konstante Ziel, die Selbständigkeit der so genannten »Randstaaten« – in erster Linie Estlands und Lettlands – als Gegengewicht zum frankreichfreundlichen Polen und zum französischen Machteinfluss im östlichen Mitteleuropa zu unterstützen: die deutschen Minderheiten sollten in beiden Staaten im Sinne dieser außenpolitischen Zielsetzung wirken. Dem unter den Vertretern der verschiedenen lettischen Parteien allgemein anerkannten Paul Schiemann fiel in diesem Konzept eine Schlüsselrolle zu. Von Anfang an verfügte er auf der Bühne der lettischen Politik über bedeutende Einflussmöglichkeiten. Er gehörte der verfassungsgebenden Versammlung ebenso an wie allen vier lettischen Parlamenten der Zwischenkriegszeit, in denen er als nahezu unangefochtener Führer der baltendeutschen Parlamentarier auftrat und zeitweilig auch einen Block aller im Parlament vertretenen nationalen Minderheiten leitete.

Abgesehen davon, dass sich die Ansichten beider in der politischen Alltagspraxis der Minoritätendiplomatie häufig ähnelten oder einander gar glichen, wiesen auch Motzkins theoretische Grundanschauungen im Hinblick auf die Rechte nationaler Minderheiten unübersehbare Berührungspunkte mit denjenigen Schiemanns auf – insbesondere im Verhältnis zu dessen Theorie vom »anationalen Staat«. Schiemann entwickelte dieses Modell in seiner Eigenschaft als Abgeordneter des lettischen Parlaments in den zwanziger Jahren. Im Kern besagte seine Theorie, dass die Minderheit eines Staatswesens in sprachlich-kulturellen (damit auch die Schul- und Hochschulbildung betreffenden Fragen) sowie in religiösen Angelegenheiten über umfassende Autonomierechte verfügen, national-kulturelle Belange von den allgemeinstaatlichen also konsequent getrennt sein müssten. Ihrerseits hätten die Minderheiten jedoch zu einer loyalen, jegliche Irredenta-Ansprüche ausschließenden Haltung gegenüber dem jeweiligen Gesamtstaat zu gelangen – ebenso wie die Staatsvölker zu einer toleranten Haltung gegenüber den Minderheiten –, damit auf einem solchen Wege schließlich übernationale und demokratische »politische Nationen« entstehen könnten. Von einem entsprechenden Verhältnis zwischen jüdischen Minoritäten und jeweiligen Nationalstaaten war nun auch Motzkin bei seinen Vorstellungen über die Autonomie der jüdischen Diasporagruppen einst ausgegangen.

Gewiss verdankte Schiemanns Theorie ihre Entstehung nicht zuletzt dem Interesse, für die kulturellen Autonomierechte der Deutschen im Baltikum einzutreten – einer Minderheit, welche überdies über den Rückhalt eines ungeachtet seiner militärischen Niederlage im Weltkrieg mächtigen und im östlichen Europa einflussreichen Nationalstaates verfügte. Motzkin trat dagegen als Anwalt eines staatenlosen Volkes in Erscheinung, dessen säkulare nationale Identität es auch nach seiner Vorstellung noch in vielerlei Hinsicht zu entfalten galt. Ungeachtet dieser unterschiedlichen Interessenlagen, aus denen heraus die jeweiligen minderheitenpolitischen Theorien entwickelt worden waren, zeigten sich Motzkin und Schiemann der prinzipiellen Berührungspunkte in ihren jeweiligen Grundeinstellungen klar bewusst.

Auf der Grundlage dieser Ähnlichkeiten in den jeweiligen minderheitenpolitischen Zielsetzungen, aber auch vor dem Hintergrund der persönlichen Wertschätzung, welche Motzkin gegenüber Schiemann, aber auch gegenüber dem Gründer und Generalsekretär des *Europä-*

ischen Nationalitätenkongresses, Ewald Ammende, sowie gegenüber dessen ständigem Präsidenten – dem Triestiner Slowenen Josip Wilfan – empfand, entwickelte sich von der ersten Tagung des Kongresses im Jahre 1925 vor allem zwischen den gemäßigt-nationalen, liberal-demokratischen Vertretern der auslandsdeutschen Minoritäten und den jüdischen Minderheitenpolitikern eine enge Zusammenarbeit. Für die Tätigkeit des Minderheitenforums erwies sich dieses weitgehend harmonische Verhältnis gar als tragende Säule: es hatte daran, dass sich aus Ammendes Initiative schließlich eine lebensfähige und international angesehene Einrichtung entwickelte, einen maßgeblichen Anteil. Es wurde auch durch die verschiedenen internen Krisen der Nationalitätenbewegung nicht getrübt – zum Beispiel durch jene internen Zwistigkeiten, welche der Austritt der nationalen Minderheiten des Deutschen Reiches im Jahre 1928 kurzzeitig auslöste.

Dagegen kam es beispielsweise zwischen den deutschen Delegierten und den Vertretern der nach den Deutschen numerisch zweitstärksten Nationalität im *Nationalitätenkongress* – der Ungarn – in erster Linie wegen der durchaus repressiven Nationalitätenpolitik der ungarischen Regierungen verschiedentlich zu Spannungen. Im übrigen suchten auch die Mutterländer beider Minderheiten auf die Arbeit des *Nationalitätenkongresses* außenpolitischen Einfluss zu nehmen. Massiv sichtbar wurde dieser Umstand vor dem Hintergrund der nahezu chronisch schwierigen finanziellen Lage der durch den Kongress verkörperten Minderheitendiplomatie. Trat zunächst die ungarische Regierung als hauptsächlicher Geldgeber für den *Nationalitätenkongress* auf, so wurde diese Rolle bald vom Auswärtigen Amt in Berlin übernommen. Nachdem es seine anfängliche Zurückhaltung gegenüber der Minderheitenbewegung aufgegeben hatte und – besonders in der Amtszeit Außenminister Stresemanns – dazu übergegangen war, diese als Instrument deutscher Interessenpolitik zu nutzen, versah es den *Nationalitätenkongress* mit stetig steigenden Zuschüssen. Von 1928 an bestritt es dann fast dessen gesamten Haushalt.

Obwohl das Deutsche Reich damit als Patron der Minderheitendiplomatie auftrat, zeigten sich die Führungspersonen des *Nationalitätenkongresses* noch zu Beginn der dreißiger Jahre erkenntlich bestrebt, dessen politische Unabhängigkeit und dessen autonome Handlungsspielräume ungeachtet der fundamentalen finanziellen Abhängigkeit von Deutschland zu bewahren und sich von der Außenpolitik des Reiches nicht vereinnahmen zu lassen. Gerade die jüdischen Deputierten im *Nationalitätenkongress* achteten genau darauf, mit ihren Positionen und Zielsetzungen nicht allzu sehr in das Fahrwasser der Wilhelmstraße zu geraten. Wohl erkannte man auf Seiten der jüdischen Minderheitenpolitiker an, dass das Deutsche Reich die Rolle eines *advocatus minoritatum* spielte – um ein Wort des aus Kaunas stammenden Juristen Jacob Robinson zu gebrauchen. Gleichwohl war man sich der damit verbundenen Interessen der deutschen Außenpolitik klar bewusst. Anders als in den Jahren des Ersten Weltkrieges, als einige prominente Zionisten – vor allem der in der Informationsabteilung des Berliner Auswärtigen Amtes tätige Nahum Goldmann – in der Wilhelmstraße einen weltpolitischen Bundesgenossen für die Sache der zionistischen Bewegung sahen, wussten sich die im *Nationalitätenkongress* tätigen Protagonisten zionistischer »Gegenwartsarbeit« unter Motzkins Führung darin einig, dass eine Instrumentalisierung der europäischen Minderheitendiplomatie durch die deutsche Außenpolitik unter allen Umständen vermieden werden müsse. Nicht zuletzt der vertrauensvollen Zusammenarbeit Motzkins mit Schiemann, aber auch seinem guten Verhältnis zu Wilfan und zu Ammende war es zu verdanken, dass dieses Ziel bis 1932 im großen und ganzen erreicht werden konnte.

Motzkin selbst hatte allen Grund, mit den Ergebnissen der deutsch-jüdischen Kooperation im *Europäischen Nationalitätenkongress* zufrieden zu sein. Zu verschiedenen Anlässen legte er ausführlich dar, welchen großen Nutzen das aktive Engagement der jüdischen Vertreter im Rahmen der europäischen Minderheitendiplomatie der

Wahrnehmung und Artikulation nationaljüdischer Interessen nicht nur unter den anderen Minderheiten, sondern ebenso auf der Bühne der internationalen Politik – in erster Linie vor dem Völkerbund – bringe. So hob er noch im Jahre 1932 in zwei Reden vor dem Plenum des 8. *Nationalitätenkongresses* hervor, über welches große Ansehen das Organ der europäischen Minderheitendiplomatie in den Augen der internationalen Öffentlichkeit mittlerweile verfüge und welches politische Potential dieser Interessenvertretung von ungefähr vierzig Millionen Menschen innewohne. Im August desselben Jahres schilderte Motzkin dann auf der *Ersten Jüdischen Weltkonferenz* in Genf, bei deren Vorbereitung er eine maßgebliche Rolle gespielt hatte, voller Befriedigung seine Eindrücke von der kurz zuvor in Wien abgehaltenen 8. Tagung des *Nationalitätenkongresses*: es sei auf diesem Forum nicht allein den jüdischen Delegierten möglich gewesen, jegliche Form antisemitischer politischer Agitation zu verurteilen, sondern sie hätten in diesem Anliegen auch von den Vertretern der anderen Minderheiten einmütige Unterstützung erfahren.

Auf dem Wiener *Nationalitätenkongress* war man sich zwischen deutschen und jüdischen Minderheitenvertretern außerdem noch vollkommen einig darüber gewesen, dass jegliche staatliche Assimilationspolitik gegenüber einer sprachlichen, ethnischen oder kulturell-religiösen Minorität unter keinen Umständen akzeptiert werden dürfe: nur die ungarischen Delegierten hatten sich einer entsprechenden Resolution des Konferenzplenums verweigert.

Das deutsch-jüdische Zerwürfnis im *Europäischen Nationalitätenkongress*

Mit dem Herbst des Jahres 1932 zogen jedoch die ersten dunklen Wolken über der bisher so einträchtig und fruchtbar verlaufenen deutsch-jüdischen Zusammenarbeit im *Nationalitätenkongress* auf. Die ernste Krise, in welche die Kooperation beider Interessengruppen in der Folgezeit immer stärker geriet, nahm mit der Kontroverse um die Veröffentlichung eines antijüdischen Artikels in der führenden und renommierten auslandsdeutschen Zeitschrift *Nation und Staat* ihren Anfang.

Jener Artikel, der aus der Feder des österreichischen NS-Funktionärs Gürke stammte, rechtfertigte offen das Ziel der Nationalsozialisten, die Juden »aus der deutschen Volksgemeinschaft auszuschließen« – sie damit also national zu »dissimilieren« –, da es grundsätzlich das Recht jedes Staatsvolkes sein müsse, zu bestimmen, welche ethnischen und kulturellen Elemente zu ihm gehörten und welche nicht. Motzkin und viele seiner Mitstreiter im Umkreis der jüdischen Vertretung im *Nationalitätenkongress* sowie im *Comité des Délégations Juives* zeigten sich über das Erscheinen des erwähnten Artikels in *Nation und Staat* offen empört. Zwar machten die führenden deutschen Minderheitenvertreter – allen voran Ammende, der Generalsekretär des *Nationalitätenkongresses*, und Schiemann, der als Herausgeber von *Nation und Staat* fungierte – glaubhaft geltend, dass der Standpunkt des Verfassers von ihnen in keinem Falle geteilt werde. Man habe den Artikel, versicherte vor allem Ammende im Laufe dieser Auseinandersetzung, nur deshalb in *Nation und Staat* veröffentlicht, um sich mit den minderheitenpolitischen Grundideen der nationalsozialistischen Partei, welche im Zuge ihrer Wahlerfolge auch in den verschiedenen auslandsdeutschen Volksgruppen mittlerweile eine gewisse Resonanz erfahre, hernach nur um so eingehender kritisch auseinandersetzen zu können. Anders als sein langjähriger Mitstreiter Margulies bekundete Motzkin gegenüber den deutschen Minderheitenpolitikern ungeachtet solcher Erklärungen sein prinzipielles Befremden über die gesamte Angelegenheit. Er zeigte sich tief enttäuscht und schockiert darüber, dass das führende politische Organ der Auslandsdeutschen antisemitischem Gedankengut auch nur in Gestalt jenes einzigen Artikels Raum geboten hatte. Angesichts der langjährigen, von guten persönlichen Beziehungen bestimmten deutsch-jüdischen Zusammenarbeit im *Europäischen Nationalitätenkongress* betrachtete er diesen Vorfall als äußerst schwerwiegenden Vertrauensbruch.

Der Riss, welcher mit der Auseinandersetzung um den erwähnten Artikel in *Nation und Staat* in der vorher so engen Kooperation der deutschen und der jüdischen Minderheitenpolitiker im Herbst 1932 entstanden war, sollte sich ab den ersten Monaten des Folgejahres schließlich zu einem wahren Abgrund ausweiten. Seit dem Frühjahr 1933 bemühte sich Motzkin, dessen *Comité* überdies die im Völkerbund vertretene Staatengemeinschaft zu politischen Maßnahmen gegen die deutsche Reichsregierung zu bewegen suchte, im Verhältnis zu seinen deutschen Kollegen im *Europäischen Nationalitätenkongress* um eine klare Verurteilung der nationalsozialistischen Entrechtungspolitik. Ganz im Sinne der Grundsätze des Minderheitenparlaments, das sich stets gegen die zwangsweise Assimilation jedweder sprachlichen, ethnischen oder kulturellen Minorität ausgesprochen, deren Angehörigen jedoch das Recht auf eine freiwillige Assimilation an das jeweilige Staatsvolk nicht bestritten hatte, forderte er von den deutschen Minderheitenpolitikern nun eine klare Distanzierung von der in Deutschland betriebenen Ausgliederung der Juden aus dem Staatsvolk. In einer Rede vor der Minderheitenkommission des Kongresses der Völkerbundligen, welche er am 4. Juni 1933 in Montreux hielt, machte Motzkin seinen Standpunkt mit eindringlichen Worten deutlich. Obgleich er selbst, führte er aus, stets zu den entschiedensten Verfechtern nationaljüdischer Ideale gezählt und während seines jahrzehntelangen Aufenthaltes in Deutschland immer bedauert habe, dass sich die überwiegende Mehrheit der deutschen Juden nahezu bedingungslos zum deutschen Volkstum, kaum jedoch zu einer jüdischen Nationalidentität bekannt habe, müsse er doch den allerschärfsten Protest gegen eine Politik einlegen, deren Ziel es sei, sie gegen ihren Willen in eine nationale Minderheit zu verwandeln – jedoch in eine solche ohne jegliche Minderheitenrechte.

Die von Motzkin erwünschte Distanzierung der deutschen Minderheitenpolitiker blieb jedoch aus. Unter ihren Reihen hatten im übrigen seit Anfang der dreißiger Jahre mehrere personelle Veränderungen stattgefunden, in deren Verlauf stark nationalkonservativ eingestellte Persönlichkeiten, die großenteils im *Deutschen Schutzbund für das Grenz- und Auslandsdeutschtum* – einer Konkurrenzvereinigung zum bislang dominanten *Verband der deutschen Volksgruppen in Europa* – organisiert waren, auch innerhalb der deutschen Delegation zum *Europäischen Nationalitätenkongress* einen merklichen Einfluss erlangt hatten. Manche von ihnen machten nun kein Hehl daraus, dass sie, obgleich sie die gewaltsamen antijüdischen Maßnahmen der deutschen Reichsregierung nicht akzeptierten, dem Gedanken eines grundsätzlichen »Dissimilationsrechtes« des deutschen Staatsvolkes durchaus nicht ablehnend gegenüberstanden. Es müsse diesem, argumentierten sie, prinzipiell möglich sein, die Zusammensetzung des eigenen »Volkskörpers« zu bestimmen und zu definieren, welche Gruppen als nationale Minoritäten zu betrachten seien. Für sie sollten dann freilich all jene minderheitenrechtlichen Grundsätze in vollem Umfang gelten, für die der *Nationalitätenkongress* seit jeher eingetreten sei.

Eine Position, die den Forderungen Motzkins genau entgegengesetzt war, hatte unter den deutschen Minderheitenpolitikern im Jahre 1933 damit Mehrheitsfähigkeit erlangt. Sie sollte schließlich auch die Billigung der Plenarversammlung des Berner *Nationalitätenkongresses* finden. Während Schiemann, der die »Dissimilationstheorie« ablehnte, auf eine Teilnahme an der Konferenz verzichtete – als offiziellen Grund hierfür gab er freilich eine Erkrankung an –, warb Ammende auch noch nach dem Berner Eklat bei Motzkin um Verständnis für die Haltung der deutschen Minoritätenpolitiker. Er beschwor ihn und seine Kollegen in der jüdischen Kongressdelegation, das Nationalitätenparlament nicht zu verlassen, und bat sie, sich für ein Bekenntnis der deutschen Juden zu einem Status als nationale Minderheit einzusetzen. Organisierten sich die Juden im Deutschen Reich in diesem Sinne, so bestehe doch Aussicht darauf, dass ihre Probleme auf der Grundlage akzeptierter Minderheitenrechte gelöst werden könnten.

Bei Motzkin, der die tektonischen Verschiebungen im Meinungsspektrum der deutschen Minderheitenpolitiker seit dem Vorjahr mit größter Aufmerksamkeit wahrgenommen hatte, vermochte Ammendes Standpunkt jedoch in keiner Weise zu verfangen. Als die Haltung einer klaren Mehrheit unter den deutschen Delegierten zur »Dissimilationsfrage« während des Sommers 1933 deutlich geworden war, hatte Motzkin die Verhandlungsstrategie der jüdischen Delegation vor der Berner Versammlung maßgeblich bestimmt. Nun, da mit dem Zerwürfnis von Bern die entscheidende Lebensader der Minderheitenbewegung durchschnitten worden war, verteidigte Motzkin das jüdische Vorgehen mit eindringlichen Worten. Obwohl ihn der faktische Kollaps der europäischen Minderheitendiplomatie persönlich tief traf, blieb er konsequent bei seiner Haltung. Ammende und Wilfan gegenüber machte er geltend, es könne erst dann wieder an eine jüdische Teilnahme am *Nationalitätenkongress* gedacht werden, wenn sich die deutschen Minderheitenpolitiker eindeutig und glaubhaft von ihrer Position distanzierten und ihren jüdischen Kollegen angesichts der dramatischen politischen Umstände diejenige Solidarität erwiesen, welche sie ihnen aufgrund der langjährigen Zusammenarbeit schuldig seien. Da die deutschen Minderheitenpolitiker jedoch zu keiner Korrektur ihres Standpunktes in der »Dissimilationsfrage« fanden, blieben die jüdischen Delegierten dem *Nationalitätenkongress* auch in der Folge konsequent fern.

Motzkin, der am 26. September 1933 von seinem Amt als Vizepräsident des *Nationalitätenkongresses* zurücktrat, sollte das traurige Ende des Rumpfkongresses im Jahre 1938 nicht mehr erleben. Seinem unermüdlichen Einsatz an so vielen politischen Fronten hatte er bereits seit Jahren seine Gesundheit aufgeopfert. Obgleich er schon seit geraumer Zeit an schweren Herz-Kreislauf-

Problemen litt, hatte er den Umfang seiner Arbeit kaum gemindert, sondern im Gegenteil eher erhöht. Zusätzlich zu seiner Tätigkeit für das *Comité des Délégations Juives* und für den *Europäischen Nationalitätenkongress* hatte er bis zuletzt als Präsident des Aktionskomitees der *Zionistischen Organisation* sowie als stellvertretender Vorsitzender vieler Zionistenkongresse gewirkt, und er hatte noch im Jahre 1932 für das Zustandekommen der *Ersten Jüdischen Weltkonferenz* an leitender Stelle Verantwortung getragen. Vor und nach dem katastrophal verlaufenen Berner *Nationalitätenkongress* versuchte er nach Kräften, insbesondere im Rahmen seiner *Comité*-Arbeit die Weltöffentlichkeit über die Entrechtungspolitik der nationalsozialistischen Regierung aufzuklären und diplomatische Maßnahmen gegen deren Vorgehen zu erwirken. Inmitten all dieser Aktivitäten ereilte ihn im November 1933 überraschend der Tod.

Quellen und Literatur

Die wichtigsten unveröffentlichten Dokumente, anhand deren sich die verschiedenen Etappen der politischen Vita Leo Motzkins nachzeichnen lassen, finden sich im Zionistischen Zentralarchiv (Central Zionist Archive [CZA]) in Jerusalem. Einschlägig sind dort in erster Linie der umfangreiche Nachlass Motzkins (CZA, A 126) und die im Kontext der Pariser Friedenskonferenz entstandenen Materialien des *Comité des Délégations Juives* (v.a. in CZA, A 405 u. A 668).

Mehrere bedeutsame Publikationen, als deren Autor oder Herausgeber Motzkin fungierte, sind bis heute in verschiedenen öffentlichen Bibliotheken im In- und Ausland zugänglich. Hierzu zählen vor allem die folgenden Werke: Die Judenpogrome in Rußland, 2 Bde., Köln u.a. 1910 (verfasst unter dem Pseudonym A. Linden); Die Judenfrage der Gegenwart. Dokumentensammlung (hrsg. mit Leon Chasanowitsch), Stockholm 1919; Les Pogromes en Ukraine sous les gouvernements ukrainiens 1917–1920. Aperçu historique et documents (hrsg. im Auftrag des *Comité des Délégations Juives*), Paris 1927; La campagne antisémite en Pologne, Paris 1932; Das Schwarzbuch. Tatsachen und

Dokumente: die Lage in Deutschland 1933, Frankfurt a.M. u.a. 1983 (Neuauflage der Pariser Ausgabe von 1934).

Motzkins persönlicher und politischer Werdegang ist in der Forschungsliteratur bislang nur in Form kürzerer biographischer Skizzen dargestellt worden. Die ausführlichste unter ihnen ist Simcha Kling, Leo Motzkin, in: Herzl Year Book 2 (1959), 228–251.

Zur Genese von Leo Motzkins minderheitenpolitischem Denken siehe des weiteren Gabriel Motzkin, Nation und Minorität. Zur Geschichte und Wirkung des liberalen Zionismus in der Zwischenkriegszeit, in: Simon-Dubnow-Institut. Bulletin 1 (1999), 18–28 (v.a. 23f.).

Als grundlegende Forschungsdarstellung zur Genese der Minderheitenschutzverträge hat nach wie vor in erster Linie eine Arbeit von Erwin Viefhaus zu gelten – Erwin Viefhaus, Die Minderheitenfrage und die Entstehung der Minderheitenschutzverträge auf der Pariser Friedenskonferenz. Eine Studie zur Geschichte des Nationalitätenproblems im 19. und 20. Jahrhundert, Marburg 1960. Siehe daneben auch Carole Fink, Defending the Rights of Others. The Great Powers, the Jews, and International Minority Protection, 1871–1938, Cambridge 2004.

Zum politischen Einfluss des *Comité des Délégations Juives* siehe ferner auch O. I. Janowsky, The Jews and Minority Rights 1898–1919, New York 1933, sowie David Engel, Perceptions of Power. Poland and World Jewry, in: Jahrbuch des Simon-Dubnow-Instituts/Simon Dubnow Institute Yearbook 1 (2002), 17–28.

Umfangreiche Abhandlungen über den *Europäischen Nationalitätenkongress* haben unter anderem Rudolf Michaelsen (Der Europäische Nationalitätenkongreß 1925–1928. Aufbau, Krise und Konsolidierung, Frankfurt a.M. u.a. 1984) sowie Sabine Bamberger-Stemmann (Der Europäische Nationalitätenkongreß 1925 bis 1938. Nationale Minderheiten zwischen Lobbyistentum und Großmachtinteressen, Marburg 2000) vorgelegt.

Über Paul Schiemann, den neben Motzkin wichtigsten Vordenker des *Europäischen Nationalitätenkongresses*, hat schließlich der britische Historiker John Hiden eine maßgebliche Monographie erstellt – John Hiden, Defender of Minorities. Paul Schiemann, 1876–1944, London 2004.

Mobilität und Gewalt

Topographien der Migration – Jüdische Durchwanderung in Berlin nach 1918

Tobias Brinkmann

Im Jahre 1927 entstand – als Teil seines Reportage-Essays »Juden auf Wanderschaft« – Joseph Roths Beschreibung von Berlin als einem düsteren Wartesaal für jüdische Migranten zwischen Ost und West. »Kein Ostjude«, so Roth, komme freiwillig nach Berlin. Die Stadt sei »Durchgangsstation«, in der man aus zwingenden Gründen länger verweile. Berlin habe so zwar »ein paar kleine Judenstraßen« in der Nähe der Warschauer Brücke und im Scheunenviertel. Aber man komme sozusagen her, um weiterzufahren, »über Hamburg und Amsterdam nach Amerika«. Oft bleibe man hier zwar »stecken«, aber das liege, so Roth nicht an der Stadt, sondern am Geld oder an den fehlenden Papieren: »Freilich: Die Papiere! Ein halbes jüdisches Leben verstreicht in zwecklosem Kampf gegen die ›Papiere‹.«

Roth verband hier eine Topographie des jüdischen Wanderungsgeschehens in den 1920er Jahren im Allgemeinen mit einem Blick auf Berlin im Speziellen. Er beschrieb Migration aus der ostmitteleuropäischen Welt des Stetls ausgehend und von dort nach Wien, Berlin, Paris und Amerika führend. Jeder dieser Orte stand symbolisch für eine schwierige Entscheidungssituation. Im Osten, wo die Juden herkamen, konnten sie aus Gründen der Lebensumstände nicht bleiben. In Wien waren sie nicht mehr erwünscht. Nach Paris, Amerika und in die Sowjetunion konnten sie zwar gehen, aber nur um den Preis der Assimilation. Palästina sei dabei, wie Roth in einer kurzen Passage konzedierte, zwar ein »Ausweg«, aber ein utopischer, und somit war auch der Zionismus für ihn letztlich eine Sackgasse. Berlin jedoch war für alle diese Optionen der Ort des Durchgangs.

Die deutsche Metropole charakterisierte Roth als Transitraum zwischen Ost und West. Die »Ostjuden« kamen nicht, um zu bleiben – sie kamen, um zu gehen. Berlin, so sein pessimistisches Urteil, gleiche »die Verschiedenen« einander an und »ertötet Eigenheiten«. Die Orte ostjüdischen Lebens seien seltsam flüchtig, keine festen Viertel, sondern Straßen, Bahnhöfe, Cafés, Pensionen und Hotellobbys. Roth ging es in diesem Zusammenhang nicht primär um die Orte, sondern um die wandernden Juden und einen spezifisch jüdischen Habitus der Migration und Mobilität und deren Verbindung mit Metropolen: »Viele kehren zurück. Noch mehr bleiben unterwegs. Die Ostjuden haben nirgends eine Heimat, aber Gräber auf jedem Friedhof.«

Eine solche Topographie in »Juden auf Wanderschaft« hatte in diesen Jahren auch eine zeitliche Dimension. Und natürlich verdichtete sich in der Ost-West-Stadt Berlin auch die Zeitachse der innerjüdischen Ost-West-Topographie. Der engagierte Zionist Sammy Gronemann beschrieb genau dies in seinen 1947 in Tel Aviv verfassten Erinnerungen:

»Ostjude und Westjude waren in Berlin nicht so sehr geographische wie zeitliche Begriffe. Gar oft kam es vor, daß aus dem Osten eingewanderte Juden zunächst in den oben genannten Straßen ihr Quartier nahmen [in »Berlin O«, T.B.], dann allmählich zu Wohlstand gelangten, in das vornehmere Bellevue-Viertel zogen, der Heimat des besseren Mittelstandes, und dann auf der sozialen Leiter aufsteigend, ihren Wohnsitz nach Charlottenburg verlegten und Westjuden wurden, die dann oft mit ungeheurer Verachtung auf die eingewanderten Elemente jenes östlichen Viertels herabsahen.«

Die wandernden Juden befanden sich also auch auf einer Zeitreise. Berlin war der Ort, wo nach dem »Großen Krieg« mit den Migranten verschiedene Gedächtnisse und Zukunftsentwürfe aufeinander trafen, imperiale Vergangenheiten, radikale politische Visionen und Utopien, auch verschiedene jüdische Zeiten – in einer als »amerikanisch« bestimmten Metropole ohne Bewusstsein für ihre ohnehin unspektakuläre Geschichte, die als Inbegriff der Moderne wie keine andere Stadt durch »Tempo«, Rastlosigkeit und Zukunftsorientierung geprägt war. Die Welt des Stetls, so wie Roth und Gronemann sie schilderten, stand für Vergangenheit; Paris, Amerika und die Sowjetunion für Zukunft. Und der Eintritt in die Zukunft kostete Juden ihre jüdische Vergangenheit. Eine innerjüdische Konversion von Ost nach West ging nach dieser Vorstellung mit hoher sozialer Mobilität und einer Art Zeitsprung einher, selbst wenn zwischen Ost und West in Berlin nur ein paar S-Bahn-Stationen lagen. Roth war von diesen Erfahrungen der wandernden Juden in einer Art Zwischenwelt, die immer im Aufbruch zu sein schienen und nirgendwo wirklich ankamen, und von den Beziehungen zwischen den beharrenden Kräften der transnationalen Diasporaidentität und den Elementen der Mobilität fasziniert.

Nun war Joseph Roth bekanntlich alles andere als ein unbeteiligter Beobachter. In »Juden auf Wanderschaft« tritt er ausdrücklich als Anwalt der jüdischen Migranten auf, als Fürsprecher, der stereotypen Bildern von »Ostjuden« entgegenarbeitet und Verständnis für sie zu wecken sucht. Roth selbst war Jude auf Wanderschaft, der weder im Osten, aus dem er stammte, noch im Westen, in dem er lebte, zu Hause war. In seiner Person kommen Elemente beider Sphären zusammen. Auch in Berlin war Roth immer in Bewegung, zwischen 1923 und 1926 lebte er ständig auf dem Sprung und auch zwischen 1926 und seiner Emigration aus Europa kehrte er noch häufig in die Stadt zurück. Sein Berlin manifestierte sich in den Hotels, Bahnhöfen, den Reisenden, dem Verkehr und dem Leben auf der Straße. Seine Beschreibungen werfen aus jüdischer Perspektive einen Blick auf die Durchgangsstadt Berlin als ›Meltingpot‹ verschiedener Menschen und unterschiedlicher Zeiten. Seine Texte bewahren den Zusammenhang von jüdischer Migration und der Mobilität der Metropole Berlin.

Eine Untersuchung über die Transit-Topographie ostjüdischen Lebens in Berlin nach 1918 konterkariert die herkömmlichen Vorstellungen von jüdischer Geschichte in Berlin. Berlin ist aus der Perspektive der jüdischen Geschichte zumeist nicht als Durchgangsstation, sondern als Destination und Mittelpunkt bekannt. In Berlin vollzogen die deutschen Juden geradezu programmatisch den Aufbruch aus dem Ghetto. Sie prägten das moderne Berlin in Kultur, Wirtschaft, Politik und Gesellschaft bis zum Beginn der NS-Herrschaft. Die Juden im »Osten«, deren Emanzipation sich verzögerte, spielen in diesem Narrativ zwar stets eine Rolle, doch nicht eigentlich als Akteure, sondern eher als Statisten im Hintergrund, über die debattiert wurde. Sie waren darüber hinaus so etwas wie ›Rezipienten‹ des modernen Judentums, wie es programmatisch vor allem in Berlin konzipiert worden war, sei es im Hinblick auf Moses Mendelssohns Bibelübersetzung oder auf die Konstituierung der ›Wissenschaft des Judentums‹. Präsent waren »Ostjuden« vor allem als stereotype ›Abbilder‹. Den deutschen Juden dienten sie als negativ wie positiv aufgeladene Projektionsfläche. Für nicht wenige assimilierte Juden repräsentierten sie als traditionelle »Ghettojuden« Zerrbilder der eigenen überwundenen Vergangenheit, den Anhängern der »jüdischen Renaissance« dagegen galten sie vielfach als Inbegriff des authentischen Juden schlechthin.

In Berlin blieb die Zahl von jüdischen Zuwanderern aus Regionen östlich der Grenzen Deutschlands vor 1914 aufgrund von Migrationsbeschränkungen gering – im Gegensatz zu den anderen europäischen Metropolen im Westen und im Osten. Erst während des Krieges nahm ihre Zahl und damit ihre Sichtbarkeit deutlich zu. Doch wie das von Roth erwähnte »Scheunenviertel« bleibt der *Ort* der »Ostjuden« in der Berliner jüdischen Geschichte seltsam unbestimmt. Die Bewohner des Viertels erscheinen auf immer wieder reproduzierten Photos überwiegend als anonyme orthodoxe ›Typen‹. In einer rückwärts gewandten Perspektive wird zudem eine solche Ikonographie von der aufziehenden Katastrophe des Nationalsozialismus überschattet, die die besondere Beziehungsgeschichte von Juden und Berlin gewaltsam zerbrach.

Der Bürgerkrieg in Russland und die verschiedenen militärische Auseinandersetzungen in Ostmitteleuropa auf der einen sowie die in den Vereinigten Staaten erlassenen Einwanderungsbeschränkungen auf der anderen Seite machten Berlin in der ersten Hälfte der 1920er Jahre zu einem der wichtigsten Umschlagplätze eines ebenso komplexen wie disparaten Wanderungsgeschehens. Der Zusammenbruch der Imperien der Hohenzollern, der Romanows, der Habsburger und der Osmanen zog 1917/18 eine gewaltige politische Umwälzung von der Ostsee bis zum Mittelmeer nach sich. Während die Großmächte in Paris über die Konditionen der Friedensverträge verhandelten, kämpften neu gegründete Staaten, diverse politische und militärische Gruppierungen, die Reste der imperialen Armeen und die Siegermächte um ihren Anteil am Nachlass der Vielvölkerreiche. Die deutsche Metropole fand sich mit Kriegsende unvermittelt im Zentrum eines sich neu ordnenden Nachkriegseuropas, das durch politische und wirtschaftliche Instabilität geprägt war. Nach dem Großen Krieg griffen Ost und West in Berlin ineinander, hier überschnitten sich die Sphären, und die Stadt markierte einen spezifischen Übergangsraum und die zentrale Schnittstelle an einer fiktiven innereuropäischen Ost-West-Grenze.

Die deutsche Hauptstadt war kurz nach Ende des Krieges einer der Brennpunkte eines gesamteuropäischen Flüchtlingsdramas, das eine Folge der gewaltsamen Neuordnung Ostmitteleuropas war. Berlin diente zahlreichen Menschen aus dem umkämpften Osten als ein erster Zufluchtsort, viele reisten bald weiter, andere wieder zurück. Darunter waren nicht nur Juden, die sich auf der Flucht vor Pogromen in Polen, der Ukraine und Russland befanden, sondern auch deutschstämmige Flüchtlinge aus verschiedenen Teilen des ehemaligen Russischen Reiches, aber auch aus Gebieten, die dem polnischen

Staat zugeschlagen worden waren. Dazu kamen Zehntausende russischer Emigranten und zahlreiche Kriegsflüchtlinge aus Ostmitteleuropa, heimkehrende deutsche Truppen aus »Oberost« sowie andere Migranten auf dem Weg in die Vereinigten Staaten und Westeuropa. In die Gegenrichtung, nach Osten, reisten über Berlin deutsche Baltikum-Kämpfer, Truppen der Alliierten, ehemalige russische Kriegsgefangene sowie polnische und jüdische Arbeiter der deutschen Kriegsindustrie. Letztere wurden von deutschen Behörden vielfach ausgewiesen, kehrten aber oft wenig später wieder zurück. Eine weitere Gruppe bildeten Angehörige der polnischen Minderheit in Deutschland, die für Polen optierten und in den neuen Staat zogen – häufig nicht für lange, da die ökonomische Lage in der Zweiten Polnischen Republik noch dramatischer war als in Deutschland.

Am stärksten betroffen von den Auseinandersetzungen um die Grenzen neuer »alter« Nationalstaaten sahen sich ethno-religiöse Diaspora-Bevölkerungen, die im imperialen Kontext nicht eigentlich »nationale« *Minderheiten* darstellten, sondern sich über eine korporative Affinität zum supranationalen Imperium definierten. Und von diesen Minderheiten waren vor allem die Juden in Ostmitteleuropa Leidtragende der kriegerischen Auseinandersetzungen, die sich in den Siedlungsgebieten der jüdischen Bevölkerungen, in Galizien und im russischen Ansiedlungsrayon, abspielten und häufig mit pogromartigen Ausschreitungen einhergingen. Michael Traub, ein zeitgenössischer zionistischer Autor, charakterisierte 1930 die dramatischen Auswirkungen auf die Juden in Osteuropa, indem er von den »jüdischen Luftmenschenarmeen« sprach, die sich »um Hunderttausende neu entwurzelter Elemente« vermehrt hätten. Krieg und Revolution, so Traub, hätten »Umfang und Charakter der jüdischen Wanderbewegung von Grund aus geändert.«

Schon Mitte des 19. Jahrhunderts und vor allem seit den 1880er Jahren war Berlin ein zentraler Schauplatz der stark zunehmenden europäischen Ost-West-Wanderung gewesen. Doch Migrationsbeschränkungen verhinderten die Zuwanderung von Osteuropäern nach Deutschland. Der preußische Staat baute als Reaktion auf diese stark anwachsende Migration in den 1880er Jahren ein engmaschiges Transitsystem zwischen der Ostgrenze und den Hafenstädten im Westen auf. Berlin fungierte schon vor 1914 als wichtige Zwischenstation auf diesem Migrationskorridor. In Ruhleben, einer zu Spandau gehörenden Vorstadt im Westen von Berlin, eröffneten die preußischen Behörden 1891 eine »Kontrollstation« für Durchwanderer. Spätestens hier sollten potentiell ›gefährliche Personen‹, denen die amerikanischen Einwanderungsbeamten die Einreise verweigern könnten, erkannt und über die Ostgrenze des Reiches wieder abgeschoben werden. Der Große Krieg unterbrach zunächst die Wanderungsbewegung nach Westeuropa und Nordamerika. Nach dem Krieg trafen Flüchtlinge und Migranten im Westen aber auf eine veränderte Situation. Nicht nur entstanden zahlreiche neue Staaten mit teilweise schwer überwindbaren Grenzen; auch die »Laissez-Faire-Ära« in der transatlantischen Migration war Geschichte geworden. Das internationale Pass- und Visasystem, das die internationale Mobilität erheblich einschränken sollte, war somit eine der auffälligsten neuen Begleiterscheinungen der Instabilität des internationalen Systems geworden.

Die Russische Revolution und die unsichere politische Lage in Ostmitteleuropa hatten die amerikanische Regierung schon während des Krieges zu einer wesentlich restriktiveren Handhabung der Einwanderungspolitik veranlasst. 1921 und 1924 begrenzte der amerikanische Kongress insbesondere die Einwanderung aus Süd- und Osteuropa auf ein Minimum des Vorkriegsniveaus. Grundlage für die sogenannten Quoten war die Staatsangehörigkeit, d.h. es gab keine Quote für Juden und andere Minderheiten. Das Gesetz von 1924 verlagerte die Entscheidung und die Verantwortung über die Erteilung der Einreiseerlaubnis von den amerikanischen Einreisebeamten auf die amerikanischen Konsulate und Botschaften, was die Wartezeit für potentielle Einwanderer zusätzlich verlängerte. Darauf spielte Roth in seiner Berlin-Beschreibung 1927 an (»Die Papiere!«), und daraus resultierten schon lange vor 1933 leidvolle Erfahrungen für viele jüdische Migranten. Wie viele andere Migranten aus Ostmitteleuropa verloren Juden mit dem Zusammenbruch der Imperien ihre Staatsangehörigkeit, ohne dass sie automatisch eine neue – etwa polnische oder litauische – erwarben.

Die Akzeptanz des 1922 geschaffenen »Nansen-Passes« für staatenlose russische Flüchtlinge Mitte der 1920er Jahre war Indiz für eine gewisse Stabilisierung. Dennoch, in einer Phase besonders starken Wanderungsdrucks aus dem Osten, beschränkte das Hauptzielland die Einwanderung aus Ostmitteleuropa. Andere Zielländer wie Kanada, die südamerikanischen Staaten, Australien und Südafrika zogen bald nach. Alexander und Eugen Kulischer charakterisierten diesen entscheidenden Bruch 1932 mit der Feststellung, dass mit der »Katastrophe« – gemeint war der Große Krieg – die »Ära der großen anarchisch-freien Wanderungen« zu einem Ende gekommen sei. Das »Tor des Landes der Verheißung«, das sich selbst als »Asyl der Armen und Geknechteten der Welt« verkündigt habe, sei »dröhnend ins Schloß gefallen« und zahlreiche alte und neue Grenzen hätten in Europa »Schlagbäume in Form von Einreiseerschwerungen und Erwerbsbeschränkungen« errichtet.

Die jüdische Durchwanderung in Berlin

Die mitteleuropäische Metropole Berlin, vor dem Krieg von der Ost-West-Migration nur indirekt berührt, stand im Zentrum des Geschehens. In Berlin konnten die meisten Migranten zwar nicht bleiben, aber im Unterschied zur Vorkriegszeit doch eine Zeitlang verweilen. »In Piaseczno erzählte man sich sagenhafte Dinge von New York, man sprach geradezu von einem Paradies des Reichtums, und Berlin lag auf halben Weg dorthin«, so heißt es in Martin Beradts Roman *Die Straße der kleinen*

Ewigkeit. Eine Durchsicht der Schlagzeilen der zahlreichen in Berlin erscheinenden jiddischen Wochenzeitschriften belegt, dass die Wanderfrage direkt oder indirekt das beherrschende Thema war. Jüdische Vereine, international agierende Organisationen, kulturelle Aktivitäten wie jiddische Tournee-Theatergruppen, Verlage, jiddische Zeitungen und Zeitschriften bildeten ein vielfältiges und in sich lockeres Netzwerk einer »Community in Transit«, das ein hohes Maß an Fluktuation aufwies.

Der »Schlesische Bahnhof« war der traditionelle Ort von Ankunft und Weiterreise der Ost-West-Durchwanderer in Berlin. Hier trafen schon vor dem Krieg und trotz des Systems der versiegelten Züge viele tausend Durchwanderer ein, 1901 zählten die Behörden fast 100.000 und 1913 gar fast 200.000 Personen. Der Bahnhof wurde so zum Spiegelbild der oben geschilderten akuten Probleme. Der Hilfsverein der Deutschen Juden richtete zusammen mit anderen jüdischen Vereinen 1919/20 einen *Jüdischen Bahnhofsdienst* ein. Den jüdischen Ankömmlingen standen Aufenthaltsräume, Betten, Verpflegung und eine sachkundige Beratung zur Verfügung. 1921 unterstützte der *Jüdische Bahnhofsdienst* 43.000 jüdische Durchwanderer, 1925 noch über 30.000. Viele Ost-West-Migranten reisten auch über den Stettiner Bahnhof: einige kamen über die Häfen in Stettin oder Danzig aus dem Osten, andere fuhren über diese Häfen nach Amerika oder Palästina weiter. Anders als vor 1914 gestaltete sich die Durchwanderung in Berlin nach 1918 aus den oben geschilderten Gründen vielfach äußerst problematisch. Wischnitzer berichtete 1926, dass der Hilfsverein in den frühen 1920er Jahren in Berlin mehrere Tausend Juden bei der Erlangung von Pässen und Visa unterstützte und er vermutete, dass ein großer Teil der rund 400.000 Juden, die zwischen 1920 und 1925 in die USA, Kanada und Argentinien auswanderten, über Deutschland und vor allem über Berlin gereist waren.

Eine Ermittlung der genauen Zahl der jüdischen Migranten in der Nachkriegszeit ist um einiges komplizierter als für andere Gruppen, da Juden häufig als »Polen«,

»Russen« oder aber als Staatenlose erfasst wurden. Zudem hielten sich viele Personen nur kurz in Berlin auf oder reisten hin und her, so dass sie gar nicht oder gleich mehrfach gezählt wurden. Gerade im jüdischen Falle war die Frage nach der Zahl brisant, denn Antisemiten operierten mit maßlos übertriebenen Angaben über ›Massen‹ ostjüdischer Zuwanderer. Albert Einstein nahm die jüdischen Durchwanderer im *Berliner Tageblatt* in Schutz und verwahrte sich gegen solche »demagogische Agitation«. Die Zahl von 70.000 »Ostjuden«, die sich angeblich in Berlin aufhielten, so Einstein in seinem Artikel vom 30. Dezember 1919, sei falsch. Die meisten Flüchtlinge aus dem Osten seien gar nicht jüdisch, sondern »deutscher Abstammung«. Einstein ging von nicht mehr als 15.000 Juden aus, die zu diesem Zeitpunkt bis zu ihrer »Weiterwanderung« in Berlin »Zuflucht« gefunden hätten, bevor sie, wie er hoffte, nach Palästina auswandern könnten. Er forderte vor allem eine Debatte über den Zusammenhang zwischen willkürlichen Maßnahmen des Staates (Abschiebungen, Internierung in »Konzentrationslagern«) und pauschalen Vorverurteilungen der Durchwanderer als ›Bolschewisten‹ und Kriminellen.

Parallel zu der jüdischen Durchwanderung setzte nach dem Krieg in der deutschen Hauptstadt ein wahrer Boom an jiddischsprachigen Publikationen ein. Dies kann als Indiz für die neue Funktion Berlins als führendes Zentrum der aschkenasischen Diaspora gewertet werden, denn zwischen 1918 und 1936 publizierten 18 Verlage 230 jiddischsprachige Bücher, davon die meisten allein zwischen 1920 und 1924. Dabei ist es bezeichnend, dass sich vor 1918 in Berlin keine nennenswerten jiddischen Publikationen nachweisen lassen – im Gegensatz zu New York, London, Paris im Westen und den Zentren jüdischen Lebens im Osten. Das änderte sich erst in der Endphase des Krieges, als immer mehr Migranten eintrafen. Allein zwischen 1919 und 1925 erschienen 28 jiddische Periodika. Die meisten wurden häufig nur für wenige Monate verlegt, was einmal mehr auf den Charakter Berlins als Durchgangsstation verweist. Die Konzentration auf die erste Hälfte der 1920er Jahre war den Bedingungen der Inflation und dem Charakter von Berlin als Ort des Transits geschuldet. Die Inflation und die große Leserschaft erleichterte Migranten, die über Zugang zu Devisen verfügten, eine kostengünstige Herstellung. Die Zeitschriften wurden teilweise auch für den ostmittel- und westeuropäischen Markt produziert. Die plötzliche Expansion, aber auch die Kurzlebigkeit der jiddischen Periodika und vor allem ihr rasanter Niedergang nach der Inflation ist neben wirtschaftlichen Faktoren vor allem ein Indiz für die hohe Mobilität der Leserschaft und der Zeitungsmacher, denn über die jiddischsprechenden Migranten hinaus fehlte jeglicher Rezeptions- und Resonanzraum.

Mit den neuen Zeitungen war nun auch für die »Ostjuden« ein innerjüdisches Forum geschaffen worden. Darauf spielte ein Leitartikel im *Mizrach-Jid* (Der Ostjude) 1920 an, in dem es hieß, dass es in ganz Deutschland keine einzige Zeitung in jiddischer Sprache gebe, »in der sich die Stimmen der Ostjuden« erheben:

»Die Stimme ihrer Leiden und Hoffnungen, ihrer Bedürfnisse und geistigen Streitgespräche, die Stimme ihrer Träume und Ideale. Die große ostjüdische Gemeinschaft in diesem Lande ist stumm, als habe sie keine Sprache. Und dabei stehen die Ostjuden ständig auf der Tagesordnung.«

Die Sektion »aus dem Berliner jüdischen Leben« im *Mizrach-Jid* bestand aus kurzen Meldungen, die weniger das Berliner Kulturleben als vielmehr praktische Fragen berührten – und diese hatten wiederum vornehmlich mit transnationalen Emigrationsfragen zu tun. In einer Ausgabe vom September 1920 informierte die Zeitung über Lebensmittelspenden für bedürftige jüdische Kinder in Berlin aus den USA und druckte eine Bekanntmachung des polnischen Konsulates, die über die Kriterien zur Erlangung der neuen Papiere informierte. Daran schloss sich eine kurze Notiz über die Hetze antisemitischer Professoren und Studenten in Berlin gegen Albert Einstein und seine Relativitätstheorie an. Der Blick ging weit über Berlin und Deutschland hinaus. Der *Mizrach-Jid* etwa berichtete in jeder Ausgabe vor allem über Ereignisse in Ostmitteleuropa und »in der jüdischen Welt«. In den Zeitungen begegnet dem Leser eine beeindruckende Topographie der jüdischen Diaspora, genauer der jiddischsprechenden Aschkenasim, wie sie sich seit 1880 herausgebildete hatte. Die Ost-West-Dichotomie trifft hier buchstäblich an ihre Scheidelinie, in dieser Welt lag »Berlin« zwischen dem alten jüdischen Zentrum in Ostmitteleuropa und den Schnittstellen eines globalen Diaspora-Netzes: Harbin, Shanghai, New York, Chicago, Buenos Aires, Palästina, Moskau, Petrograd/Leningrad, London, Paris und weitere Städte – Orte, die im Gegensatz zu den meisten deutschen Juden für die ostjüdischen Leser von Bedeutung waren.

Die meisten dieser Zeitungen widmeten sich also gerade nicht der Berliner Hochkultur, sondern berichteten über die kritische Situation in Ostmitteleuropa und das die Leser umtreibende Thema »Emigration«. Die zionistische Zeitung mit dem programmatischen Titel *Unsere Freiheit*, die von 1919 an ein paar Monate in Berlin erschien, unterstrich dies, als sie deutlich machte, es sei vor allem die Emigration, »welcher wir unsere ganze Aufmerksamkeit zu widmen haben«, denn »Hunderttausende Juden warten auf die erste Chance auszuwandern.« Auch der Artikel »Wandersturm« aus dem *Mizrach-Jid* von 1920 verdeutlicht die Dramatik der Situation. Es gebe an die 100.000 jüdischen Einwanderer in Deutschland, bis 20.000 in Danzig, an die 10.000 in der Tschechoslowakei und viele Tausend in Österreich – »über ganz Europa geht jetzt eine ungeheuere Welle von jüdischen Wanderern, es ziehen sich lange Kolonnen über alle Grenzen und es gibt keine Macht auf der Welt, die diesen Sturm aufhalten kann« – und der Autor fügte hinzu, »für viele ist die Wanderung ein Zweck an und für sich geworden, ein bewußtloses Laufen.«

Es war daher kein Zufall, dass sich die Anstrengungen, die Lage der jüdischen Migranten zu verbessern, in Berlin bündelten. Hier entstand 1921 das Hauptbüro der »Emigdirect«, das jüdische Organisationen in verschiedenen Ländern vernetzte und mit verschiedenen Regierungen Verhandlungen aufnahm. Emigdirect veröffentlichte – ähnlich wie auch der Hilfsverein – für alle damit verbundenen Fragen Informationen als Newsletter oder Flugblätter, die an eintreffende Migranten verteilt wurden. Zwischen 1924 und 1930 verlegte die Organisation ein jiddischsprachiges Bulletin, das wie keine andere Quelle einen Überblick über das weltweite jüdische Migrationsgeschehen nach dem Krieg zulässt.

Fast alle jüdischen Wissenschaftler, Publizisten und »Sprecher«, die sich vor 1933 mit dem Thema Migration, Demographie und Diaspora beschäftigten, wirkten und publizierten zeitweise in Berlin: Alexander und Eugen Kulischer, Mark Wischnitzer, Jacob Lestschinsky, Arthur Ruppin, Joseph Roth, Leo Motzkin und Simon Dubnow. Im Jahre 1925 entstand in einem Kreis um Lestschinsky das *Jiddische Wissenschaftliche Institut* (YIVO) in Berlin, doch zog es schon 1926 nach Wilna, weil die wichtigsten Akteure des YIVO Berlin bereits wieder verlassen hatten. Zwei Abteilungen verblieben in Berlin, ohne bei deutsch-jüdischen Wissenschaftlern etwa an der Hochschule für die Wissenschaft des Judentums auf großes Interesse zu stoßen.

Wie stark Mobilität jüdisches Leben zwischen Ost und West in Berlin prägte, illustriert auch die Situation der reisenden jiddischen Theatertruppen, die in Berlin schon bald nach der Jahrhundertwende auftraten. Die kleinen Truppen entzogen sich der strikten preußischen Theaterzensur, da sie nicht in großen Theatern, sondern in Vereinssälen und Gastwirtschaften auftraten, häufig in der Grenadierstraße und der näheren Umgebung. Größere legale Gastspiele fanden in Theatern in der Brunnenstraße und in den Sophiensälen statt. Doch erst nach dem Krieg erreichte das jiddische Theater mit zahlreichen Gastspielen etwa von der berühmten »Wilnaer Truppe« einen bemerkenswerten Höhepunkt. Neben dem eher anspruchsvollen Theater gab es auch viele Aufführungen, die sich an breitere Schichten richteten. In den Sophiensälen etablierte sich zwischen 1922 und 1924 das »Jüdische Theater – Folies Caprice«, ein populäres Operettentheater. Und dennoch und im Gegensatz zu den großen Metropolen des Westens und Ostens konnte sich das jiddische Theater in Berlin nicht dauerhaft ansiedeln, ein weiterer Beleg für die These, dass jüdisches Leben in Berlin buchstäblich »on the move« war.

Joseph Roth übrigens hatte eine besondere Affinität zum jiddischen Theater. In »Juden auf Wanderschaft« schildert er den Berliner Auftritt der »Truppe Surokin« aus Kowno in einem »schmutzigen und alten Gasthof[es]«, die vor vollem und heiterem Publikum in jiddischer und hebräischer Sprache ein Roth zutiefst berührendes Varieté-Programm aufführte. Seine Sympathie für das Theater kam nicht von ungefähr, denn für ihn repräsentierten vor allem die Künstler – und damit in Analogie zu den wandernden Juden im Allgemeinen – Mobilität, Heimatlosigkeit und innere Freiheit. »Moderne« westlich-jüdische Formen stellten für Roth dagegen eher Äußerlichkeiten dar, bloße Fassaden einer »westlich zivilisierten, verflachten, verwässerten Schicht einer ausgewanderten Judenschaft«. So wird in dieser Gegenüberstellung von »ausgewanderten« und »wandernden« Juden einmal mehr Roths harsches Urteil über Assimilation und Sesshaftwerdung deutlich, mit denen sich auch die besonderen jüdischen Embleme der Mobilität auflösen, die Roth gerade bei den jiddischen Theatergastspielen der Zwanziger Jahre zu finden meinte.

Wo lebten die jüdischen Durchwanderer und wie organisierten sie sich? Der bereits angeführte Roman von Martin Beradt beschrieb den Ort im Gewebe der Millionenmetropole folgendermaßen:

»Er kam unmittelbar aus einer Judengasse in Piaseczno und wußte genau, in welche Gasse er hier zu gehen hatte; es gab nur eine. In Amsterdam gibt es ein Viertel für Ostjuden, in New York füllen sie ganze Stadtteile, in London lange Straßenzüge. Hier in einer Stadt von vier Millionen Einwohnern, einer der größten und bedeutendsten der Welt, waren so ausgeprägt nur wenige Gassen; die wichtigste betrat er. Dreitausend Menschen hatte sie bisher beherbergt, jetzt sollte es einer mehr sein.«

Die jüdische Durchwanderung war schon in der Vorkriegszeit besonders in der Gegend hinter dem Alexanderplatz sichtbar und wurde bald – im Gegensatz zu den Einschätzungen von Roth und Beradt – das »Berliner Ghetto« genannt, so z.B. im *Israelitischen Familienblatt* vom 14. September 1911. Sicherlich zogen jüdische Migranten wie Fraijm Feingold, der Protagonist in Martin Beradts Roman *Straße der kleinen Ewigkeit*, nach 1918 vielfach in die »Jüdische Schweiz«, also in die Straßen des sogenannten Scheunenviertels. Die Bewohner der Grenadierstraße stufte Klara Eschelbach in ihrer verlässlichen Studie von 1920 als zu »95 Prozent ostjüdisch und zwar größtenteils galizisch« ein. Ein großer Teil lebte indes verstreut in den zentralen östlichen Bezirken der Stadt. In der Grenadierstraße befanden sich zahlreiche Pensionen, in denen Durchwanderer für wenig Geld in einer ihnen vertrauten Umgebung absteigen konnten; nicht wenige kamen auch bei Bekannten und Verwandten unter. Diese Zwischenwelten der Pensionen, Gastwirtschaften, Straßenhändler und Betstuben in der Grenadierstraße haben Roth, Beradt, Alfred Döblin und andere Autoren eindrucksvoll geschildert. Die extrem beengten Wohnverhältnisse waren eine Folge der Armut vieler Migranten, aber auch der großen Wohnungsnot im Berlin der Nachkriegszeit: dem Berliner Tageblatt vom 2. April 1919 zufolge fehlten mindestens 40.000 Wohnungen. Die jüdischen Durchwanderer prägten das Bild der Grenadierstraße, doch, wie Roth es in der eingangs zitierten Passage andeutete, war das Viertel keine jüdische Nachbarschaft im Sinne einer spezifischen Bevölkerungskonzentration. Die »jüdische« Straße war vielmehr der kulturelle, soziale und wirtschaftliche Anlaufpunkt der Durchwanderer. Unweit der Grenadierstraße lag in der Kaiser-Wilhelm-Straße die »Kleiderbörse«. Im weiteren Umfeld der Grenadierstraße, in der Augustusstraße und der Linienstraße befanden sich die Redaktionen vieler jiddischer Zeitungen und die Räume und Gastwirtschaften, in denen jiddische Theatergruppen gastierten.

Ein weiteres Beispiel sind die Betstuben, von denen

einige nach dem Krieg in der Gegend um die Grenadierstraße entstanden. »Man durchschritt«, so noch einmal Beradt, »den Flur von Joels Gasthaus und fand über dem Hof eine Art von großem Schuppen, gegen ein Haus gelehnt. Regengüsse hatten an den Wänden die Ziegel bunt und den Mörtel ausgewaschen.« Bauten selbst arme jüdische Einwanderer in New York oder London Synagogen oder brachten das Geld für ein Gebäude auf, um es in ein Gotteshaus umzuwandeln, fehlte den jüdischen Migranten im Berlin der Nachkriegszeit hierfür die langfristige Perspektive. Daher mietete man günstige Räume in Kellergeschossen oder Hinterhöfen für begrenzte Zeit an, wie den von Beradt beschriebenen Schuppen.

Nicht zuletzt gilt das bis hierher Gesagte auch für jene Orte, an denen Mobilität buchstäblich aufgehoben war – für die Gefängnisse und Lager. Nach 1918 trafen jüdische Migranten in Berlin auf eine radikalisierte antisemitische Atmosphäre; sie mussten mit staatlicher Repression und willkürlichen Ausweisungsmaßnahmen rechnen. Ihre Mobilität und »Fremdheit« machten Migranten a priori verdächtig. Viele lebten in Armut und besetzten prekäre wirtschaftliche Nischen. In Beradts Roman verkaufen zwei jüdische Frauen in einer zugigen Einfahrt Schnürsenkel und Strumpfbänder, bis sie verjagt werden; die Angst vor einer Razzia durch die Polizei in der »Straße« zieht sich wie ein roter Faden durch den Roman. Die soziale und wirtschaftliche Marginalität der Migranten führte sie in die Arme der Polizei und nicht selten ins Gefängnis. Schon bei kleineren Rechtsverstößen drohten Haftstrafen. Die preußische Regierung ordnete 1920 gar die Internierung von illegalen »Ausländern« in »Konzentrationslagern« an, betroffen waren vor allem Russen, Polen und osteuropäische Juden.

Viele der Vereine und Organisationen der Durchwanderer hatten Adressen im Berliner Osten. Die Betstuben waren häufig mit organisierten *Chewras* (Heilige Vereinigung – hier Selbsthilfeorganisationen) assoziiert, die sich als entscheidende Bindeglieder für jüdische Migration nach 1800 erwiesen haben. Neben den vielen kleinen landsmannschaftlich organisierten überwiegend wohltätigen Vereinen ragt der 1919 in Berlin gegründete *Verband der Ostjuden in Deutschland* heraus, der hinter der bereits zitierten Zeitschrift *Mizrach-Jid* stand und dessen Mitglieder aus Polen bzw. Galizien stammten. Dieser engagierte sich in der Gemeindepolitik und agierte als Interessenvertreter der Ostjuden, etwa gegen die Internierungen in Preußen. 1920 entstand der *Verband russischer Juden in Deutschland*, der sich primär auf die Unterstützung von bedürftigen Juden konzentrierte.

Adressen jüdischer Durchwanderer befanden sich auch im Berliner Westen, wo manche Migranten ebenfalls eine Unterkunft fanden. Die Gegend zwischen Nollendorfplatz und dem Bahnhof Zoo war in der ersten Hälfte der zwanziger Jahre das Herz der russischen Exil-Gemeinde. Das vielschichtige Ost-West-Thema hatte sich Berlin mit der Industrialisierung seit dem 19. Jahrhundert in die städtische Topographie eingeprägt. Der tiefgreifende Klassenunterschied zwischen dem proletarischen Osten und dem bürgerlichen Westen manifestierte sich in den 1920er Jahren mit der zunehmenden Migration aus dem Osten auch innerhalb der jüdischen Gemeinde. Die Passage aus Sammy Gronemanns eingangs zitierten Erinnerungen bringt die soziale und zeitliche Symbolik dieser innerjüdischen Ost-West-Differenz auf der lokalen Ebene zum Ausdruck. Ein großer Teil der jüdischen Migranten aus dem Osten zog in verschiedene Teile des Ostens, vorwiegend in die Bezirke Mitte, Friedrichshain und Prenzlauer Berg – in der Gemeinde stellten sie eine Minderheit. Im Westen, vor allem in Charlottenburg und Wilmersdorf lebte die große Mehrheit der Gemeindemitglieder, das deutsch-jüdische Bürgertum, aber hier wohnten zeitweise auch Juden aus Ost- und Ostmitteleuropa wie Roth oder Dubnow. Und im Westen waren die Cafés und die großen Hotels, in denen viele abstiegen, manche Projekte und Kunstwerke entstanden, Juden aus dem Osten auf das moderne Berlin und seine Protagonisten trafen – und hier befanden sich die »Westbahnhöfe« zur Weiterfahrt.

Dieses Panorama demonstriert neben dem bemerkenswerten kulturellen Leben der jüdischen Migranten in der Nachkriegsphase den hohen Fluktuationsgrad der Gemeinschaft im Übergang. Die beträchtliche Mobilität dieses jüdischen Lebens war neben geringem Interesse und Ablehnung der meisten deutschen Juden einer der Gründe, warum sich eine zweite, eine ortlose jüdische Gemeinschaft in Berlin etablierte.

In dem Essay »Betrachtung an der Klagemauer« führte Joseph Roth den Leser im Spätsommer 1929 noch einmal in das Zentrum jüdischer Migranten aus Osteuropa in Berlin, die Berliner Grenadierstraße. Die durch ihre Bewohner im Kaftan, koschere Restaurants, Betstuben und Buchhandlungen »jüdisch« geprägte Straße bildete einen eigentümlichen Kontrast zur bewegten »Weltstadt« Berlin, wie sie sich am Kurfürstendamm mit ihren zahlreichen Cafés, Hotels, Kinos und Vergnügungsetablissements zur Schau stellte. Nur wenige Tage später sollte Roth in seinem bekannten Feuilleton »Der Kurfürstendamm« das rasante »Tempo« der sich stets neu erfindenden Metropole aus der detailgenauen Außenperspektive des flanierenden Beobachters einfangen. In »Betrachtung an der Klagemauer« indes war die Beschreibung der Juden in *ihrer* Straße Anstoß zu einer innerjüdischen Reflexion. Roth stand noch unmittelbar unter dem Eindruck der schweren antijüdischen Ausschreitungen Ende August 1929 in Palästina, die vor allem in Hebron zahlreiche jüdische (und in Folge der britischen Reaktion auch arabische) Opfer gefordert hatten. Ausgangspunkt seines Essays war das offensichtliche Elend der Juden in der Grenadierstraße: »Nicht nur in Jerusalem steht eine Klagemauer. Von lauter Klagemauern wird die Grenadierstraße gebildet.« Jene diente Roth als Folie für eine wenig zionismusfreundliche Argumentation. Für Roth repräsentierte der Zionismus »die Rückkehr zu einer primären, bereits erledigten nationalen Existenzform«. Roths Essay war mithin keine Antwort auf die ›jüdische

Frage‹. Die Juden »lehnen sich gegen sich selbst auf, indem sie eine ›Heimstätte‹ suchen.« Das Ziel ist somit kein »Zufluchts*ort*«, sondern der *Weg* ist das Ziel. In ihrer Heimatlosigkeit, so Roth, haben die Juden der Diaspora bereits eine andere, eine höhere Stufe erreicht:

»Sie sind keine Nation, sie sind eine Übernation, vielleicht die vorweggenommene, zukünftige Form der Nation überhaupt. Längst haben sie die groben Formen der ›Nationalität‹ abgestreift: den Staat, Kriege, Eroberungen, Niederlagen. [...] Die primitiven Perioden der ›Nationalgeschichte‹ und der ›Landeskunde‹ haben sie bereits absolviert. Übrig blieb ihnen nur noch die eine Form eines ›Volkstums‹: als Fremde unter Fremden zu leiden, weil sie ›anders‹ sind. Ihre ›nationalen Bindungen‹ sind nicht mehr stofflicher Art. [...] Die Religiosität wird eine organische Funktion des jüdischen Individuums. Ein Jude erfüllt seine ›religiösen Pflichten‹, auch wenn er sie nicht erfüllt [...] Wo ein Jude stehenbleibt, erhebt sich eine Klagemauer. Wo immer ein Jude sich niederläßt, erhebt sich ein Pogrom.«

Diese bemerkenswerte jüdische Diagnose hebt auf zweierlei ab – auf die Conditio der Juden als übernationale Gemeinschaft und das prekäre Verhältnis der Umwelt zu den Juden. Roth definiert »Übernation« hier nicht im Sinne einer Steigerung von Nation, sondern als Transformation der Juden in eine Trans- oder Post-Nation, also gewissermaßen als Nation jenseits der Nation. Eine fassbare nationale Symbolik, wie sie sich gerade in den ostmitteleuropäischen Staaten der Nachkriegsära und eben auch in Berlin facettenreich manifestierte, sei den Juden nach dieser Lesart inhärent fremd. Was die Juden vielmehr jenseits des Nationalen zusammenhalte, sei der Habitus des Religiösen, gerade auch bei agnostischen Juden – und ihre Alterität, die zum Kriterium der Ausgrenzung gemacht werde.

Der Begriff der »Übernation« tauchte mehrere Jahre später in einer Novelle von Roth noch einmal auf. Inzwischen lebte Roth in unfreiwilliger Emigration in Paris. Geldnöte und private Sorgen hatten ihn in eine hoffnungslose Lage gebracht. In der Novelle »Die Büste des Kaisers«, die im Juli 1935 in mehreren Folgen im *Pariser Tageblatt* erschien, ließ er die zerbrochene Welt der

Habsburgermonarchie noch einmal aufleben. Die Novelle spiegelt auch die persönliche »Passage« des Schriftstellers vom Zentrum des Imperiums über die Metropole und Übergangsstadt Berlin in die Peripherie und Marginalität der Emigration. Roth entwarf anhand des Protagonisten, dem Grafen Franz Xaver Morstin, und einer fiktiven galizischen Kleinstadt einen Mikrokosmos der Habsburgermonarchie. In der Figur Morstin personifizierte Roth förmlich den Begriff der »übernationalen« Imperialität: »wie so viele seiner Standesgenossen in den früheren Kronländern der österreichisch-ungarischen Monarchie war er einer der edelsten und reinsten Typen des Österreichers schlechthin, das heißt also: ein *übernationaler* Mensch [Hervorhebung von T. B.] und also ein Adliger echter Art. Hätte man ihn zum Beispiel gefragt – aber wem wäre eine so sinnlose Frage eingefallen? – welcher ›Nation‹ oder welchen Volke er sich zugehörig fühle: der Graf wäre ziemlich verständnislos, sogar verblüfft vor dem Frager geblieben …«.

Das an die Imperien gebundene Übernationale ist vergangen. Ihre Repräsentanten haben ihre Zeit und ihren Ort verloren. Die Juden hingegen repräsentieren für Roth Mobilität und Transnationalität in der Gegenwart der späten 1920er Jahre. Aus dem Nachkriegseuropa sind sie, da an kein Territorium gebunden, buchstäblich (her-)ausgegrenzt worden. Wenn sie einen »Ort« hatten, dann solche Übergangsorte wie eben Berlin. Roth war sich der Bedrohung der Juden bewusster als viele seiner Zeitgenossen. Aber in seinen Texten war auch die Vision einer übernationalen Zukunft zumindest angedeutet, die in den Juden auf Wanderschaft »vielleicht schon vorweggenommen« ist.

Quellen und Literatur

Die beiden Ausgangstexte für diesen Essay, Joseph Roths »Juden auf Wanderschaft« von 1927 und Sammy Gronemanns »Erinnerungen« von 1947 werden zitiert nach: Joseph Roth, Orte. Ausgewählte Texte, Leipzig 1990, 209–278 (die Zitate hier 250, 252 und 214) und Reinhard Rürup (Hg.), Jüdische Geschichte in Berlin. Bilder und Dokumente, Berlin 1995, 193.

Zu beiden vgl. folgende Materialien und Forschungsliteratur: Michael Bienert (Hg.), Joseph Roth in Berlin. Ein Lesebuch für Spaziergänger, Köln 1996, 55–59 (eine Auswahl der Berliner Adressen Roths); Katharina Ochse, Joseph Roths Auseinandersetzung mit dem Antisemitismus, Würzburg 1999; zu Gronemann: vgl. die beiden Nachworte von Joachim Schlör, in: Sammy Gronemann, Tohuwabohu, Leipzig 2000, 357–376; Sammy Gronemann, Schalet. Beiträge zur Philosophie des Wenn schon, Leipzig 1998, 229–247; vgl. auch die literarische Verarbeitung von Berlin als Migrationsort bei: Martin Beradt, Die Straße der kleinen Ewigkeit, Frankfurt a.M. 2000 [zuerst 1965], 60f. Beradt kompilierte diesen Roman auf der Basis von Vorstudien 1940 im Londoner Exil. Der deutsch-jüdische Schriftsteller war bis 1939 als Anwalt in Berlin tätig.

Zum Gesamthintergrund der Zeit und zur Wahrnehmung von »Rastlosigkeit« und »Tempo« in der Großstadt, vgl.: Raymond J. Sontag, A Broken World 1919–1939, New York 1971; Joachim Radkau, Das Zeitalter der Nervosität. Deutschland zwischen Bismarck und Hitler, München 1998; den Zusammenhang von zerfallenden Imperien und Migration betont z.B. Eric Lohr, Nationalizing the Russian Empire. The Campaign against Enemy Aliens during World War I, Cambridge, Mass. 2003. Über das Berlin der Zwischenkriegszeit ist die Literatur kaum noch überschaubar, verwendet wurde hier v.a.: Eberhard Rothers/Wolf Jean Stock (Hg.), Weltstadtsinfonie. Berliner Realismus 1900–1950, München 1984 (Zitat 12).

Im Hinblick auf die Wahrnehmung von osteuropäischen Juden in Berlin informieren die drei »klassischen« monographischen Darstellungen von Steven Aschheim, Brothers and Strangers. The East European Jew in German and German Jewish Consciousness 1800–1923, Madison 1982 (hier v.a. 3–32); Jack Wertheimer, Unwelcome Strangers. East European Jews in Imperial Germany, Oxford/New York 1987; Trude Maurer, Ostjuden in der Weimarer Republik, Hamburg 1987; die Lebensumstände von jüdischen Migranten aus Ost- und Ostmitteleuropa, bzw. deren »Orte« behandelt: Eike Geisel, Im Scheunenviertel. Bilder, Texte und Dokumente, Berlin 1981; Das Scheunenviertel. Spuren eines verlorenen Berlins, Berlin 1996; Horst Helas, Juden in Berlin-Mitte. Biographien – Orte – Begegnungen, Berlin 2000; Marion Neiss, Presse im Transit. Jiddische Zeitungen und Zeitschriften in Berlin von 1919 bis 1925, Berlin 2002; Susanne Marten-Finnis/Heather Valencia, Sprachinseln. Jiddische Publizistik in London, Wilna und Berlin 1880–1930, Köln 1999; Karl Schlögel, Berlin Ostbahnhof Europas. Russen und Deutsche in ihrem Jahrhundert, Berlin 1998, 218–233.

Grundlagenliteratur zur Migrationsproblematik allgemein und zur jüdischen Migration im Speziellen: Eugene Kulischer, Europe on the Move. War and Population Changes 1917–47, New York 1948 (Zitate 134f., 171, 176); Michael R. Marrus, Die Unerwünschten. Europäische Flüchtlinge im 20. Jahrhundert, Berlin 1999 [Original 1985], 62–87; Oliver Steinert, »Berlin – Polnischer Bahnhof!«. Die Berliner Polen, eine Untersuchung zum Verhältnis von nationaler Selbstbehauptung und sozialem Integrationsbedürfnis einer fremdsprachigen Minderheit in der Hauptstadt des Deutschen Kaiserreichs (1871–1918), Hamburg 2003, 249–256; Mark Wischnitzer, To Dwell in Safety. The Story of Jewish Migration since 1800, Philadelphia 1948 (hier 141–170); zur Bedeutung von jüdischen Vereinen und Organisationen als entscheidenden Bindegliedern jüdischer Emigration, vgl.: Tobias Brinkmann, Ethnic Difference and Civic Unity. A German-American Comparison of Jewish Communal Philanthropy in the Nineteenth Century City, in: Thomas Adam (Hg.), Philanthropy, Patronage, and Civil Society. Experiences from Germany, Great Britain, and North America, Bloomington/Indianapolis 2004, 179–197; Ulrich Tempel, Religion and Politics in the Berlin Jewish Community. The Work of the Repräsentantenversammlung, 1927–1930, in: Leo Baeck Institute Year Book 46 (2001), 215–242.

Zeitgenössische Literatur zur Migrationsfrage: Josef Neuberger, Die Hauptwanderungen der Juden seit 1914, Köln 1928 (Zitate 40 und 43); Michael Traub, Jüdische Wanderbewegungen vor und nach dem Weltkriege, Berlin 1930 (hier 13–14); ders., Moderne jüdische Wanderbewegungen (1915–1923), in: Zeitschrift für Demographie und Statistik der Juden N.F. 1 (1924), 115–122; Paul Nathan, Das Problem der Ostjuden, Berlin 1926; außerdem die Darstellung: »Die Einwanderung der Ostjuden: Eine Gefahr oder ein sozialpolitisches Problem« (= Schriften des Arbeiterfürsorgeamtes der jüdischen Organisationen Deutschlands), Berlin 1920; Mark Wischnitzer, Die Tätigkeit des Hilfsvereins in der Nachkriegszeit, in: Festschrift anlässlich der Feier des 25jährigen Bestehens des Hilfsvereins der Deutschen Juden, gegr. am 28. Mai 1901, Berlin 1926, 47–58 (Zitat 52); eine erste soziologische

Bilanz zog Arthur Ruppin, Soziologie der Juden, 2 Bde., Berlin 1930; Alexander und Eugen Kulischer, Kriegs- und Wanderzüge. Weltgeschichte als Völkerbewegung, Berlin/Leipzig 1932 (v.a. 201f.); Neuberger schrieb 1928, dass die »Ostjuden« [in Deutschland, T. B.] »gewissermaßen jüdisch-kulturell in der Luft hängen«; zum zeitgenössischen Begriff »Luftmenschen« siehe den Beitrag von Nicolas Berg in diesem Band.

Speziell zu migrationsspezifischen Aspekten von Wanderungskontrolle und Transitproblemen in der Vorkriegszeit vgl.: Tobias Brinkmann, »Grenzerfahrungen« zwischen Ruhleben und Ellis Island. Deutsche Durchwandererkontrolle und Ost-West-Migration 1880–1914, in: Leipziger Beiträge zur jüdischen Geschichte und Kultur 2 (2004), 209–229; Michael Just, Ost- und südosteuropäische Amerikawanderung: 1881–1914. Transitprobleme in Deutschland und Aufnahme in den Vereinigten Staaten, Stuttgart 1988 (v.a. 66 und 105–115); zeitgenössisch: Bernhard Karlsberg, Geschichte und Bedeutung der deutschen Durchwandererkontrolle, Hamburg/Leipzig 1922.

Zeitgenössische Statistiken finden sich bei: Klara Eschelbacher, Die ostjüdische Einwanderungsbevölkerung der Stadt Berlin, in: Zeitschrift für Demographie und Statistik der Juden 16 (1920), 1–24; Friedrich Leyden, Gross Berlin. Geographie der Weltstadt, Berlin 1933 (Zitat 118); die Überlagerung von Flüchtlingswellen und Migration behandelt: Lohr, Nationalizing the Russian Empire; Marrus, Die Unerwünschten, 61–80; David Rechter, The Jews of Vienna and the First World War, London 2001.

Die Statistik der Einwanderungszahlen – und v.a. die schwierigen Bedingungen, hierbei zu exakten Zahlen zu kommen – werden thematisiert bei: Scholem Adler-Rudel, Ostjuden in Deutschland 1880–1940, Tübingen 1959 (hier 130); ders., Die jüdische Wanderfürsorge in Deutschland im letzten Jahrzehnt, in: Zeitschrift für Demographie und Statistik der Juden N.F. 1 (1924), 107–114 (hier 114); Neuberger, Die Hauptwanderungen der Juden seit 1914 (hier 43); Steinert, »Berlin – Polnischer Bahnhof!«, der betont, dass es kaum möglich sei, auch nur ansatzweise für den Zeitraum nach dem Ersten Weltkrieg genaue Zahlen für die jüdischen Einwanderer zu ermitteln (hier 249f.).

Zum Problem der Einwanderungsbeschränkungen vgl. John Torpey, The Great War and the Birth of the Modern Passport System, in: ders./Jane Caplan (Hg.), Documenting Individual Identity. The Development of State Practices in the Modern World, Princeton 2001, 256–270; zum Begriff »Paper Walls«, der sich auf die von Deutschland verursachte jüdische Flüchtlingskrise nach 1938 (Konferenz von Evian) bezieht, aber eigentlich schon ab 1918 anwendbar ist, siehe: David S. Wyman, Paper Walls. America and the Refugee Crisis, 1938–1941, Amherst 1968; Daniel J. Tichenor, Dividing Lines. The Politics of Immigration Control in America, Princeton 2002, 138–146; zur Minderheitenproblematik vor und nach dem Großen Krieg: Carole Fink, Defending the Rights of Others. The Great Powers, the Jews, and International Minority Protection, 1878–1938, Cambridge 2004; zur Migration von Juden in die sowjetische Hauptstadt: Gabriele Freitag, Nächstes Jahr in Moskau. Die Zuwanderung von Juden in die sowjetische Metropole, Göttingen 2004; Yuri Slezkine, The Jewish Century, Princeton 2004, 204–371.

An Publikationen zur jüdischen Kultur – vornehmlich in Berlin – sind zu erwähnen: Michael Brenner, The Renaissance of Jewish Culture in Weimar Germany, New Haven 1995; Leo und Renate Fuks, Yiddish Publishing Activities in the Weimar Republic, 1920–1933, in: Leo Baeck Institute Yearbook 33 (1988), 417–434; Delphine Bechtel, La Renaissance culturelle juive. Europe centrale et orientale 1897–1930, Paris 2001, 201–251; speziell zu damaligen Theatern: Peter Sprengel, Scheunenvierteltheater. Jüdische Schauspieltruppen und jiddische Dramatik in Berlin (1900–1918), Berlin 1995; ders., Populäres jüdisches Theater in Berlin von 1877 bis 1933, Berlin 1997; Heidelore Riss, Ansätze zu einer Geschichte des jüdischen Theaters in Berlin 1889–1936, Frankfurt a.M. 2000; Joseph Roth, Das Moskauer Jüdische Theater, in: Das Moskauer Jüdische Akademische Theater, Berlin 1928, 9–16.

Den Antisemitismus im Deutschland der Weimarer Jahre behandelt Dirk Walter, Antisemitische Kriminalität und Gewalt. Judenfeindschaft in der Weimarer Republik, Bonn 1999; neben den zahlreichen z.B. schon bei Maurer erwähnten deutschsprachigen Presseberichten, auch: Der Mizrach-Jid (Der Ostjude), 24. Juni 1921 (»Die Geschehnisse in Stargard«), und 22. Juli 1921 (»Der preußische Landtag wegen Internierungslager«). Im Lager Stargard kam es in der ersten Jahreshälfte 1921 zu antisemitisch motivierten Übergriffen gegen jüdische Internierte.

Die Formulierung von den Juden als »Übernation« in: Joseph Roth, Betrachtung an der Klagemauer [EV: Das Tagebuch, 14. September 1929], in: ders.: Werke, Bd. 3: Das journalistische Werk 1929–1939, hrsg. von Klaus Westermann, Köln 1991, 86–89 (hier 88); ders., Die Büste des Kaisers, Frankfurt a.M. 1995, 3f.

Bilder von ›Luftmenschen‹ – Über Metapher und Kollektivkonstruktion

Nicolas Berg

Im Jahre 1912 erschien im Frankfurter Verlag »Israelit« ein Roman, der die Geschichte des jungen litauischen Juden Samuel Maslow erzählte, der nach zwei Tagen Eisenbahnfahrt »quer durch den Nordosten des Deutschen Reiches« am Bahnhof in einer deutschen Metropole aussteigt. Er ist müde, hungrig und aufgewühlt von den ersten Eindrücken der ihn verwirrenden neuen Umgebung und irrt »ziellos und weltverloren in den nebelgrauen Straßen der Großstadt« umher. Die Darstellung, sie stammte von dem 1874 in Georgenburg (Litauen) geborenen Journalisten, Lehrer und Verleger Selig Schachnowitz, hob die Dichotomie zwischen dem städtischen Moloch und dem Einzelschicksal des jüdischen Einwanderers in das Blickfeld der Aufmerksamkeit und erinnert heutige Leser passagenweise an *Berlin Alexanderplatz*, wenngleich der Text von Schachnowitz mehr als Lehrstück und weit entfernt von Alfred Döblins literarischem Anspruch verfasst wurde.

Die Sensation der Kapitale mit ihren modernen Straßenbahnen und riesigen Boulevards, erste Beschimpfungen durch eilige Passanten und die Mühe Maslows, die jiddische Aussprache seines Deutsch zu kaschieren, wie auch später dann die enttäuschten Hoffnungen auf Hilfe durch ihm empfohlene Adressen und der jahrelange Kampf um Studium und Geldverdienst – all dies entwirft ein Panorama weniger des spezifischen Ortes, vermutlich Berlins, als vielmehr eine der Zeit eingeschriebene Lebensbedingtheit von Juden zwischen Ost und West. Die Geschichte des jungen Maslow trug demnach den Untertitel *Roman aus der Gegenwart* zu Recht, sein Haupttitel lautete in einer fast definitorischen Begrifflichkeit *Luftmenschen*.

In der Tat bedarf vor allem dieser im Plural dargebotene Titel der Erläuterung. Einerseits stellte der Roman die in Form eines Entwicklungsromans dargebrachte Beschreibung eines einzelnen Immigranten-Bildungsweges stellvertretend für osteuropäische Einwanderer dar, so dass sich der zeitgenössische Leser, gleichsam mit einer Lupe versehen, über die vergrößerte Aufnahme eines Exempels beugte, wie es sich in dieser Zeit so häufig zugetragen hat. Auf der anderen Seite erklärt aber auch die Beispielhaftigkeit von Fremdheitserfahrung und Migration die Wahl des Begriffs »Luftmenschen« nicht von selbst. Wer und vor allem was war hier mit »Luftmenschen« gemeint? Wie erläutert uns Schachnowitz im Roman die Logik dieser von ihm gewählten Chiffre?

Fragen der Herkunft – Optionen auf Zukunft

Der Roman thematisiert Entscheidungssituationen von Juden um 1900 – in der Sprache der Quelle: die Geschichte des »inneren Ringens« Maslows. Entscheidende Passagen des Textes behandeln dabei die Begegnungen des Protagonisten mit älteren Schicksalsgenossen, die seine Erfahrungen zuvor selbst gemacht hatten und ihm nun die Geschichten ihrer notdürftigen Kompromisse oder ihrer Niederlagen erzählen. So werden die Lebenswege eines aus Amerika zurückgekehrten Hochstaplers, eines zionistischen Funktionärs, eines radikalen Sozialisten und eines nihilistischen Konvertiten vorgeführt – alle gleichsam in einem perspektivischen Fluchtpunkt zusammengefasst unter dem titelgebenden Begriff »Luftmenschen« und hierbei jede ihrer Geschichten eng verknüpft mit der Haupterzählung, der Suche Maslows nach seinen eigenen und eigentlichen Zielen. Auf dieser Suche lässt der Verfasser seinen Helden im Laufe der Roman-Handlung zwischen Berlin, dem Stetl und Kiew, zwischen West- und Osteuropa, zwischen Gottesverlust und Pogrom-Angst, Vereinsamung und Gemeinschaftsgefühl, Zukunft und Herkunft mäandrieren.

Kontrastive Erzählelemente lassen die Stetl-Herkunft mit ihrem Talmudstudium, den »vergilbten Folianten in luftarmen Raume« und den Erinnerungen hieran – »nachziehende Schatten aus der düsteren Vergangenheit« – mit der »Fülle von Licht und Glanz der Großstadt« hart aneinander stoßen. Aber der Erzähler wertet auch umgekehrt, wenn zum Beispiel der kalte »Mechanismus« der funktionierenden Großstadt mit der »reinen Menschlichkeit« des Herkunftsortes kontrastiert wird: »Wie ein milder, kühlender Hauch aus der stillen, reinen Heimatluft wehte es zuweilen in seine von Fragen und Zweifeln belastete Seele hinein, so oft ein Brief von der Mutter eintraf.«

Erzählt wird im Ganzen also keineswegs nur die Geschichte eines Ortswechsels oder die einer einzelnen Großstadterfahrung, stattdessen ergeht der Appell an den Leser, das Gefühl der »Heimatlosigkeit« zu überwinden und bei der Wahl des Lebensortes die gedankliche »Welt der Ideale« als »wirklichen Heimatboden« genau zu bedenken. Zwar ist dem Subtext des Berichtes die Parabel einer schmerzhaften und schnellen individuellen Stadtsozialisation eingeschrieben, in der der Einzelne gezwungen ist, Erfahrungen gewissermaßen in der Zwangsjacke beschleunigter Zeit zu machen. Doch der titelgebende Begriff bezieht sich dabei gerade nicht allein auf einen exemplarischen Einzelnen *pars pro toto* oder auf eine Masse solcher Einzelner, also führte gerade kein individuelles Schicksal vor, sondern tarierte die Vor- und Nachteile jüdischer Lebensentwürfe und Glaubensoptionen um die Jahrhundertwende vom 19. zum 20. Jahrhundert aus, dabei durchaus Partei ergreifend und in fast systematischer Absicht.

Neben diesen Themen des Buches ist es aber vor allem die hier enthaltene Fülle von Bezügen, Vergleichen und Metaphern, die den Titelbegriff »Luftmenschen« erklären, denn anhand dieser einen literarischen Quelle lässt sich eine Epistemologie der Wahrnehmung von Juden und Judentum exemplarisch aufzeigen, die zu ihrer Zeit eine weit über den Roman hinausreichende Bedeutung hatte. Die Schlüsselmetaphorik des Textes entwirft eine durchgängige Gegenüberstellung von Luft und Erde, von Schweben und Verwurzelung – in allen sprachlichen Varianten und Ableitungen. So heißt es zum Beispiel zu Beginn über den Helden, dass er noch öfters »in der Phantasie den Heimatboden berührte« – aber eben nur in Tagträumereien, und deshalb im Kontrast zur gleichzeitigen Bodenlosigkeit in der Fremde. Der Gegensatz dieser Träume zum »babylonischen Gewirre der Straße« macht deutlich, dass wir es mit der Geschichte einer Entwurzelung zu tun haben – und der Suche nach festem Grund: Im imperialen Raum des Ostens und der Herkunft ist es die Entwurzelung durch Armut und Vertreibung, im Nationalstaat des Westens die Entwurzelung durch Entfremdung und Glaubensverlust. Maslows Studium lässt ihn keineswegs klarer sehen, sondern steigert seine Verzweiflung, »im uferlosen Meer des Denkens« zu treiben und »sein Geist trieb steuerlos immer mehr in das trübe, abgrundlose Fahrwasser des Pessimismus«. Das »Wanderleben« wird als Warnung konzeptualisiert. Der Hinweis auf die Gefahr, »keine Luft und Ausdauer« zu besitzen, »etwas rechtes zu lernen« wird drastisch vorgeführt. Ein Geständnis seines gescheiterten Freundes lautet denn auch:

»Mein Ehrgeiz war jedoch nach oben zu lohend und nach unten zu wenig fundiert. An der Wurzel fehlte es, während ich wohlgemut mit sorglosem Herzen luftig nach oben baute. Und eines Tages wackelte das Ganze und brach in sich zusammen...«

Moralisch ganz und gar prekär erscheint vor diesem Hintergrund »der raketenartige Ehrgeiz«, dem ein ideologisch hoch aufgeladener Begriff der »Arbeit« nachgerade als Opposition entgegengestellt wird, und zwar Arbeit, »von unten herauf«. Ein den Roman durchziehender Grundton bilden die Sorgen über den »wankenden Grund« des Daseins, die Angst vor »Weltverlassenheit«, in den »Wirrsalen« als Jude zu bestehen, wo fast jede sich aufdrängende Option mehr Nachteile als Vorteile für sich hatte. Die Gegenwart erscheint aus der Sicht des im Westen Halt suchenden Jünglings als »Bühne«, auf die er »von der Wolkenhöhe der Galerie herab sah.«

Schachnowitz, der hier Scheitern an mehreren Stellen als einen Vorgang darstellte, der weniger einem »Fall« als vielmehr einem ›Loslösen‹ (wie ein Anker vom Grund) oder gar ›Abheben‹ (wie ein Ballon vom Boden) ähnelt, hatte seinem Text eine Warnung vor »Gottverlassenheit« eingeschrieben. Die »geistverwirrenden Gedanken« von Sozialismus und Nihilismus werden durch trivialliterarische Strafen im Roman selbst regelrecht ›erledigt‹ – ihre Träger enden elend im Gefängnis, sterben im Schusswechsel mit dem Mob, versinken im Kleinkriminellen-Milieu oder verlieren ihre Ideale schlicht durch Zynismus und Selbstbetrug. Alle Lebensentwürfe in diese Richtungen scheinen beides zugleich zu sein: Auswege aus der Schwebelage eines ganzen Volkes, zugleich aber auch selbst Varianten der Einseitigkeit und des Luftlebens. Der Verfasser führt hier unter der Überschrift »Luftmenschen« alle Wege für die kollektiven Gemeinschaften der Juden seiner Zeit vor, literarisch stets verbunden mit dem adoleszenten Suchen des jungen Maslow, dessen Aufgabe es zu sein scheint, zu bestehen, indem er »landet«: »Es ist schwer für unsereinen, der in seiner Werdezeit mit tausend Unbilden zu ringen hat, den Boden vorauszusehen, auf dem wir einstens landen.«

Solche Sätze evozierten den zionistischen Ausweg einer Emigration nach Palästina, der dann tatsächlich auf den letzten drei Seiten des Romans als Antwort erscheint. Doch diese Wendung am Schluss bleibt den handelnden Personen lange unklar. »Ich wurzele«, so lässt der Verfasser einen Protagonisten über Russland sagen, »mit meinem ganzen Sein in der Heimat und liebe sie mit all ihren Fehlern und Gebrechen, liebe sie in ihren hilflosen Versuchen, sich zum Lichte zu erheben. Ich kann nicht, wie manche andere, wurzellos in der Fremde fortleben«. Zugleich aber kritisiert der Roman das »Dunkele und Ungewisse« des Ostens, im aufgeklärten Westen dagegen die Tatsache, dass das Leben hier »in das Geleise der Kultur gezwungen« sei. Dort wird die Solidarität der Gemeinschaft gelobt, aber mitunter als »Hölle« beschrieben; hier der »Eigenwert« des Individuums gepriesen, der indes mit dem Gefühl erkauft ist, »wurzellos« zu sein. Wo nun aber die ›echte‹ und ›wahre‹ Heimat zu finden sei, wird erst in den letzten Dialogen des Romans deutlich, als sich Maslow schließlich dazu entschließt, nach Palästina auszuwandern, wo er »fruchtbare Arbeit und heilsames Vergessen« erhofft. Im Plädoyer für Palästina gab sich der Autor von »Luftmenschen« also als Anhänger von Theodor Herzls zionistischem Projekt zu erkennen und beantwortet so vordergründig die Fragen, die er im Romantitel aufgeworfen hatte.

Die bemerkenswertesten Passagen aber hatte dieser Roman gar nicht am Ende, sondern in den zuvor vorgeführten Optionen nach einem Ausweg aus den vielen unannehmbaren Dichotomien jüdischer Entscheidungen selbst. Und hier wiederum war es eine bis zum Schluss erwogene ›dritte Dimension‹ von Zusammenhalt jenseits von Geographie und Staatsbürgerschaft, die er besonders eindringlich darlegte. Dieses Abstrahieren von Zugehörigkeit bebilderte der Roman, indem er den gepriesenen »Heimatboden« zunächst gerade nicht geographisch oder territorial zu bestimmten versuchte, sondern als gedachten oder imaginierten Ort – als ›Luftort‹ sozusagen –, »in dem unser jüdisches Sein wurzelt«. Das »Leben in uns« ist die Instanz, die angerufen wird, eine nach innen geholte, »geistige Heimat« erscheint als Ausweg aus den Aporien, die der Roman zuvor entfaltet hatte. Dies wird in dem adorierenden Abschnitt über das traditionsbewusste deutsche Judentum deutlich, das sich in der Figur des alten Bergsen verkörpert, in dessen Wesen »etwas universell Jüdisches« lag und dort einen »Urgrund« bildete, der ihn keine »geographische Grenze innerhalb des Judentums« anerkennen ließ, so der Erzähler. »Für ihn war das Judentum der Zerstreuung eine fest gefügte, durch nichts zu sprengende Einheit.« »Jüdische Bodenständigkeit«, so legt diese Passage der Diaspora-Apologie des Romans nahe, sei »geistige Stetigkeit« plus Offenheit für die Entwicklungen der Zeit. Es sei »die alte Lehre in modernste Form gefasst«, nicht als Widerspruch gegen die Wissenschaft, sondern aus ihr natürlich erwachsend. Seinen jungen Helden aber ließ der Autor nach Eretz Israel in »unsere Heimat, die wir uns durch Arbeit erwerben«, auswandern, und hatte mit diesem Ende auch die letzte aller möglichen Entscheidungen der damaligen Zeit durchgespielt.

Phänomenologie des Schwebens

Schachnowitz' Bemühungen, die Fragen diasporischer Existenz und das in Palästina erhoffte jüdische Zusammenhaltsgefühl zu diskutieren, Bildungs- und Aufstiegshoffnungen zu legitimieren, Modernität und Glauben zu versöhnen, Volksverbundenheit und Individualität als gleichberechtigte Werte in einem Roman darzustellen, glich also einer Quadratur des Kreises. Und es scheint im historischen Rückblick gerade dies zu sein, was zur Wahl des Romantitels geführt hat. Sein Buch war dabei keineswegs die einzige Auseinandersetzung dieser Art, nicht einmal die einzige, die das Wort »Luftmenschen« im Titel trug. ›Grund‹, ›Boden‹ und ›Wurzel‹ als literarische Metaphorisierungen ihres realen oder vermeintlichen Fehlens waren große jüdische Themen der Zeit – literarisch nicht weniger als konkret politisch. Der Schriftsteller Israel Zangwill, 1864 in Bristol geboren und in London als Kind armer russischer Einwanderer aufgewachsen, veröffentlichte etwas früher eine Erzählung, die den englischen Titel »The Luftmentsh« trug und mit der er den Transfer des jiddischen Wortes ins Englische leistete. Zangwills Beobachtungen basierten auf dem Leben der aus Osteuropa ins Londoner Eastend eingewanderten Juden, deren literarischer Chronist er wurde, u.a. im Roman *Ghettokinder* (1892) und in dem später berühmt gewordenen Theaterstück *Melting Pot* aus dem Jahre 1897. Auf der Ebene der Phänomenologie unterschied sich sein Konzept des jüdischen »Luftmenschen« kaum von dem Schachnowitz', allerdings zog er aus seinen Beobachtungen nicht dieselben intellektuellen und politischen Konsequenzen. Wie Schachnowitz war Zangwill über Jahre hinweg Anhänger Theodor Herzls und unterstützte dessen »Altneuland«-Projekt, den »bodenlosen« und »heimatlosen« Juden auf der Welt nun in Palästina ihr eigenes Land zu erringen. Bis zur Zurückweisung des Uganda-Plans durch den Zionistischen Kongress 1905 unterstützte Zangwill Herzl uneingeschränkt. Danach gründete er aber selbst eine der vielen zeitgenössischen *Jüdischen Territorialistischen Organisationen*, deren Ziel es war, nicht in Palästina, sondern an irgendeinem Ort auf der Welt Grund und Boden für eine jüdische Besiedlung zu erwerben, ein heute nur noch wenig bekanntes Vorhaben, das in Galveston/Texas begonnen wurde.

»Luftmenschen«, so können wir diesen ähnlichen, in ihren politischen Folgerungen jedoch durchaus konträren Begriffsverwendungen entnehmen, waren im innerjüdischen Diskurs eine Chiffre für das, was das 19. Jahrhundert mit der »Judenfrage« dem 20. Jahrhundert als Erbe übergeben hatte. Nun aber stand gerade diese Frage durch die historische Entwicklung zur Hochmoderne zunehmend unter dem verschärfenden Druck eines ethnisch argumentierenden Nationalismus. Prozesse der Säkularisierung, zunehmende berufliche Spezialisierung und soziale Mobilität, allgemeine Verstädterung und Anonymisierung bei zeitgleicher Individualisierung, sowie transnational ausgreifende Netze von Wissenschaft, Handel, Verkehr und Kommunikation veränderten nicht nur die Wirklichkeit, sondern auch deren Wahrnehmung. Der Roman von Schachnowitz kann vor diesem Hintergrund ebenso wie die Erzählung Zangwills als früher Seismograph einer Entwicklung gelten, deren Problematik für die jüdische Minderheit andere Bedeutung hatte als für die sie umgebende Mehrheitsgesellschaft. Viele andere Schriftsteller sollten später über »frei schwebende« Menschen schreiben, zu nennen wären etwa Henry Roths *Call it Sleep* (1934), Daniel Fuchs' zweiter Band der *Williamsburg Trilogy* (*Homage to Blenholt*) aus dem Jahre 1936 oder Saul Bellows 1944 erschienener Erstlingsroman *The Dangling Man* – und auch diesen hier genannten Texten von Migranten und deren Kindern wären weitere an die Seite zu stellen. Ein solches Spektrum von jüdischen wie nichtjüdischen Texten speiste sich aus der alten literarischen Tradition des »überflüssigen Menschen« und es ist deshalb kaum verwunderlich, dass noch Paul Auster die Vorstellung von »Luftmenschen« postmodern reflektiert hat und sie in seinen literarischen Gestalten der Ziellosigkeit, des Wanderns und Ausgestoßenseins im New York der 1980er und 90er Jahre als bekannten Topos der amerikanischen Literatur des 20. Jahrhunderts weitergeführt hat, beziehungsweise zitiert.

Doch die hier nur anhand weniger Beispiele angedeutete Tradition literarischer Begriffsverwendungen soll nicht den Eindruck erwecken, als ob es sich hier lediglich um ein Motiv oder um ein Bild im ästhetischen Kontext von Kunst und Literatur gehandelt habe. Das Gegenteil ist der Fall. Der Terminus »Luftmenschen« findet in den Quellen des späten 19. und frühen 20. Jahrhundert in ›weichen‹ wie auch ›harten‹ Quellen-Gattungen Verwendung und dies nicht nur, aber vornehmlich in jüdischen Kontexten. So kehrt er in bekannten Neugründungen der Zeitschriften *Ost und West* und in Martin Bubers *Der Jude* ebenso häufig wieder wie in den viel gelesenen *Neuen jüdischen Monatsheften*, in zionistischen Journalen wie *Palästina* und *Der Morgen* ebenso wie in der von Arthur Ruppin in Berlin verlegten *Zeitschrift für Demographie und Statistik der Juden*. Er ist hier überall vorwiegend als Beschreibung eines Defizits mit dem impliziten Vorwurf bzw. Selbstvorwurf der »Unnatürlichkeit« gebräuchlich, es finden sich aber auch neutrale Beschreibungen und nicht zuletzt auch Versuche einer positiven Rückgewinnung seiner Semantik.

»Luftmenschen« – das war um 1900 in jüdischen Debatten der nachgerade zur stehenden Rede gewordene Begriff im Hinblick auf die realhistorische Situation Juden Osteuropas, deren Armut, Mittel- und Berufslosigkeit zu einem weit verbreiteten Solidaritäts-Schrifttum westlicher Juden geführt hatte. Dies wird exemplarisch in der berühmt gewordenen Rede Max Nordaus vor dem 5. Zionistischen Kongress in Basel am 27. Dezember 1901 greifbar, in der er die jüdischen »Luftmenschen« als einen osteuropäischen Typus beschrieb, der »am Rande des normalen Wirtschaftslebens zwischen Berufsbettlertum und Verbrechen« umherschwanke und »künstlich von jeder ergiebigen Arbeit ausgeschlossen« werde. Nordau rief seinen Zuhörern in Basel zu:

»Viele Luftmenschen ergeben zusammen ein Luftvolk. In der Tat, das jüdische Volk ist ein Luftvolk. Buchstäblich, denn es hat keinen Fußbreit eigenen Bodens und hängt vollständig in der Luft, bildlich, denn es hat keinen festen wirtschaftlichen Boden unter seinen Füßen und lebt, wie der einzelne Luftmensch, von Tag für Tag von Wundern und fabelhaften Zufällen, nicht von einem regelrechten, sichern [sic] Erwerb.«

Hier waren die drei wesentlichen inhaltlichen Bestimmungen zur zeitgenössischen Begriffsverwendung zusammengeführt worden, die den Zusammenhang von Juden und »Luftmenschen« konstruierten: erstens, das aus dem traditionellen Vorwurf der »Zerstreuung« erneuerte Stigma, keinen eigenen Staat zu haben; zweitens die notorische wirtschaftliche Not in Osteuropa, die dazu führe, dass russische, galizische oder rumänische Juden zu Hunderttausenden von der Hand in den Mund – »von Luft« – lebten, sowie, drittens, die aus der prekären Wirtschaftssituation resultierende Berufsstruktur der ›umgekehrten Pyramide‹, also die zeitgenössische Kritik an der Sozialstratifikation jüdischer Arbeit, die wenig »Urproduktion« (Landwirtschaft, Ackerbau, Viehzucht, Handwerk) aufweise, dagegen stark in Wirtschaftszweigen des Handels und des Verkehrs vertreten sei – dessen also, was zeitgenössisch die »Zirkulationssphäre« genannt wurde. Der Begriff »Luftmensch« hat in diesen drei Bestimmungen so etwas wie seinen semantischen Kern, er setzte sich aber zunehmend auch in der Beschreibung des assimilierten westeuropäischen Judentums durch – hier dann, wie am Roman von Schachnowitz gezeigt, umgekehrt in der Bedeutung des Verlustes von Religion und verloren gegangener kollektiver Zusammengehörigkeit.

Für die Phänomenologie der Metapher ist darüber hinaus festzustellen, dass sie nicht nur in Zeitschriftenliteratur, in Publizistik oder in den tagespolitischen Auseinandersetzungen verwendet wird, sondern auch in zentralen politischen Texten der hier fokussierten Jahrzehnte so etwas wie einen universalen Erklärungsanspruch für die Vorstellung vom Schweben oder Fliegen eines Volkes erlangte. Dies gilt zum Beispiel für den frühzionistischen Appell *Autoemanzipation* (1882), den der russische Arzt und Politiker Leon Pinsker formulierte und in welchem er den Begriff des »Judengespensts« für die Beschreibung der russischen Judenheit gebrauchte. Diese Formel vom jüdischen »Gespenst«, die rhetorisch die semantische Differenz von ›Geist‹ und ›Geist‹ verwischte, wurde bereits vor Pinsker von Moses Hess und von Arthur Schopenhauer und nach ihm auch von Moritz Goldstein verwendet – und somit zum Teil einer Metaphorik des Schwebens, die das Ewige, sozusagen »Untote«, mit der Vorstellung des Unheimlichen und des Gefährdet-Unbeständigen vereinigte. Im Zeitalter des Nationalismus konnte so über den Verlust des Vaterlandes, die politische Unselbständigkeit seit der Antike und über die Dichotomie von »lebenden Nationen« und der »unheimlichen Gestalt« des Judentums reflektiert werden, als welche das »Judengespenst« anderen Völkern vorkomme: Es höre nicht auf, so Pinsker, »geistig als Nation fortzubestehen«, ganz so, als ob es »unter den Lebenden wandelt.« Im Kontext der historischen Situation galt es offensichtlich für Pinsker, die soziale Not der russischen Juden, die Sorge vor brutalen Übergriffen in Pogromen und die historisch zu reflektierenden Gründe für beides auf den Begriff zu bringen – und er tat dies, indem er nach einem »Luftmenschen«-Bild griff.

Vor diesem Hintergrund verwundert es nicht, wenn auch der Schlüsseltext jüdischer Selbstverständigungsdiskurse um 1900 – Theodor Herzls *Der Judenstaat* (1896) –

einen textuellen Zusammenhang mit der »Luftmenschen«-Semantik aufweist. Nicht nur, dass Herzl in Wien beim Verfassen seines »Versuchs einer modernen Lösung der Judenfrage« am 12. Mai 1896 im Tagebuch das Ideal des »Schwebens« und der Bewegung notierte:

»Grosse Dinge brauchen kein festes Fundament. Einen Apfel muss man auf einen Tisch legen, damit er nicht falle. Die Erde schwebt in der Luft. So kann ich den Judenstaat vielleicht ohne sicheren Halt gründen und befestigen. Das Geheimnis liegt in der Bewegung. (Ich glaube, dahinaus wird auch irgendwann das lenkbare Luftschiff gefunden werden.) Das Schwere, überwunden durch die Bewegung; und nicht das Schiff, sondern dessen Bewegung ist zu lenken.«

Zeitgleich schrieb Herzl, der sich bis zu seinem frühen Tod mehr als Schriftsteller denn als Politiker und Funktionär verstanden hatte, auch an einer philosophischen Erzählung mit dem Titel »Das lenkbare Luftschiff«. In dieser machte er weniger die Geschichte der Erfindung zum Thema, denn es gab zu dieser Zeit nur die literarischen Phantasien eines Jules Verne; vielmehr fokussierte er das Unverständnis, welches dem Erfinder entgegenschlug und schrieb damit eine Parabel auf seine eigene Utopie des »Judenstaates«, bzw. dessen Verhältnis zur Realität. Auch am Ende des ersten Teils seines Romans *Altneuland* wird dieses »lenkbare Luftschiff« zur Metapher der Utopie schlechthin – ja, Herzl nannte sein dünnes Buch *Der Judenstaat* selbst eine »Schrift, die fliegen soll« und der er durch die Wahl der Textsorte ›Aphorismus‹ die Aufgabe zugedacht hatte, die »Schwerfälligkeit« ihres Inhalts zu überwinden.

Von Ironie zu Ernst – Wandlungen der Metapher

Die kulturelle und geschichtliche Wahrnehmung jüdischer Existenz nach 1900 wurde allerdings in einem zunehmend kritischen und negativen Modus vorgebracht, der sich längst nicht mehr nur auf Armut bezog oder Gedankenspiele der Luftdimension als Elementarmetaphern eines neuen Selbstverständnisses ausprobierte. Schon das »Nichtnationale« und »Nichtstaatliche« der europäischen Judenheiten war ja keine an die soziale Frage gebundene Problematik galizischer, polnischer oder russischer Juden in Lemberg, Warschau oder Mstislawl. Die wahrgenommene oder vermeintliche Antithese zu Scholle, Boden, Land und Staat bestand ja bereits in der grundsätzlichen Herleitung der Begründungsfiguren von »Judentum« überhaupt – also in der Frage, mit welchem einheitlichen Begriff die Vielfalt an Wirklichkeiten jüdischer Existenz und Zugehörigkeit in Europa vorzunehmen war: Religion oder Volk? Kultur oder Rasse? Universalität oder Partikularität?

Die Metapher von jüdischen »Luftmenschen« wurde somit in der Tat immer weniger nur als Bild für die soziale Lage osteuropäischer Juden oder als literarisch formuliertes Modell ironischer Selbstwahrnehmung verstanden, sondern wandelte sich mehr und mehr zu einem Diskurs, der sich selbst beim Wort nahm, »ernst« machte, zur Fundamentalkritik am Judentum insgesamt wurde – und das unabhängig davon, wer sie verwendete.

Deutlich wird dies schon in Otto Weiningers kurz nach der Jahrhundertwende erschienenen Sensationserfolg *Geschlecht und Charakter*, in welchem er das jüdische Kollektiv als »Grenzverwischer« par excellence und ein »über eine weite Fläche ausgebreitetes, zusammenhängendes Plasmodium« bezeichnet hat – nicht realiter, wohl aber der Idee nach, worauf Weiniger in seinem Text immer wieder verwies. Die Charakteristika dieser »Kategorie« des Jüdischen, so der Autor weiter, sei durch Formlosigkeit, Vieldeutigkeit, Veränderungsfähigkeit, Beweglichkeit, »Zweiheit oder Mehrheit«, Ambiguität, »Duplizität« und »Multiplizität« – dies alles zentrale Vokabeln dieses Kapitels – gekennzeichnet, also durch Gegenbegriffe zu Form, Eindeutigkeit, Einheit und Essenz, bzw. deren Symbole Erde, Boden, Land und Scholle. Weiningers viel zitierte Ausführungen haben nun einen eigenen Forschungszweig nach sich gezogen, der hier nicht diskutiert werden kann. Im vorliegenden Zusammenhang ist es aber von Interesse, dass seine Begriffe und Kollektivbilder über das »Rätsel« des Judentums explizit in einem Zwischenraum zwischen den Extremen situiert werden, d.h. irgendwo zwischen ›Erde‹ und ›Himmel‹, ›Irreligosität‹ und ›Glauben‹ in einem – wie er schreibt – »schwebenden Nichts«, also in ›Luft‹.

Diese negativer werdende Bedeutungsverwendung der Luft-Metaphorik zeigt sich auch in Theodor Lessings Darlegungen zum »jüdischen Selbsthass«, in denen er ebenfalls, wie zuvor Otto Weininger, ›falsche‹, ›einseitige‹ und eine »spezifisch jüdische« Intellektualität in Verbindung mit »Luftmenschen« brachte, in diesem Zusammenhang aber bekanntlich diesen in die Galerie der »Gleichgewichtslosen« mit aufnahm. Damit knüpfte Lessing an eine stark ideologisierte und vom Antisemitismus bereits als selbstverständlich gehandelte Ansicht an, der die Rhetorik vom »Luftmenschen« dem jüdischen Selbstverständigungsdiskurs mehr und mehr zu entwenden begann. Lessing aber interessierte sich noch für das Phänomen der intellektuellen Heimatlosigkeit von Juden, bzw. für den Punkt, wo diese sich gegen die eigene Person richtete. Diese Autoaggressivität nannte der Verfasser »mittelpunktflüchtig« und er illustrierte sein Vorhaben mit sechs »symbolischen Gestalten«, die, ihm zufolge, das Phänomen des »jüdischen Antisemitismus« einsichtig machten. Er zeichnete in diesen biographischen Miniaturen das Bild von vergessenen Einzelnen, ihrer »fruchtlosen Arbeit und hoffnungslosen Qual«, Menschen, die »gleichsam auf Telegraphendrähten lebten, zwischen den Völkern schwebten und nur Luftwurzeln schlagen konnten in den Geist.«

Im Anschluss an die seinerzeit noch in hohem Ansehen stehenden Befunde der Forschungen aus dem Bereich der »Völkerpsychologie« avisierte er eine »Pathologik unserer Volksseele«, eine Selbstbezüglichkeit und Selbstreflexivität, die noch »die Schuld am Weltgeschehen einzig in sich selber« suche. Das Ziel seiner Fundamentalkritik war in diesem Zusammenhang die Konstruktion des sich selbst entfremdeten Juden, der sein

Judentum in der »modernen, freigesinnten, liberalen, fortschrittlichen, hochkultivierten« Umgebung in Berufe konvertiert habe, wie »Forscher«, »Professor«, »Theaterlenker« oder »Schriftsteller«. Bei Lessing wurden offensichtlich bereits intellektuelle Tätigkeit und Berufe der Herstellung von Öffentlichkeit und Kommunikation zu Belegen für jüdisches »Luftmenschentum«. Alle seine – im Einzelnen grundlegend verschiedenen – Beispiele der »Entwurzelten« lassen sich in den beiden Sätzen zusammenfassen: »Der Jude steht draußen« und: »Keine Erde trug ihn«; »Luftmenschen« eben – außerhalb und oberhalb der Normalwirklichkeit existierend, deren Scheitern er mit Abscheu als Sturz von »Gleichgewichtslosen« und »Schwindelnden« beschrieb – von Höhenflügen des Geistes auf dem Boden der Realität zerschellend.

Der Begriff »Luftmensch« war zu einem Gegenbegriff geworden, von dem man sich abzugrenzen hatte. In genau dieser Funktion bildet er auch das implizite Interpretationszentrum der sich aufwendig materialistisch gebärdenden »Jüdischen Statistik« von Arthur Ruppin oder Arthur Cohen. Ihre zahllos publizierten demographischen Statistiken und biologistischen Nachweise jüdischer Bodenverbundenheit suchten nicht nur die Palästina-Auswanderung vorzubereiten, sondern beabsichtigten auch jenseits ihrer zionistischen Zielsetzung einen allgemein-wissenschaftlichen Nachweis zu führen, auf welche Weise das Judentum in zukünftigen Generationen jegliche Nähe zu seiner verderblichen »Luftmenschen-Mentalität« hinter sich zu lassen habe.

Ruppins Ansatz der Quantifizierung jüdischer Lebenswelten war dabei natürlich Folge eines wissenschaftlichen Habitus der Zeit, nach welchem Massenphänomene nur noch mit Rückgriffen auf Ökonomie, Biologie und Anthropologie erklärbar schienen. Eine diasporische Lebensform wie die der Juden, erschwerte dabei die Beantwortung der Frage nach Herkunft und Volks-Charakteristik, Identität und Alterität – und stand somit zur Kritik. Es ging insgesamt um »Rhythmus, Maß und Ordnung«, so eine Formulierung von Arthur Cohen in seinem Grundlagenartikel »Statistik und Judenfrage« aus dem Jahre 1905. Das wissenschaftliche Interesse an Judentum und Juden hatte sich dergestalt von Religion und Philosophie auf Ökonomie und Sozialstratifikation verwandelt – eine Verschiebung, die aus den Fragen der traditionellen Wissenschaftsdisziplinen ein weit verzweigtes, interdisziplinäres Metafach konstituierte, für dessen Charakterisierung heute unvollständige Umschreibungsversuche benötigt würden, etwa »Soziologisierende Kollektivkonstruktionen«, »statistische Völkerpsychologie«, »theoretische Ethnographie« oder auch »Wissenschaft von Rassenmerkmalen«. Diese Bezeichnungen, die allesamt noch mit der diffusen zeitgenössischen Mehrdeutigkeit versehen waren, stellten insgesamt eine Synthese aus materialistisch und biologistisch argumentierenden Sozialwissenschaften dar, und in diesem Kontext änderte sich auch die Bedeutung und Bewertung dessen, was an jüdischen »Luftmenschen« kritisiert wurde und wie diese »produktiv« zu machen seien.

Die Verschiebung des Interesses von Religion zu »Rasse« vereinigte Altes mit Neuem, Geschichte und Sozialanthropologie, Soziologie und Ethik, Medizin und Pädagogik, Psychologie, Sprach- und Rechtswissenschaft und entwickelte sich in der Summe eher zu einem Argumentationsstil als zu einem einzelnen wissenschaftlichen Fach. Ruppins Bemühungen, vornehmlich im Rahmen des von ihm gegründeten *Vereins für jüdische Statistik* in Berlin, wandten sich zwischen 1902 und 1925 insgesamt gegen das von ihm mit der Diaspora gleichgesetzte jüdische »Luftmenschentum«. In seinen Erinnerungen berichtete er von der Schlüsselfunktion, die eine »Studienreise nach Galizien« für seine Auffassung von der »Judenfrage« gehabt habe. Sein bekanntestes Buch, *Die Juden der Gegenwart* (1904), dessen ursprüngliches Manuskript noch den Universalerklärung reklamierenden Titel *Die Juden in Vergangenheit, Gegenwart und Zukunft – Geschichtliche Skizze der Entwicklung der Juden mit besonderer Berücksichtigung ihrer ökonomischen Bedeutung und ihrer Stellung zu den hauptsächlichen Prob-*

lemen der Gegenwart gelautet hatte, enthielt wesentliches Material von dieser Reise: »Unter den in Galizien existierenden 800.000 Juden befinden sich trotz einer riesigen Auswanderung tatsächlich 600.000 sogenannte ›Luftmenschen‹, d.h. Leute, die nicht wissen, wovon sie den nächsten Tag leben sollen.« Sein Gegenmodell markierte somit ein solchen Befunden entgegen gesetztes Erziehungsideal, das nicht mehr nur soziale Hilfsleistungen organisierte oder die Armut bekämpfen wollte, sondern die umfassende Konversion eines »neuen Menschentyps« an die Erfordernisse der Moderne verfolgte, nach welcher Juden durch den Dreiklang von eigenem Boden, geistiger Heimat und körperlicher Arbeit endlich auch jene Eindeutigkeit erlangen sollten, die ihnen in der Diaspora abhanden gekommen seien.

Auch die sozialistische Programmatik konnte den Zusammenhang aus jüdischem »Luftmenschentum« und falscher ökonomischer Ordnung mittels Erhebungen, Quantifizierungen und Statistik zum Thema machen. In einer kleinen Schrift, die der heute kaum noch Spezialisten bekannte Ber Borochov über *Die wirtschaftliche Entwicklung des jüdischen Volkes* zur gleichen Zeit vorlegte, beschrieb der Poale-Zion-Theoretiker eines zionistischen Sozialismus seine Analyse der »allgemeinen, historischen Eigenschaften jüdischer Ökonomik«, die er als »Luftwirtschaft« kennzeichnete – mit all ihren existentiellen Auswirkungen auf das jüdische »Luftleben«. Ausgangspunkt war die von Karl Marx entlehnte Gegenüberstellung von »Boden« und »Arbeit«, Naturproduktion und arbeitsteiliger Industrialisierung, deren Verhältnis zu einander Borochov als System kommunizierender Röhren beschrieb, denn je mehr sich die Industrie entwickele, um so größer werde »der Posten ›Arbeit‹ und entsprechend kleiner der Posten ›Boden‹« – ein Hauptcharakteristikum der jüdischen Produktion, so der Verfasser. Den zweiten Hauptzug in dieser völkerpsychologischen Wirtschaftstheorie entwickelte er durch die Zweiteilung des Arbeitsbegriffs, der stets aus körperlicher Handarbeit und aus »Kopfarbeit«, aus »geistiger« Arbeit bestehe.

Borochov stellte für die jüdische Wirtschaft eine sich gegenseitig verstärkende doppelte Negativentwicklung der »Bodenfremdheit« fest, nach der es, erstens, ein Übergewicht der Arbeit gegenüber Bodenbesitz und zweitens ein Übergewicht der geistigen gegenüber der körperlichen Arbeit gebe. Seine Statistiken listeten jüdische Arbeit »nach Maßgabe ihrer Entfernung von der Natur« auf – kaum Landwirtschaft, denn 70–80 Prozent der Juden, so Borochov »leben von Menschen«.

So lautete denn sein »Gesetz der jüdischen Wirtschaft«, dass »je weiter ein Beruf von der Natur entfernt« sei, desto mehr konzentriere sich in diesem Beruf die jüdische Arbeit, und er kommentierte drastisch:

»Wie wenn die Juden von einer unermüdlichen historischen Peitsche immer weiter von der Erde und der Natur getrieben wären, immer höher in die Regionen der verdünnten sozialen Luft! Wie wenn eine bittere historische Verschwörung die jüdischen Massen in den Ketten der ökonomischen Entwurzelung hielte und dem Boden immer mehr entfernte!«

In all diesen auf die Wirtschafts- und Sozialsituation von Juden abhebenden Verwendungen des Begriffs »Luftmenschen« – den kulturphilosophischen, den politisch-zionistischen wie den wirtschaftstheoretischen – waren zwar Beobachtungen zur sozialen Lage der Juden enthalten, viel mehr aber universalisierten sich diese Befunde und erhielten eine Konstruktion des Bildes von Juden, die weniger der Armut selbst, als vielmehr jener strukturellen »Krankheit« der »Naturentfremdung« und des »Exterritorialismus« im weitesten Sinne galten. So erweiterte und verengte sich die Metapher vom »Luftmenschen« gleichzeitig zur Vorstellung von einer Mentalität, die sich sozusagen in »falschen« Berufen des Austausches, der Kommunikation und der Schrift zentrierten. Solche erweiterten Engführungen kritisierten nicht nur die gleichsam »vormoderne« osteuropäische Armut oder das mit ihr verbundene jüdische Gottvertrauen, sondern der Begriff »Luftmensch« erschien offensichtlich umgekehrt immer brauchbarer, um auch spezifische Charakteristika jüdischer Existenz in der Moderne zu umschreiben – und dies ging einher mit einer Abkoppelung der ironischen Ursprünge des Begriffs, wie sie in der »goldenen Phase« der jiddischen Literatur vor allem durch Scholem Alejchem begründet worden war.

›Raumordnungen‹ als Ideologie der Judenfeindschaft

Der ideologische wie der politische Antisemitismus trennte diesen nicht mehr wahrgenommenen, unverstandenen oder vergessenen Zusammenhang gänzlich ab. In Texten antisemitischer Autoren kann von den für den innerjüdischen Verwendungskontext so typischen Elementen der Ironie oder ihrer Funktion zur rhetorischen Distanzierung von der Realität der Gegenwart keine Rede mehr sein. Der vorherige Abschnitt zeigt vielmehr, dass in den ideologischen Frontstellungen der Moderne die Metapher des »Luftmenschen« auch im jüdischen Diskurs essentialisiert werden konnte – mit allen damit zusammenhängenden Auswirkungen auch auf die Verwendung des Begriffs, der zudem in der zeitgenössischen antisemitischen Literatur nicht selten mit Verweisen und Zitaten auf jüdische Autoren tradiert werden konnte.

Die vielfachen Variationen über »nomadisierende« Juden und ihre Entwurzelung, ihr »Wandertrieb« (Werner Sombart), ihre vorgebliche Affinität zur ›abstrakten Welt‹ von Geld, Börse und Finanztransfer, ihr »zersetzender« Einfluss auf traditionelle Werte und herkömmliche Sozialstrukturen oder über ihre »Unfähigkeit«, körperliche Arbeit zu verrichten, ist in den einschlägigen Quellen von ansonsten ganz unterschiedlichen Autoren und Textsorten so gängig, dass dies hier mit Verweis auf die Forschungen zum Antisemitismus des späten 19. Jahrhunderts keiner eingehenderen Beweisführung bedarf. Ob man Otto Glagau zitieren möchte, der die Juden als »geborene Gegner der Landwirtschaft« bezeichnet, Paul de Lagarde, der eine »prinzipielle Abneigung« von Juden gegen Ackerbau festzustellen meinte oder später Peter-Heinz Seraphim, in dessen voluminöser Darstellung *Das Judentum im osteuropäischen Raum* von 1938 dasselbe im wissenschaftlichen Habitus der Volkswirtschaftslehre vorgetragen wird – im Zeitalter vollzogener Emanzipation, in welchem die jüdische Minderheit nicht mehr sichtbar von der nichtjüdischen Mehrheit unterschieden werden konnte, verschoben sich die Insinuationen über Juden von der Kritik über ihre Differenz auf die Denunziation ihres »Geistes« und ihrer inneren – eben unsichtbaren – Eigenschaften.

Die Metaphorik bemächtigte sich nun des Raums. In *Der Leviathan* schrieb Carl Schmitt 1938 – im selben Jahr also, in dem Seraphim sein in Text, Fotos und Statistiken Juden als »Überschußbevölkerung« denunzierendes Buch vorlegte – über die Macht der Metapher, dass »keine noch so klare Gedankenführung gegen die Kraft echter, mythischer Bilder« aufkomme und tatsächlich bedeutete aus antisemitischer Perspektive die Zusammensetzung der beiden Worte »Luft« und »Menschen« und ihr Bezug auf Juden, dass hier Raumordnungen verteidigt, bzw. zugewiesen wurden. Schmitt prägte als das Zu-Verteidigende den Begriff »Landtreter« und kann insgesamt als das prominenteste Beispiel all jener gelten, die in den 30er und 40er Jahren des 20. Jahrhunderts »wieder auf die elementaren Ordnungen« eines »terrestrischen Daseins« verwiesen. Setzt man die Fragmente jener antisemitischen Stereotype und die Ideologie des gegen Juden zu verteidigenden Erdraums zu einem Ganzen zusammen und entkleidet sie ihrer jeweiligen vorgegebenen und oberflächlichen Rationalitäten, erhält man das Bild des jüdischen »Luftmenschen« also auch hier – übernational und nicht »staatsfähig«, unterwegs statt verwurzelt, abstrakt-intellektuellen Maximen folgend aber ohne »organische« Fähigkeiten. All diese Dichotomien wurden als antagonistische Symbolräume von »Erde« und »Luft« gegeneinander gestellt.

Stets ging hier der Vorwurf der ›Bodenlosigkeit‹ mit der vorgeblichen Affinität von Juden zu Luft einher und deren Bild wurde nun assoziierbar mit »Überflüssigkeit«. Diese Semiotik des Antisemitismus ist noch nicht Thema einer umfassenden Studie geworden, sie hätte aber die dramatische Konversion von ideologischen Raumordnungen zum Ausgangspunkt zu nehmen, die Juden als »Luftmenschen« konzeptualisierte und ihnen mit einem bereits ›Tradition‹ gewordenen Arsenal von Argumenten, Bildern und Metaphern ein Lebensrecht auf der Erde mehr und mehr abzusprechen begann. »Gleichgültig, wie die Juden an sich beschaffen sein mögen«, so Max Horkheimer und Theodor W. Adorno in der *Dialektik der Aufklärung*, das Bild der Juden trug Züge, die »Todfeindschaft« einbrächten: Glück ohne Macht, Lohn ohne Arbeit, Heimat ohne Grenzstein, Religion ohne Mythos.

In der Tat, Juden »Luftmenschen« zu nennen, bedeutete vor diesem Hintergrund inzwischen weniger, einem böswilligen Motiv oder einer ungeläuterten Emotion Ausdruck zu geben, sondern in der Semantik des Begriffs zeigte sich inzwischen eine präfigurierende Art und Weise des Sprechens über Juden insgesamt, genauer: das Konzept des Begriffs und die Epistemologie der Wahrnehmung fielen in eins. Die politisch gewordene Kategorie der »Überflüssigen« hat Hannah Arendt dabei in ihrem provozierenden neunten Kapitel von *Elemente und Ursprünge totaler Herrschaft* (1951) beschrieben, als sie das Ende der Menschenrechte zum Thema machte und die Juden der Zwischenkriegszeit in den allgemeinen »Scharen von Flüchtlingen und Heimatlosen« als »absolute Minderheit« beschrieb: Wer aus der »alten Dreieinigkeit von Volk – Territorium – Staat herausgeschlagen« wurde, blieb, so Arendt, arbeits-, staaten-, heimat- und rechtloser »Luftmensch«. Hier wurde deutlich, wie das »Überflüssigwerden« auf die einzelnen und kollektiven Katastrophen vor der Katastrophe und somit bereits auf den Zivilisationsbruch (Dan Diner) selbst voraus wies – also auf einen Bereich, in welchem nicht mehr nur eine unverstandene Realität mit Metaphern bebildert wurde, sondern umgekehrt die »blind und scharfsinnig« betriebene Angleichung der Realität nach der begrifflichen Vorstellung erfolgte. Die Metapher erhielt Macht über die Wirklichkeit, oder mit einem weiteren Zitat von

Horkheimer und Adorno formuliert: »Dass einer Jude heißt, wirkt als Aufforderung, ihn zuzurichten, bis er dem Bilde gleicht.«

So besehen verdichtete sich das semantische Bedeutungsfeld von »Luftmenschen« seit dem Beginn des 19. Jahrhunderts parallel zur Ausbildung der modernen, kapitalistischen Welt und findet seit den 1860/70er Jahren hierfür den Begriff, der im frühen 20. Jahrhundert eine auffällige Konjunktur aufweist und in den 30er und 40er Jahren in Deutschland politisch »wörtlich« genommen wird. Jetzt implodierte die Geschichte der Metapher, die nun das Narrativ einer sich zunehmend radikalisierten Rede- und Denkform aufwies und die Ebene bloßer Vergleiche oder verkürzender Bilder längst hinter sich gelassen hatte, zugunsten einer allgemein Erkenntnis versprechenden Wahrnehmung jüdischer Themen insgesamt. Der in diesem Band vorgestellte Diplomat und Minderheitentheoretiker Leo Motzkin beschrieb bereits 1933 als aufmerksamer Beobachter Deutschlands und als entsetzter Zeitgenosse eine Politik, deren Ziel es war, »Luftmenschen« zu produzieren, als er den antijüdischen Radikalisierungsprozess des soeben erst zur Macht gekommenen Nationalsozialismus in die europäische Öffentlichkeit zu tragen versuchte:

»50.000 Juden haben Deutschland geflohen. ›Die Ausmerzung der Überzahl jüdischer Intellektueller aus dem Kultur- und Geistesleben Deutschlands‹, die sich Herr Hitler gewünscht hat, ist gelungen. Zwanzigtausend Professoren, Beamte, Rechtsanwälte, Ärzte, Zahnärzte, Architekten, Ingenieure, Journalisten, Schauspieler sind ›ausgeschaltet‹, das heißt um Beruf und Brot gebracht. [...] Erst verloren sie die Existenz, dann wanderten sie aus. [...] Ein weiterer Teil der Juden, selbständige Geschäftsleute, Aufsichtsräte, Direktoren und leitende Angestellte haben Konkurs gemacht, verkaufen müssen, ihre Position verloren. Noch ein weiterer Teil, Angestellte und Arbeiter, sind gekündigt und entlassen worden. [...] Viele aus allen diesen Teilen zehren ihre Ersparnisse auf, leben vom Verkauf ihrer Möbel, von Unterstützungen ausländischer Juden. Es wird auch in der nächsten Zukunft nicht an Selbstmorden fehlen. Sehr viele werden morgen ›Luftmenschen‹ sein, wenn sie es nicht schon heute sind.«

Im Epochenjahr 1933 wird in dieser Beschreibung also mit dem Begriff »Luftmenschen« die gewaltsame Umkehrung von Wirklichkeit und Bild angeprangert und diese Umkehrung muss selbst Teil der historischen Analyse werden. Eine solche hätte dann vor allem die nationalsozialistische Bevölkerungspolitik im Zweiten Weltkrieg als ein Verfahren zu untersuchen, in der Menschen verfolgt wurden, die man zuvor ideologisch, wissenschaftlich und politisch für »überflüssig« deklariert hatte oder die im Arendt'schen Sinne bereits als reale Folge einer gegen die »absolute Minderheit« der Juden gerichteten Politik zu »Luftmenschen« geworden waren. Denn keine Arbeit könnte vor dem Hintergrund der hier nur angedeuteten Radikalisierung an den erst folgenden späten 30er und frühen 40er Jahren vorbei sehen, die den Literaturwissenschaftler und Philosophen George Steiner dazu bewogen haben, die Bedeutung des Begriffes »Luftmenschen« nicht mehr nur auf die von Deutschen zu Beginn des »Dritten Reiches« vorgenommenen juristischen Strangulierungen und realen Vertreibungen zu beziehen, sondern *expressis verbis* auf die in den Konzentrationslagern vorgenommene Massenmorde. Dieser »Nazi-Begriff«, so Steiners Interpretation, wurde erfunden, »um die Luft und die Erde ›judenrein‹ zu machen«, »um jeden jüdischen Mann, jede jüdische Frau und jedes jüdische Kind (auch das ungeborene) in Asche zu verwandeln, die man in den Wind bläst.« Mit dieser nur etymologisch unstimmigen, erkenntnistheoretisch aber konsequent durchgeführten Worterklärung könnte man somit in der Tat sagen, dass in den Krematorien die Metapher eine abschließende Semantik erhält, die die Entstehung und Verwendung ihrer Vorgeschichte zugleich verdichtet, verkehrt und verdeckt. Hier hieß – und dies umso mehr, wenn man den Vers Paul Celans vom »Grab in den Lüften« bedenkt – »Luftmensch« dann in einem ganz unmetaphorischen Sinne die gewaltsame Verwandlung von Menschen in Luft.

Quellen und Literatur

Der am Anfang analysierte Roman *Luftmenschen. Roman aus der Gegenwart* (Frankfurt a.M. 1912) von Selig Schachnowitz ist heute so gut wie vergessen, wird zumindest nie zitiert; Israel Zangwills »The Luftmentsh« wird beläufig erwähnt in: Leo Rosten, Jiddisch. Eine kleine Enzyklopädie, München 2002 (hier 352); der Hinweis auf die Tradition des literarischen Topos vom »Mensch in der Schwebe« bis hin zu Saul Bellow und Paul Auster erfolgt mit Berufung auf: Roy Goldblatt, Postmoderne Luftmenschen im Werk Paul Austers, in: Andreas Lienkamp/Wolfgang Werth/Christian Berkemeier (Hg.), »As Strange as the World«. Annäherungen an das Werk des Erzählers und Filmemachers Paul Auster, Münster 2002, 13–24.

Die Metapher vom »Luftmenschen« hat bisher noch kein umfassendes Forschungsinteresse gefunden, sieht man einmal von den beiden Arbeiten Desanka Schwaras ab, die jedoch vornehmlich den Aspekt der Armut fokussiert: Desanka Schwara, Luftmenschen – Ein Leben in Armut, in: Heiko Haumann (Hg.), Luftmenschen und rebellische Töchter. Zum Wandel ostjüdischer Lebenswelten im 19. Jahrhundert, Köln/Weimar/Wien 2003, 71–222; sowie schon zuvor: dies., »Luftmenschen« – Leidtragende des Verarmungsprozesses in Osteuropa im 19. Jahrhundert, in: Stefi Jersch-Wenzel u. a. (Hg.), Juden und Armut in Mittel- und Osteuropa, Köln/Weimar/Wien 2000, 149–165. Ähnlich auch Heiko Haumann, Geschichte der Ostjuden, München 1999, 101–103. Der historische erste Beleg des Begriffs »Luftmensch« wird bisher bei Medele Mojcher Sforim vermutet, so von Schwara mit Hinweis auf dessen Erzählung »Der Wunschring« (1865).

Allgemein zur Tradition der philosophisch-ästhetischen Metapher des »Schwebens« von Hegel bis Adorno das Buch von Walter Schulz, Die Metaphysik des Schwebens. Untersuchungen zur Geschichte der Ästhetik, Pfullingen 1985; in den Quellen der hier ins Zentrum gerückten Epoche zwischen 1880 und 1930 ist die Bezeichnung »Luftmensch« im innerjüdischen Diskurs weit verbreitet, behandelt werden folgende Texte: Max Nordau, Zionistische Schriften, hrsg. vom zionistischen Aktionskomitee, Köln/Leipzig 1909 (das Zitat 118); Leon Pinsker, Autoemanzipation. Mahnruf an seine Stammesgenossen von einem russischen Juden [zuerst: 1882], 8. Aufl., Berlin 1936; Theodor Herzl, Der Judenstaat. Versuch einer modernen Lösung der Judenfrage (1896), Augsburg 1996; ders., Das lenkbare Luftschiff (1896), in:

ders., Philosophische Erzählungen, Berlin/Wien 1919, 25–39; ders., Tagebücher, in: Gesammelte zionistische Schriften, Bd. 1, Berlin 1934 [zuerst 1922], (hier 398f.); ders., Altneuland, in: ebd., Bd. 5, Berlin 1935 (hier 174); Otto Weininger, Geschlecht und Charakter [zuerst 1903], hier 16. Aufl., Leipzig 1922 (452); Theodor Lessing, Der jüdische Selbsthaß, München 1984, 38–51 [zuerst 1930]; Arthur Ruppin, Erinnerungen, Bd. 1: Jugend- und Studentenzeit 1876–1907, Tel Aviv 1945, 140–155 (hier 141); ders., Die Juden der Gegenwart, Köln 1904; Arthur Cohen, Judenfrage und Statistik, in: Statistik der Judenfrage. Eine Sammelschrift, Berlin 1918; Ber Borochov, Die wirtschaftliche Entwicklung des jüdischen Volkes, o.O. u.J. (Zitate auf 6, 9, 11, 13); sowie postum: ders., Klasse und Nation, Zur Theorie und Praxis des jüdischen Sozialismus, Berlin 1932.

Zu den hier genannten Quellen waren aus der Forschungsliteratur besonders hilfreich: Petra Zudrell, Der Kulturkritiker und Schriftsteller Max Nordau. Zwischen Zionismus, Deutschtum und Judentum, Würzburg 2003; Michell B. Hart, Social Science and the Politics of Modern Jewish Identity, Stanford 2000; Tamar Bermann, Produktivierungsmythen und Antisemitismus. Eine soziologische Studie, Wien 1973; Enzo Traverso, Die Marxisten und die jüdische Frage. Geschichte einer Debatte (1843–1943), Mainz 1995; Matityahu Mintz, Ber Borochov, in: Studies in Zionism 5 (1982), 33–55; Derek Penslar, Shylock's Children. Economics and Jewish Identity in Modern Europe, Berkeley u.a. 2001

Die antisemitischen Quellenbelege sind exemplarisch zu verstehen, vgl. z.B.: Otto Glagau, Deutsches Handwerk und historisches Bürgertum, Osnabrück 1879; Adolf Wahrmund, Das Gesetz des Nomadentums und die heutige Judenfeindschaft, Berlin 1892; Paul de Lagarde, Schriften für das deutsche Volk, 2 Bde., München 1934; zum Gesamtzusammenhang der antiliberalen Radikalisierungsschübe und der Suche nach begrifflichen Rationalisierungen, vgl. jetzt die vom Simon-Dubnow-Institut herausgegebene Neuauflage des Klassikers von Peter Pulzer, Die Entstehung des politischen Antisemitismus in Deutschland und Österreich, 1867–1914, Göttingen 2004 [zuerst: 1964, engl. Orig.: 1963]; als Legitimationsbuch zur Deklaration »überflüssiger« Juden, wie sie in der deutschen Volkswirtschaftslehre und Bevölkerungspolitik der NS-Zeit verfasst wurden, kann gelten: Peter-Heinz Seraphim, Das Judentum im osteuropäischen Raum, Essen 1938. Die Begriffe von Carl Schmitt stammen aus:

Der Leviathan in der Staatslehre des Thomas Hobbes. Sinn und Fehlschlag eines politischen Symbols, Stuttgart 1982 [zuerst 1938]; Land und Meer. Eine weltgeschichtliche Betrachtung, Stuttgart 1954 [zuerst 1942]; Der Nomos der Erde im Völkerrecht des Jus Publicum Europaeum, vierte Auflage, Berlin 1997 [zuerst: 1950].

Allgemein – und vor allem in konzeptioneller Hinsicht – bezieht sich dieser Text auf: Max Horkheimer, Theodor W. Adorno, Dialektik der Aufklärung. Philosophische Fragmente, Frankfurt a.M. 1994 [zuerst: 1944]; Hannah Arendt, Elemente und Ursprünge totaler Herrschaft, München/Zürich 1986 [zuerst 1955, engl. Orig. 1951]; Dan Diner, Gedächtniszeiten. Über jüdische und andere Geschichten, München 2003; einen guten Überblick zu den Debatten über das Judentum zwischen dem späten 19. und dem frühen 20. Jahrhundert bieten Michael A. Meyer, Jüdische Identität in der Moderne, Frankfurt a.M. 1992; Shulamit Volkov, Das jüdische Projekt der Moderne. Zehn Essays, München 2001; Alfred Bodenheimer, Wandernde Schatten. Ahasver, Moses und die Authentizität der jüdischen Moderne, Göttingen 2002. Zur Dichotomie »konkret« versus »abstrakt« als ideologischer Grundwahrnehmung der Zeit vgl. v.a. das Buch von Dieter Claessens, Das Konkrete und das Abstrakte. Soziologische Skizzen zur Anthropologie, Frankfurt a.M. 1980.

Zum Konzept der Metapherngeschichte: Hans Blumenberg, Paradigmen zu einer Metaphorologie, in: Archiv für Begriffsgeschichte 6 (1960), 1–147; sowie: Paul Ricoeur, Die lebendige Metapher, München 1986; zu Blumenberg jetzt: Rüdiger Zill, »Substrukturen des Denkens«. Grenzen und Perspektiven einer Metapherngeschichte nach Hans Blumenberg, in: Hans Erich Bödeker (Hg.), Begriffsgeschichte, Diskursgeschichte, Metapherngeschichte, Göttingen 2002, 209–258.

Das Zitat von Leo Motzkin am Ende des Beitrages findet sich in: »Schwarzbuch – Tatsachen und Dokumente. Die Lage der Juden in Deutschland 1933, hrsg. vom Comité des Délégationes Juives, Paris 1934 (hier 18f.); die Deutung des Begriffs »Luftmensch« im Kontext der nationalsozialistischen Vernichtungspolitik bei George Steiner, Errata. Bilanz eines Lebens, München 1997 (68 und 78); vgl. zu Paul Celans »Todesfuge« die Bemerkungen zur »Luftmenschen«-Thematik bei John Felstiner, Translating Paul Celan's »Todesfuge«. Rhythm and Repetition as Metaphor, in: Saul Friedländer (Hg.), Probing the Limits of Representation. Nazism and the »Final Solution«, Cambridge, Mass. 1992, 240–257.

Ritual und Gewalt – Die Pogrome des Sommers 1941

Kai Struve

Am 28. Juli 1946 berichtete Fajgel Gołąbek vor der Jüdischen Historischen Wojewodschaftskommission in Białystok darüber, was in dem nur wenige Kilometer von der damaligen deutschen Grenze in Ostpreußen entfernt gelegenen und schon am ersten Tag des deutsch-sowjetischen Krieges, dem 22. Juni 1941, besetzten Ort Kolno in den folgenden Wochen geschah:

»Nach einigen Tagen kamen Bauern aus den Dörfern Czerwone und Zabiele, die aus sowjetischen Gefängnissen entkommen waren, in die Kleinstadt und erschlugen dreißig Juden. [...] Am 5. Juli, einem Samstag, wurde der gesamten jüdischen Bevölkerung, sogar Frauen mit kleinen Kindern an der Hand, befohlen, sich beim Lenin-Denkmal zu versammeln, die Gebetsschals mitzunehmen sowie Wagen herbeizubringen, allerdings ohne Pferde. Die Schmiede mussten das Denkmal zerlegen und wurden gezwungen, [die zionistische Hymne] HaTikvah zu singen, und dabei geschlagen. Das Denkmal wurde auf die Wagen geladen, vor die mit den Gebetsschals bekleidete Juden gespannt wurden. Der ganze Zug bewegte sich zwei Kilometer außerhalb des Ortes zum jüdischen Friedhof. Dort wurde Lenin unter Gesängen und Gebeten begraben. Am Ausgang des Friedhofs standen Polen mit Knüppeln und jeder Jude erhielt etliche Schläge auf den Kopf.«

Ähnliche Rituale kollektiver Bestrafung, bei denen Juden symbolisch der sowjetischen Herrschaft zugeordnet wurden, sind aus zahlreichen Orten überliefert. Nicht selten kam es dabei zu exzessiven Gewalttaten, in einigen Fällen mit Dutzenden oder gar Hunderten von Toten. So berichtete eine weitere ehemalige Bewohnerin von Kolno, Dinah Koncepolsky-Chludniewitz, über gewalttätige

Ausschreitungen in der Nacht nach ›Lenins Beerdigung‹. Tatsächlich scheint es in Kolno zwei pogromartige Vorfälle gegeben zu haben, die Fajgel Gołąbek in ihrem Bericht vermischte, nämlich einen schon sehr schnell nach dem deutschen Einmarsch und einen weiteren, der mit dreißig Mordtaten gewalttätiger als der vorhergehende war, in der Nacht nach der oben geschilderten Entfernung des Denkmals. Wie an anderen Orten dieser Region gab es damit in Kolno eine Eskalation der Gewalt. Während es zunächst vor allem um Plünderung ging, kam es bei den späteren Pogromen zu einer wachsenden Zahl von Toten. Dinah Koncepolsky-Chludniewitz zeigt aber auch die große Bedeutung der deutschen Aktivitäten für die wachsende Gewalt von Seiten der örtlichen Bevölkerung. So leiteten Deutsche an diesem Ort die oben geschilderte Entfernung des Lenin-Denkmals und begannen mit den Misshandlungen der Juden. Die meisten jüdischen Einwohner, die im Jahr 1939 ungefähr 2000 der insgesamt 5100 Personen zählenden Bevölkerung gestellt hatten, fielen zudem schon in der zweiten Julihälfte den Massenexekutionen der deutschen Sicherheitspolizei zum Opfer, die in den polnischen und litauischen Grenzgebieten zu Ostpreußen schon früher systematisch ganze jüdische Gemeinden erfassten als in anderen Regionen.

Die Pogrome in Kolno waren Teil einer Welle von Gewalttaten gegen Juden von Seiten der einheimischen nichtjüdischen Bevölkerung in den ersten Wochen nach Kriegsbeginn in den Gebieten, die in den Jahren 1939 und 1940 von der Sowjetunion besetzt worden waren. In den Pogromen wurden vermutlich mehrere 10.000 Juden getötet. Diese Zeit ist zugleich eine Schlüsselphase in der Geschichte des Holocaust, da hier der Übergang zum systematischen Mord an den Juden begann.

Ein Ereignis und seine Zeitschichten

Die Pogromwelle hat in jüngster Zeit größere Aufmerksamkeit durch die im Jahr 2000 erschienene Studie von

Jan Tomasz Gross über den Pogrom in der nordostpolnischen Kleinstadt Jedwabne gefunden, bei dem am 10. Juli 1941 ein großer Teil der etwa 1600 jüdischen Einwohner des Ortes von seinen christlichen Nachbarn in eine etwas außerhalb neben dem jüdischen Friedhof gelegenen Scheune getrieben und dort verbrannt wurde.

Während sich die bisherigen Diskussionen über die Ursachen der Pogrome vor allem auf die Phase der sowjetischen Besatzung konzentriert haben, soll hier versucht werden, einen Erklärungsansatz zu entwickeln, der es erlaubt, unterschiedliche Vorgeschichten und Kontexte einzubeziehen, die erst zusammen zur Explosion der Gewalt in diesen Wochen führten.

Das Modell der ›Zeitschichten‹, wie es Reinhart Koselleck skizziert hat, scheint dafür eine geeignete Grundlage zu bieten, da es ermöglicht, den Zusammenhang historischer Ereignisse mit Strukturen unterschiedlich langer Dauer und Herkunft, die gleichzeitig vorhanden und wirksam sind, zu beschreiben. Koselleck führt die Zeitschichten auf kollektive Erfahrungen zurück, d.h. auf Erfahrungen, die in Gruppen kommunikativ verallgemeinert werden und damit diese als Gemeinschaft konstituieren. Damit sie jeweils aktuell bedeutsam bleiben, müssen sie in gegenwärtige soziale Praktiken eingebunden sein, d.h. Texte müssen gelesen und gedeutet, Vergangenes in kollektiven Ritualen oder in anderen Formen vergegenwärtigt werden, so dass zu unterschiedlichen Zeiten entstandene Deutungsmuster in der jeweiligen Gegenwart in kommunikative Prozesse eingeführt werden. Solche Deutungsmuster dienen dann wiederum der Interpretation der jeweils aktuellen Erfahrungen und bestimmen damit auch kollektives Verhalten, nicht zuletzt im Verhältnis zu ›anderen‹. Im kollektiven Gedächtnis lagern sich damit aus unterschiedlichen Zeiten stammende verallgemeinerte, potentiell handlungsleitende Erfahrungen ab, denen eine unterschiedliche Dauer eigen ist.

Geschichte wäre damit nicht mehr eine linear sich darstellende Zeitenfolge, sondern wäre das jeweils einmalige

Resultat des je neuen Zusammenwirkens von dauerhaften, sich mit unterschiedlichen Geschwindigkeiten wandelnden Strukturen verschiedenen Alters, die aus der rückblickenden Perspektive der jeweiligen Gegenwart mit der Metapher der »Zeitschichten« beschrieben werden können. Damit würde Geschichte, zumindest insoweit sie durch Deutungen, Wahrnehmungen und Haltungen bewegt wird, zu einer Geschichte des Gedächtnisses werden. Eine so verstandene »Gedächtnisgeschichte« würde, wie Dan Diner feststellt, an die Stelle einer *»einzeitigen* Vorstellung von Vergangenheit als einer sich chronologisch darstellenden Zeitenfolge« die Vorstellung der »Gleichzeitigkeit einer Vielfalt von Vergangenheiten« setzen.

In der folgenden Untersuchung der Welle von gegen Juden gerichteter Gewalt im Sommer 1941 wird davon ausgegangen, dass diese Schichten in den Ereignissen selbst erkennbar sind. Die Pogrome können als soziale Rituale verstanden werden, die als solche kommunikative, mit einer großen Zahl symbolischer Akte verbundene Taten waren, die darüber die ihnen zugrunde liegenden Deutungsmuster zu erkennen gaben.

Es werden drei Zeitschichten unterschieden, nämlich eine ›deutsche‹, eine in sich selbst noch einmal zu differenzierende, aber auch durch gemeinsame Grundstrukturen gekennzeichnete ›ostmitteleuropäisch nationale‹ und eine ›volkskulturelle‹. In die Überlegungen werden neben den in der Folge von Gross' Studie über Jedwabne sehr genau erforschten, überwiegend polnischen Regionen Łomża und Białystok vergleichend auch die Ereignisse in Litauen sowie in Ostgalizien einbezogen.

Die deutsche Zeitschicht

Da die deutsche Vorgehensweise nach dem 22. Juni 1941 ebenfalls eine lange Vorgeschichte mit Elementen unterschiedlicher Dauer in sich trug, könnten auch in ihr wiederum Zeitschichten unterschieden werden. In dem vorliegenden Text bleibt die Behandlung der ›deutschen Schicht‹ allerdings auf die Skizzierung von Grundstrukturen und Leitlinien der deutschen Politik im kurzen Zeitraum des Sommers 1941 beschränkt. Auf den deutschen Kontext wird aber auch in den folgenden beiden Abschnitten wiederholt Bezug genommen, da die ›deutsche Schicht‹, die zwar in anderen Räumen entstanden war, sich nun über die hier untersuchten Regionen legte.

Der Beginn des Krieges gegen die Sowjetunion bedeutete zugleich einen qualitativen Sprung im deutschen »Krieg gegen die Juden« (Lucy Dawidowicz). Die Holocaust-Forschung hat den Prozess der Eskalation der deutschen Politik gegenüber den Juden in den ersten Monaten nach dem 22. Juni 1941 detailliert nachgezeichnet. Danach lassen sich grob drei Etappen unterscheiden. In der ersten Phase, die die Zeit vom 22. Juni bis Ende Juli umfasste, wurden vorwiegend Männer ermordet. In einer zweiten Phase von Ende Juli bis Mitte September wurden auch Frauen und Kinder umgebracht. Danach begann die Vernichtung ganzer Gemeinden in den besetzten Gebieten der Sowjetunion, bis schließlich das Mordprogramm auf alle Juden unter deutscher Herrschaft in ganz Europa ausgedehnt wurde.

Die Voraussetzung für die schrittweise Eskalation nach dem 22. Juni war, dass Juden als Trägergruppe des Bolschewismus und die sowjetische Herrschaft als jüdische Herrschaft gedeutet wurden. Damit bekamen Juden in deutscher Sicht in diesem Krieg von Anfang an eine ganz andere Bedeutung als in den bisher von Deutschland geführten Kriegen. Trotz aller auch im Krieg gegen Polen 1939 bereits vorgekommener exzessiver antijüdischer Gewalttaten waren hier noch die polnischen Eliten das Ziel der NS-»Befriedungsaktionen« gewesen. So stellt Klaus-Michael Mallmann fest:

»Es ging jetzt [mit dem Krieg gegen die Sowjetunion – K.S.] um die Vernichtung des rassisch definierten Hauptfeindes, des ›jüdischen Bolschewismus‹. Diese behauptete Wesenseinheit ermöglichte eine ständige Umdeutung und Konversion beider Seiten, die den Stellenwert der jüdischen Bevölkerung von vorherein veränderte. Sie war nicht mehr wie in Polen eine verachtete Population, sie galt als Träger und Schöpfer, als biologische Substanz des Sowjetsystems. Erst das Zusammenfallen der zentralen Feindbilder – Judentum und Kommunismus –, ihre wechselseitige Überlagerung, Durchdringung und Verstärkung entfachte jene Dynamik, die zum Genozid führen sollte.«

Juden galten damit schon von Beginn des Krieges an als wirkliche oder potentielle Träger von Widerstand und ihre Liquidierung als (prophylaktische) Sicherungsmaßnahme. Instruktionen, die Reinhard Heydrich den »Einsatzgruppen« der Sicherheitspolizei und des SD gab, die zusammen mit der Ordnungspolizei in erster Linie für die »Sicherungsoperationen« zuständig waren, spiegeln die Tatsache deutlich wider, dass Juden in hohem Maße mit Kommunisten gleichgesetzt wurden und dass deshalb die Aufgabe, die rückwärtigen Gebiete zu sichern, vor allem als Tötung von Juden interpretiert wurde. So schrieb Heydrich im »Einsatzbefehl Nr. 2« vom 1. Juli 1941 an die Chefs der »Einsatzgruppen«: »Es ist selbstverständlich, daß die Reinigungsaktionen sich primär auf die Bolschewisten und die Juden zu erstrecken haben.« Schon zwei Tage zuvor hatte Heydrich sie angewiesen, »den Selbstreinigungsbestrebungen antikommunistischer oder antijüdischer Kreise in den neu besetzten Gebieten [...] kein Hindernis zu bereiten. Sie sind im Gegenteil, allerdings spurenlos auszulösen, zu intensivieren und, wenn erforderlich, in die richtigen Bahnen zu lenken [...].« Heydrich machte in seinem Schreiben vom 1. Juli darüber hinaus klar, dass er anders als 1939 dabei auch von den Polen Kooperationsbereitschaft erwartete. Dass sich Litauer und Ukrainer in aktiver Weise an den »Reinigungsoperationen« beteiligen sollten, musste er nicht explizit erwähnen, sondern war allein schon dadurch unzweifelhaft, dass mit der Wehrmacht kooperierende litauische und ukrainische Einheiten mit ihr vorrückten oder sich in den sowjetisch besetzten Gebieten formierten.

Für die deutsche Sicherheitspolizei war die Unterstützung durch Angehörige der lokalen Bevölkerung in den ersten Wochen der Besatzung vor allem dafür von Bedeutung, die »Kommunisten« zu identifizieren. Obgleich die Deutschen und ihre lokalen Helfer darin übereinstimmten, dass sie einerseits vorwiegend unter Juden zu suchen und andererseits ein großer Teil der Juden Kommunisten seien, war das deutsche Vorgehen in den ersten Wochen der Besatzung noch nicht völlig wahllos gegen die jüdische Bevölkerung insgesamt gerichtet. Außerdem waren die deutschen Polizeikräfte personell zu schwach, um die »Reinigungsoperationen« ohne lokale Unterstützung flächendeckend umsetzen zu können. Nicht zuletzt ging es aber auch darum, dass öffentliche Spektakel des Judenhasses zusammen mit Berichten über sowjetische Verbrechen an Gefängnisinsassen in den letzten Tagen vor dem deutschen Einmarsch für Propagandazwecke gebraucht wurden, um den Krieg gegen die Sowjetunion und die judenfeindliche Politik zu legitimieren.

Die ostmitteleuropäische nationale Zeitschicht

Einen besonders blutigen Charakter besaßen die Pogrome in Ostgalizien und teilweise in Litauen. Dies scheint in erster Linie darauf zurückzuführen zu sein, dass bei ihnen litauische und ukrainische nationalistische Organisationen eine zentrale Rolle spielten. In den überwiegend polnischen Regionen Łomża und Białystok bildeten sich solche Strukturen erst während der ersten Tage unter deutscher Herrschaft und nur auf lokaler Ebene in Form örtlicher Verwaltungen und Milizen. Zwar kam es auch hier schon schnell nach dem deutschen Einmarsch zu Plünderungen und auch Gewalttaten. Die großen Pogrome mit hunderten von Toten in Wąsosz, Radziłów und Jedwabne ereigneten sich jedoch mit dem 5., 7. und 10. Juli erst vergleichsweise spät. Eine Ausnahme bildete nur der Ort Szczuczyn, in dem es schon am 27. Juni einen Pogrom mit vermutlich 300 Toten gegeben hatte.

Die hier als ostmitteleuropäische nationale Schicht bezeichnete Struktur entstammte den im 19. Jahrhundert als Teil der modernen Restrukturierung der Gesellschaft einsetzenden Prozessen moderner Nationsbildung. Die ständisch-feudalen Strukturen der Gesellschaft lösten sich nach und nach auf und an ihre Stelle trat eine in wachsendem Maße formal-rechtlich egalitäre Gesellschaft, in der nun aber die an ethnisch-kulturellen Kriterien ausgerichteten modernen Nationen, die möglichst alle sozialen Schichten und ihre gesellschaftlich-ökonomischen Funktionen in sich vereinigen wollten, zum grundlegenden Strukturprinzip gesellschaftlicher Organisation wurden. Juden als eigene religiös-kulturelle Gruppe, der in der vormodernen Gesellschaft die ökonomischen Vermittlungsfunktionen zugeordnet gewesen waren, blieben von diesen aus dem Adel und den Bauern, wie bei den Polen, oder nur den Bauern mit einer wichtigen Katalysatorfunktion der Geistlichkeit, wie bei den Litauern und den Ukrainern, hervorgehenden modernen Nationen weitgehend ausgeschlossen.

Das größte Potential für einen politischen, unterschiedliche kulturelle Gruppen und damit auch die Juden einschließenden Nationsbegriff gab es im polnischen Fall, der damit an Traditionen der frühneuzeitlichen polnischen Adelsnation anknüpfte. Ein solches relativ offenes, politisches Konzept der polnischen Nation behielt zwar auch noch in der Zweiten Republik eine gewisse Bedeutung – nicht zuletzt stand Józef Piłsudski unter seinem Einfluss –, es war jedoch nie unangefochten und trat seit dem Ende des 19. Jahrhunderts gegenüber einem ethnisch-kulturellen Konzept, zu dessen wichtigsten Protagonisten die polnischen Nationaldemokraten wurden, mehr und mehr zurück. Schon vorher waren Juden in konservativen Konzepten polnischer Identität in Abwehr der liberalen, antiklerikalen Zeitströmungen, wie Viktoria Pollmann gezeigt hat, zum Gegenbild einer als katholisch konstruierten polnischen Nation geworden. So schrieb der *Przegląd Lwowski* bereits in den 1850er Jahren: »Wer ein Vaterland ohne Gott, Kirche und Tradition sucht – der sucht ein jüdisches Vaterland, eines für Menschen ohne Glauben, für Freimaurer.«

Im nationalen Diskurs der polnischen Nationaldemokraten wurde die Nation seit der Jahrhundertwende unter dem Einfluss eines zunehmend darwinistischen Denkens dann als disziplinierte Kampfgemeinschaft im ewigen Konflikt der Staaten und Nationen imaginiert, in dem universale Maßstäbe der Moral nicht mehr galten. Als innere Gegner sahen die Nationaldemokraten dabei zunächst vor allem die Sozialisten an, die, wie sie meinten, die Disziplin bedrohten und irrtümlicherweise weiterhin an einen Fortschritt glaubten, der schließlich zur Überwindung der sozialen und nationalen Konflikte gleichermaßen führen würde. Der Sozialismus wurde nun auch von ihnen zunehmend mit den Juden gleichgesetzt. Nach und nach setzte sich ein rassistischer Diskurs durch, der sich in der Zwischenkriegszeit erheblich verstärken sollte. Er konstruierte die Juden als andere Rasse und sah sie als solche als Bedrohung der Einheit und Disziplin der Nation.

Für diejenigen Juden wiederum, die einen Platz in der Moderne suchten und von den sich formierenden neuzeitlichen Nationen, in deren Mitte sie lebten, nicht als Angehörige dieser Nationen anerkannt wurden, boten sich vor allem zwei Alternativen. Sie konnten die Juden als eigenständige Nation wie andere Nationen auch verstehen – dafür standen der Zionismus oder Vorstellungen über die Juden als nichtterritoriale Nation, wie sie der *Bund* oder die *Folkisten* vertraten. Oder sie konnten die Hoffnung auf die universalen Gleichheitsideale der sozialistischen Bewegung setzen, die eine Befreiung der Juden durch die Befreiung der Menschheit von Unterdrückung jeglicher Art versprach. Nicht zuletzt deshalb besaß der Sozialismus für junge Juden eine besondere Anziehungskraft, die die Grenzen der traditionellen jüdischen Lebenswelt des östlichen Europas durch die säkulare Bildung überschritten, die sie in zunehmendem Maße seit den letzten Jahrzehnten des 19. Jahrhunderts erwarben. Dies ist der Hintergrund dafür, dass Juden in der Revolution in Russland und in der Führung des sowjetischen Regimes eine weithin sichtbare Rolle spielten.

Zusammen mit der schon älteren Gleichsetzung von Juden mit linken politischen Gruppierungen und Strömungen entstand daraus die Vorstellung, die Revolution sei jüdisch bestimmt und die sowjetische Herrschaft gleichbedeutend mit der Herrschaft von Juden.

Der polnisch-sowjetische Krieg von 1920, der kurzzeitig den polnischen Staat existentiell zu bedrohen schien, war nicht nur ein Territorialkonflikt, sondern vor allem ein Konflikt der Ideologien, nämlich zwischen dem Ziel der Gründung eines demokratischen, das Privateigentum anerkennenden Nationalstaates – tatsächlich entstand dann ein Nationalitätenstaat mit allen daraus resultierenden Spannungen – und demjenigen der Weltrevolution. Die fremde Herrschaft aus dem Osten, die kurze Zeit nach der Wiedererlangung der Unabhängigkeit nicht nur diese, sondern auch die bestehende gesellschaftliche Ordnung bedrohte, wurde nun nicht mehr in erster Linie als russisch, sondern in hohem Maße jüdisch wahrgenommen. Ungeachtet dessen, dass die vorrückende Rote Armee durchaus auch in der nichtjüdischen Bevölkerung Unterstützung fand und sich zugleich Juden in großer Zahl aktiv für die Verteidigung Polens einsetzten, verstärkte sich die Gleichsetzung von Juden mit der Bedrohung durch das sowjetischen Regime in dieser Zeit erheblich. Hier etablierten oder verstärkten sich Deutungsmuster, die auch in den folgenden Jahrzehnten bestimmend bleiben sollten.

Als Folge des Ersten Weltkriegs und der nachfolgenden militärischen Auseinandersetzungen verbreiteten sich in dieser Region wie in Europa insgesamt Vorstellungen, dass Nationen in einen ewigen Existenzkampf verstrickte, biologische Abstammungsgemeinschaften seien. Zur Verbreitung solcher Vorstellungen trug bei, dass die internationalen Verhältnisse prekär waren und permanent ein neuer Krieg drohte. Gruppen von ›anderen‹ auf dem ›eigenen‹ Territorium erschienen nicht zuletzt unter den Bedingungen dieser Unsicherheit als Bedrohung. Hinzu kamen angesichts der ökonomischen Entwicklungsprobleme Konflikte um knappe Ressourcen und die Ermutigung, die die Antisemiten und Rassisten aus der Politik des NS-Regimes in Deutschland zogen. Die Zahl gegen Juden gerichteter Gewalttaten nahm in Polen in den 1930er Jahren erheblich zu, und bis auf die Sozialisten stimmten nun alle bedeutenden politischen Gruppierungen darin überein, dass Juden möglichst das Land verlassen sollten.

Neben den nationalistischen Gruppen bildete auch weiterhin die katholische Kirche die wichtigste Trägerin des Bedrohungsdiskurses. *Żydo-Polska*, »Judeo-Polen«, wurde in der Zwischenkriegszeit zum Gegenbild des von der Kirche angestrebten »Polens für Christus«, *Polska Chrystusowa*. Der mit den Juden gleichgesetzte Bolschewismus wurde im katholischen Diskurs zur Verkörperung des Antichristen.

Vorstellungen, dass Juden generell zu den Gegnern der jeweils eigenen Nation gehörten, mit ihren Feinden kooperierten und sie wirtschaftlich ausbeuteten, waren vor 1939 auch unter Ukrainern und Litauern weit verbreitet. Die spezifischen sozialen und politischen Konflikte, in denen sie sich als moderne Nationen formierten, führten dazu, dass solche antijüdischen Vorstellungen Teil der jeweils vorherrschenden Identitätskonzepte wurden. Beide Nationen bildeten sich in den hier behandelten Regionen in Abgrenzung gegen die traditionelle politische und kulturelle polnische Dominanz und im Konflikt mit der Vorherrschaft von Juden im ökonomischen Bereich. Wenn Juden sich assimilierten, neigten sie meist der polnischen oder vor dem Ersten Weltkrieg auch der russischen Seite zu, nicht jedoch den ›Bauernvölkern‹ der Ukrainer und Litauer.

Die Jahre 1939–41 verstärkten die Judenfeindschaft in diesen Grenzregionen noch einmal erheblich. Den örtlichen Juden wurde eine generell freundliche Haltung den sowjetischen Okkupanten gegenüber unterstellt und vorgeworfen, sie würden mit ihnen kollaborieren, u.a. durch Denunziationen und durch die Übernahme von Posten in der neuen sowjetischen Verwaltung oder anderen staatlichen Institutionen. Tatsächlich veränderte sich die Lage von Juden in der Zeit der sowjetischen Besatzung in sehr ambivalenter Weise. Während antisemitische Diskriminierungen abnahmen und die jiddischsprachige Kultur teilweise gefördert wurde, wurden jüdische politische Parteien, das jüdische Vereinswesen sowie die Religionsgemeinden aufgelöst. Führende politische Repräsentanten der Juden wurden verfolgt. Die jüdischen Händler und Unternehmer wurden von der sozialistischen Umgestaltung in erheblichem Maße betroffen und waren nun häufig einer sozialen Diskriminierung ausgesetzt. Gleichwohl scheint es, dass gerade für junge Juden, die vor 1939 häufig in ihrem beruflichen Fortkommen durch antisemitische Diskriminierungen behindert waren, das sowjetische System, in dem Antisemitismus offiziell verboten war und unter Strafe stand, attraktiv war. In jedem Fall schien für sie aber die sowjetische gegenüber der nazideutschen Herrschaft vorzuziehen zu sein. Dagegen setzten die Ukrainer und Litauer ihre Hoffnung für die (Wieder-)Errichtung eines Nationalstaats auf das nationalsozialistische Deutschland.

Nachdem die sowjetische Armee am 15. Juni 1940 auch in Litauen einmarschiert war, waren zahlreiche Angehörige der litauischen politischen Eliten nach Deutschland geflohen. Im November 1940 wurde von Emigranten in Berlin die *Lietuviu Aktyvistu Frontas* (LAF, Front Litauischer Aktivisten) gegründet. Das Ziel war die Wiederherstellung der Unabhängigkeit Litauens. Die Gründer der LAF hofften, sie durch die Zusammenarbeit mit Deutschland erreichen zu können. Mit dem nationalsozialistischen Deutschland verband sie aber auch ihre völkisch-nationalistische Ideologie und die Vorstellung eines autoritär gelenkten Staates. So hieß es in den Richtlinien für Mitglieder der LAF, die am 10. Mai 1941 in Berlin vorgestellt wurden, dass der wiederherzustellende litauische Staat von Fremdvölkischen und Andersgläubigen und damit zuallererst von Juden befreit werden müsse. Die Juden wurden nicht nur für die Beseitigung der Unabhängigkeit Litauens verantwortlich gemacht, sondern es war hier auch zu lesen, dass der Kommunismus im Judentum wurzele. Der Kampf für die Wiederherstellung der Unabhängigkeit Litauens wurde damit auch zu einem Kampf gegen die Juden. So rief die LAF in einem über den litauischen Untergrund im Land verteilten Flugblatt dazu auf, Litauen »nicht nur von der Sklaverei der asiatischen Bolschewisten« zu befreien, sondern auch »vom langjährigen jüdischen Joch.«

In einem anderen, Ende März 1941 verbreiteten Aufruf der LAF zum Aufstand hieß es, für den Fall, dass der für die nächste Zukunft erwartete deutsch-sowjetische Krieg beginnen würde: »Litauen wird wieder zu einem freien und unabhängigen Staat werden. Es ist von großer Wichtigkeit, dass dabei die Möglichkeit genutzt wird, sich aller Juden zu entledigen.« Morddrohungen gegen Juden waren schon im Frühjahr 1941 in den Schriften der LAF zu finden. So wurden in einem Aufruf an die litauische Bevölkerung im März 1941 die Juden zum Verlassen des Landes aufgefordert, damit es später, wie es hier hieß, »keine unnötigen Opfer« gebe. An anderer Stelle wurde gar erklärt – und dies verweist auf einen wichtigen Faktor in den Pogromen des Sommers 1941 –, dass allen litauischen Kommunisten und sonstigen »Verrätern«, die nach der Befreiung sofort inhaftiert werden sollten, nur zu vergeben sei, »wenn sie wirklich beweisen können, dass sie einen Juden liquidiert haben«.

Nach dem deutschen Angriff am 22. Juni 1941 begannen am selben Tag Aufstände von Litauern gegen die sowjetischen Okkupanten. Die Basis für die litauischen »Partisanen«-Einheiten bildeten mit Exilorganisationen in Verbindung stehende Untergrundstrukturen oder wiederbelebte Einheiten der »Šauliu Saujunga«, des litauischen Reservistenverbandes, der bis zur sowjetischen Invasion eine wesentliche Stütze der Smetona-Diktatur gebildet hatte.

Die »Partisanen« spielten eine zentrale Rolle bei den Ausschreitungen gegen Juden, die offenbar noch vor dem Eintreffen der Wehrmacht an verschiedenen Orten in Litauen begannen. Der Pogrom mit den meisten Opfern, ungefähr 3800, fand in Kaunas zwischen dem 23. und

28. Juni statt. Die ersten Wehrmachtseinheiten trafen hier am Abend des 24. Juni ein. Die Ausschreitungen hatten jedoch schon einen Tag zuvor begonnen und verstärkten sich nach dem Einrücken der deutschen Truppen, als die Pogromtäter vom Chef der Einsatzgruppe A, Walter Stahlecker, zu weiterer Gewalt ermutigt wurden. Am 28. Juni ordnete der litauische Stadtkommandant auf Anweisung der Wehrmacht ein Ende der Pogrome an. Jedoch kam es auch später noch zu Gewalttaten.

Die Gleichsetzung von Juden mit der sowjetischen Herrschaft war das zentrale Motiv, das die Gewalttäter zu ihren Taten veranlasste oder sie für sie zumindest legitimierte. Siegfried Gasparaitis deutet die Morde als »Inszenierungen einer nationalen Wiederbelebung«. Die Morde an Juden wurden zu Symbolen des Sieges der litauischen Nation über einen Gegner, der ihr die Unabhängigkeit genommen und gerade unter den national engagierten Litauern Angst und Schrecken verbreitet hatte. So stellte sich bei einem der grauenhaftesten Episoden des Pogroms, den Morden in den Lietukis-Garagen, nachdem ungefähr 45–50 Juden mit Eisenstangen unter Beifall der anwesenden Zuschauer erschlagen worden waren, der Haupttäter auf den Leichenhaufen und spielte vor einem applaudierenden Publikum aus Litauern und deutschen Soldaten mit einer Ziehharmonika die litauische Nationalhymne.

Dass die Deutschen den litauischen Unabhängigkeitsbestrebungen nicht nachgeben würden, war zu diesem Zeitpunkt, als sich in Kaunas gerade eine litauische Nationalregierung gegründet hatte, noch nicht allgemein erkennbar. Die »Wiedergeburt« der Nation, die nun mit diesen exzessiven Gewalttaten gefeiert wurde, war eine Nation ohne Juden. Die »Selbstreinigung«, die von den litauischen Nationalisten in Übereinstimmung mit den Deutschen gefordert wurde, bekam eine umfassende Bedeutung, nämlich als ›Reinigung‹ der eigenen Nation, die als homogene Gemeinschaft auf ihrem Territorium vorgestellt wurde. Insoweit sich die Mordaktionen gegen die Juden richteten, waren sie damit nicht nur ›Rache‹ für das Leiden unter dem einen Jahr sowjetischer Herrschaft, sondern sie waren zugleich Teil der Verwirklichung einer nationalen Utopie.

Ähnlich wie in Litauen spielten auch bei den Pogromen in Ostgalizien nationalistische Organisationen, in diesem Fall ukrainische, eine zentrale Rolle. Ausschreitungen gegen Juden fanden in deutlich mehr als dreißig Städten, darunter der große Pogrom in Lemberg Ende Juni 1941 mit bis zu 4000 Toten, sowie auch in zahlreichen Dörfern statt.

Das politische Leben der Ukrainer hatte angesichts des fortbestehenden Konflikts mit Polen um Ostgalizien vor allem in den 1930er Jahren eine deutliche Radikalisierung erfahren. Nach der Besetzung Polens 1939 wurden auch die meisten ukrainischen Organisationen aufgelöst. Die radikalnationalistische *Orhanizacja Ukrajins'kych Nacijonalistiv* (OUN, Organisation ukrainischer Nationalisten), die 1929 entstanden war und in den 1930er Jahren mit terroristischen Methoden für die Selbstständigkeit der Ukraine gekämpft hatte und schon aus dieser Zeit gute Kontakte nach Deutschland besaß, konnte ihre Aktivitäten allerdings fortsetzen. Diese Organisation, die sich im Februar 1940 in die radikalere OUN-B unter der Führung Stepan Banderas und eine etwas moderatere Gruppierung unter Andrij Melnyk (OUN-M) spaltete, verfügte auch in der Zeit der sowjetischen Besatzung über ein Netz von Kontaktleuten in Ostgalizien. Beide Flügel der OUN kennzeichnete schon vor dem deutschen Überfall auf die Sowjetunion ein in hohem Maße gewaltbereiter Nationalismus, der nicht nur einen selbständigen Nationalstaat, sondern auch die Entfernung von ›anderen‹ vom nationalen Territorium oder zumindest die eindeutige Vorherrschaft der eigenen Nation anstrebte.

Nach dem Beginn des deutschen Angriffs aktivierte die OUN ihre Untergrundstrukturen in Ostgalizien, deren Aufgabe es sein sollte, Einheiten der sowjetischen Armee anzugreifen, Sabotage- und Diversionsakte zu begehen und die jeweiligen Ortschaften, wie es in den

Instruktionen hieß, »sofort von feindlichen Elementen gründlich [zu] säubern.« In Abstimmung mit der Wehrmacht und der Sicherheitspolizei waren von den beiden Flügeln der OUN außerdem im Generalgouvernement sogenannte *pochidni hrupy* (Marschgruppen) aufgestellt worden, die im rückwärtigen Gebiet aktiv sein sollten. Mit einer dieser *pochidni hrupy* war Jaroslav Stec'ko nach Ostgalizien gekommen. Er gehörte der Führung der OUN-B an und proklamierte am 30. Juni in Lemberg einen unabhängigen ukrainischen Staat, wurde jedoch wenig später wie bald darauf die gesamte OUN-B-Führung verhaftet. An vielen Orten bildeten sich die lokalen Milizen unter dem Einfluss der örtlichen OUN-Strukturen oder der *pochidni hrupy*. Die Milizen hatten häufig eine zentrale Rolle bei den Pogromen.

Ein Faktor, der vor allem in Ostgalizien die Pogromstimmung in der Bevölkerung erheblich verstärkte, waren Funde von Leichen von Gefängnisinsassen, die vom NKVD vor dem Abzug ermordet worden waren. An vielen Orten wurden Juden daraufhin von ukrainischen Milizen, teilweise unter Beteiligung deutscher Einheiten, unter Misshandlungen zu den Gefängnissen getrieben. Hier mussten sie die Toten bergen und waschen und an manchen Orten auch die Wagen ziehen, mit denen die Leichen zu Friedhöfen gebracht wurden. Dies waren öffentliche Rituale der Sühne, mit denen zugleich die vermeintlich Schuldigen gezeigt wurden. Viele wurden während der Bergung der Leichen ermordet, vermutlich allein 1000 im Lemberger Brygydki-Gefängnis. An den Gewalttaten beteiligten sich nicht nur die Milizen, sondern spontan auch viele andere Bewohner. Pogrome gab es aber auch an Orten, an denen keine ermordeten Gefängnisinsassen aufgefunden worden waren.

Bei der Mehrzahl der ermordeten Gefängnisinsassen handelte es sich um Ukrainer. Es waren jedoch auch Polen und Juden unter ihnen, was in Berichten über die Massaker in den Gefängnissen verschwiegen wurde. Ein großer Teil der Inhaftierten war kurz vor Beginn des Krieges oder auch noch danach verhaftet worden. In den letzten Tagen vor dem deutschen Überfall hatte in den gesamten sowjetisch besetzten Gebieten eine neue Verhaftungswelle begonnen. Während in der ersten Zeit der sowjetischen Okkupation vor allem Polen deportiert worden waren, sahen die Sowjets in Ostgalizien in den letzten Monaten vor dem deutschen Angriff die größte Bedrohung in der nationalistischen Haltung vieler Ukrainer, nicht zuletzt vor dem Hintergrund der Aktivitäten ukrainischer Organisationen im deutschen Machtbereich.

Als sich nun die Nachrichten über Morde an den Gefängnisinsassen verbreiteten, richtete sich die Wut und der Hass gegen die Juden. Obwohl die örtlichen Juden die Gefängnisinsassen offensichtlich nicht getötet hatten, wurden die Juden insgesamt als Unterstützer des sowjetischen Regimes gesehen und deshalb für die Verbrechen verantwortlich gemacht.

Das spontane Element der Pogrome des Sommers 1941 ist besser in den mittlerweile im Anschluss an das Buch von Jan Tomasz Gross detailliert erforschten Regionen Łomża und Białystok zu erkennen. Im Unterschied zu Ostgalizien und Litauen existierten hier keine nationalistischen Organisationen, die mit den Deutschen kooperierten. Trotzdem kam es, wie Andrzej Żbikowskis und Edmund Dmitrόws Untersuchungen gezeigt haben, in einer großen Zahl von Orten zu Gewalttaten gegen Juden.

Als Nationalisten und Antisemiten bekannte Personen waren jedoch auch hier in verschiedenen Orten in führender Rolle an den Pogromen beteiligt. Sie waren in örtlichen Milizen aktiv, die hier ebenfalls eine zentrale Rolle bei den Gewalttaten spielten. Nicht selten handelte es sich um Personen, die zum antisowjetischen Untergrund gehört oder die durch ihre Inhaftierung unter der sowjetischen Herrschaft gelitten hatten.

Vor dem Hintergrund der gewachsenen Judenfeindschaft in der Zeit der sowjetischen Besatzung und in den vorhergehenden Jahrzehnten schuf auch im polnischen Fall der deutsche Einmarsch die Voraussetzung für die nun stattfindende Explosion der Gewalt. So war schon am Beginn der deutschen Invasion unter der Bevölkerung der Eindruck weit verbreitet, dass ein straffreies Vorgehen gegen die Juden möglich sei. Es gab schon gleich nach dem 22. Juni 1941, wie aus den Dörfern Wasiłków und Zabłudów berichtet wurde, Gerüchte, dass alle Juden getötet werden würden, wenn die Deutschen kämen. Dieser Eindruck verstärkte sich durch das Verhalten der Deutschen in den ersten Tagen der Besatzung. So trug zur Verschärfung der Pogromstimmung in Radziłow bei, dass Wehrmachtssoldaten, als sie hier am 25. Juni einrückten, jüdische Männer misshandelten, Frauen vergewaltigten und Thorarollen verbrannten. Den Einwohnern machten sie nicht nur durch dieses Verhalten, sondern auch explizit deutlich, dass Juden keinen Schutz mehr zu erwarten hätten und sie mit ihnen machen könnten, was sie wollten. Der Eindruck, dass es um die Beseitigung aller Juden gehe und nicht nur um eine temporäre »Bestrafung«, dürfte durch die Ereignisse in Białystok am 27. Juni verstärkt worden sein, als Angehörige des Polizeibatallions 309 einen Pogrom unter den Juden veranstalteten und dabei zahlreiche Juden auf der Straße oder in den Häusern erschossen, das jüdische Viertel in Brand steckten sowie 500–700 Juden in die Hauptsynagoge trieben und dort verbrannten. Darin könnte auch ein Vorbild für die späteren Ereignisse in Radziłow und Jedwabne bestanden haben.

Zur weiteren Eskalation der Gewalt trug bei, dass wohl in erster Linie die Anfang Juli in der Region eintreffenden Einsatzkommandos die »Reinigungsaktionen« begannen, die entsprechend ihren Instruktionen vor allem auf »Kommunisten«, aber damit zugleich auch auf Juden zielten. Die übliche Prozedur war, dass die überwiegend recht kleinen, nur aus wenigen Personen bestehenden Gruppen der Sicherheitspolizei die Bürgermeister und Milizen entweder anwiesen, die »Kommunisten« zusammenzubringen oder aber die jüdischen Einwohner auf dem Marktplatz zu versammeln. Dann wurde meist eine größere Gruppe von »Kommunisten« aus der Gruppe der versammelten Juden ausgesucht und anschließend zum größten Teil von den Deutschen, der polnischen Miliz oder beiden gemeinsam ermordet. Häufig wurden auch nichtjüdische »Kommunisten« verhaftet. Ihre Zahl war jedoch deutlich kleiner und sie wurden meist nur geschlagen, für eine gewisse Zeit inhaftiert und nicht exekutiert.

Die volkskulturelle Zeitschicht

Die polnische Volkskunde und Kulturanthropologie hat die ambivalenten Vorstellungen herausgearbeitet, die über Juden in der Volkskultur existierten. Die bäuerliche Kultur war durch eine starke Unterscheidung von ›fremd‹ und ›eigen‹ gekennzeichnet. Ludwik Stomma hat von einem *orbis interior* und einem *orbis exterior* gesprochen, nach der sie die Wirklichkeit ordnet. Volksmärchen, Bräuche und Rituale zeigen Juden vielfach als Repräsentanten des fremden, bedrohlichen *orbis exterior*. Er war die Sphäre des Todes und des Teufels. Der Teufel bildet in den slawischen Mythologien jedoch keine eindeutig negative, sondern eine ambivalente Figur, dem eine notwendige Rolle bei der Erschaffung und Erhaltung der Welt zugeschrieben wird. Damit waren Juden als Vermittler und Repräsentanten des *orbis exterior* ihr notwendiger Bestandteil und unabdingbarer Faktor ihrer fortdauernden Existenz, wie sich besonders deutlich an der Figur des Juden in Bräuchen erkennen lässt, die am Ende des Winters den Fruchtbarkeitszyklus wieder neu in Gang setzen sollten. Juden waren aber als Repräsentanten des ›Fremden‹ nicht nur durch ihre vielfältige Gegenwart im bäuerlichen Alltagsleben prädestiniert, sondern auch durch ihre Rolle in der christlichen Mythologie, die die bäuerliche Weltsicht zutiefst prägte. Einerseits galten Juden als »Mörder Christi«, andererseits waren sie aber auch Teilnehmer und Zeugen der Passion. Sie galten deshalb als verflucht und zur Sühne unter die Völker verstreut, sie waren damit aber auch der lebende Beweis der Wahrheit des Evangeliums.

In den Alltagskontakten bestanden prekäre, aber unter normalen Bedingungen weitgehend stabil funktionierende Formen des Zusammenlebens. In Krisenzeiten konnten sie jedoch aus dem Gleichgewicht geraten. Im Bild der Juden in der Volkskultur war damit auch ein hohes Potential für Gewalt enthalten, da moralische Verpflichtungen gegenüber Juden als ›Fremden‹ reduziert waren. Um Gewalt und Plünderungen auszulösen, konnte es schon wie 1898 in Westgalizien genügen, wenn der Eindruck entstand, dass Juden keinen Schutz von mächtigerer Seite, d.h. in diesem Fall des Staates, mehr genossen.

Um so mehr konnten Juden in Zeiten tatsächlicher Krisen als Repräsentanten des *orbis exterior* in den Augen der bäuerlichen Bevölkerung zu den Verursachern des Bösen werden. Häufig ausgelöst durch Gerüchte über die Ermoderung christlicher Kinder, waren im Grunde genommen die Pogrome, wie Horkheimer und Adorno feststellten, die »wahren Ritualmorde«. In den Deutungsmustern der Volkskultur vermochten sie die Ordnung der Welt wiederherzustellen. In Zeiten, in denen der *orbis exterior* zur Bedrohung wurde und den *orbis interior* aus dem Gleichgewicht brachte, richtete sich die Aggression gegen die Juden als den Repräsentanten des *orbis exterior.* Die Umwälzungen und Spannungen, die die sowjetische Besatzung in die lokalen Gemeinschaften brachte, bedeuteten zweifellos eine solche Zeit des Schreckens und der Bedrohung. Es scheint, dass sich die lokalen Gemeinschaften in den Pogromen gegen Juden ihrer Einheit zu versichern vermochten. Der von einer mehr oder weniger großen Zahl ihrer Mitglieder durch eine mehr oder weniger ausgeprägte Anpassung an die sowjetische Herrschaft begangene ›Verrat‹ wurde auf die Juden projiziert. Gewalt gegen Juden scheint damit zugleich eine ritualisierte Form der ›Reinigung‹ der eigenen Gruppe von den inneren Brüchen gewesen zu sein, die die Zeit der sowjetischen Herrschaft gebracht hatte.

Auf solche Zusammenhänge deuten die am Beispiel von Kolno geschilderten rituellen, karnevalesken Formen hin, mit denen Juden an verschiedenen Orten symbolisch aus der lokalen Gemeinschaft entfernt und der »fremden« Macht zugeordnet wurden. Um karnevaleske Rituale handelte es sich deshalb, weil damit die früheren vermuteten oder tatsächlichen Hierarchien verspottet und zugleich diejenigen, die die geltenden kulturellen Normen vermeintlich verletzt hatten, bestraft wurden.

So mussten in Zaręby Kościelne ungefähr dreißig jüdische Männer, während sie gezwungen wurden, unter Ziehharmonikamusik die zionistische Hymne HaTikvah zu singen, die Leninstatue vom Marktplatz zu einem nahegelegenen Fluß tragen und sie dort hineinwerfen. Einer der Juden musste dann eine Ansprache halten, bei der er, in einer Verkehrung der christlichen Liturgie, unter anderem sagen musste: »Lenin, du gabst uns das Leben und gibst uns den Tod, du wirst niemals auferstehen.« Während der Entfernung eines Stalindenkmals im ostgalizischen Kolomea stellten die ukrainischen Milizen, wie es in einem späteren Bericht heißt, »zur Freude des Gesindels einen Juden auf den Denkmalssockel und befahlen den Juden ›Stalin, du Dummkopf‹ zu rufen.«

Nicht selten und nicht zuletzt unter dem Einfluss der deutschen Okkupanten konnte aus dem Spott tödlicher Ernst werden. In Jedwabne ging dem Mord an den Juden ein solches Ritual unmittelbar voraus. Eine Gruppe von Juden musste das örtliche Lenin-Denkmal niederreißen, in Teile zerlegen und diese Teile in einer Art Prozession mehrmals um den Marktplatz tragen, bevor sie aus dem Ort geführt und ermordet wurde. An der Spitze musste, einen Hut auf einem Stock tragend, der Rabbiner gehen und die ganze Gruppe wurde gezwungen zu rufen: »Der Krieg ist wegen uns, der Krieg ist für uns.« Ihre Leichen wurden bei Exhumierungen zusammen mit Resten der Lenin-Büste in einem Massengrab gefunden.

Durch die von den deutschen Okkupanten vermittelte Botschaft, dass den Juden nicht nur jeder Schutz entzogen war, sondern nun die Zeit gekommen sei, dass sie aus der Welt verschwinden sollten, konnte der Mord an den Juden und ihre Entfernung aus den lokalen Gemeinschaften in den Deutungsmustern der christlich geprägten Volkskultur gleichsam Teil eines kosmischen Geschehens werden, über das die göttliche Ordnung wiederhergestellt wurde, gewissermaßen die absolute Strafe für das absolute Verbrechen, den Mord am Sohn Gottes. Forschungen in den 1970er und 1980er Jahren in Dörfern im heutigen Ost- und Südostpolen haben gezeigt, dass die einfachen Dorfbewohner den Holocaust vorwiegend als Urteil Gottes, als Bestrafung der Juden für die Verletzung der göttlichen Ordnung und als Beginn der Apokalypse interpretierten. Historisch-politische, teilweise in einem modernen Sinne antisemitische Deutungen wurden dagegen nur von Angehörigen der Intelligenz geäußert.

Fazit

In der Explosion der Gewalt im Sommer 1941 überlagerten sich verschiedenen Zeitschichten angehörende Faktoren. Die konkrete Bedeutung, die den einzelnen Schichten zukam, war jedoch von Region zu Region und häufig auch von Ort zu Ort unterschiedlich.

In den Pogromen des Sommers 1941 wurden drei in ihnen wirksame Zeitschichten unterschieden: 1. der kurzfristige Faktor der deutschen Besetzung, 2. der Nationalismus, der sich in dieser Region entwickelt hatte, als Struktur mittlerer Dauer, und 3. Deutungsmuster der Volkskultur, in denen aus dem Mittelalter stammende Elemente des christlichen Antijudaismus auch im 20. Jahrhundert noch bestimmend waren. Am ausführlichsten ist die zweite Zeitschicht behandelt worden, in der wiederum mehrere Zäsuren unterschieden wurden. Dazu gehörten der Erste Weltkrieg und die nachfolgenden Konflikte in der Region, der sich weiter radikalisierende Nationalismus der 1930er Jahre und die Zeit der sowjetischen Besatzung 1939/40–41. Diese Schicht ist als einheitliche Zeit jedoch dadurch gekennzeichnet, dass sich das Nationale als gesellschaftliche Grundstruktur in wachsendem Maße durchsetzte. Damit wird auch deutlich, dass die Pogromwelle nicht in erster Linie mit den Verhältnissen in der Zeit der sowjetischen Okkupation erklärt werden kann, sondern die Bedeutung dieser Phase für die Pogrome im Kontext der hier herausgearbeiteten Zeitschichten gesehen werden muss.

Quellen und Literatur

Die Berichte Fajgel Gołąbeks und Dinah Koncepolsky-Chludniewitz' sind abgedruckt in Paweł Machcewicz/Krzysztof Persak (Hg.), Wokół Jedwabnego, Bd. 2: Dokumenty, Warszawa 2002, 242f., und in: Aizik Remba/Benjamin Halevy (Hg.), Sefer zikaron le-kehilat Kolno, Tel Aviv 1971, 45–51 (auch auf der website des JewishGen Yizkor Book Projekt unter <http://www.jewishgen.org/yizkor/kolno/kole036.html>, danach hier zitiert, 7. Dezember 2004). Zu den Ereignissen in Kolno auch Andrzej Żbikowski, Pogromy i mordy ludności żydowskiej w Łomżyńskiem i na Białostocczyźnie latem 1941 roku w świetle relacji ocalałych Żydów i dokumentów sądowych, in: Paweł Machcewicz/Krzysztof Persak (Hg.), Wokół Jedwabnego, Bd. 1: Studia, Warszawa 2002, 159–271 (hier 167f.). Zum Pogrom in Jedwabne Jan T. Gross, Nachbarn. Der Mord an den Juden von Jedwabne, München 2001. Materialien aus der anschließenden Debatte enthalten Ruth Henning (Hg.), Die »Jedwabne-Debatte« in polnischen Zeitungen und Zeitschriften, Potsdam 2001, und Antony Polonsky/Joanna B. Michlic (Hg.), The Neighbors Respond. The Controversy over the Jedwabne Massacre in Poland, Princeton 2004.

Die Überlegungen zum Begriff der ›Zeitschichten‹ stützen sich auf Reinhart Koselleck, Zeitschichten. Studien zur Historik, Frankfurt a.M. 2003, vor allem 9–26. Die Thesen zur Gedächtnisgeschichte beziehen sich auf Dan Diner, Gedächtniszeiten. Über jüdische und andere Geschichten, München 2003, 7–15 (Zitat 8).

Das Zitat von Klaus-Michael Mallmann stammt aus ders., Die Türöffner der ›Endlösung‹. Zur Genesis des Genozids, in: Gerhard Paul/Klaus-Michael Mallmann (Hg.), Die Gestapo im Zweiten Weltkrieg. ›Heimatfront‹ und besetztes Europa, Darmstadt 2000, 437–463 (hier 443f.). Zur Bedeutung des Kontextes der deutschen Politik für die Pogrome im Sommer 1941 vgl.

Alexander B. Rossino, Polish ›Neighbors‹ and German Invaders. Anti-Jewish Violence in the Białystok District during the Opening Weeks of Operation Barbarossa, in: Polin 16 (2003), 431–451. Die Anweisungen Heydrichs an die Einsatzgruppenchefs sind zu finden bei Peter Klein (Hg.), Die Einsatzgruppen in der besetzten Sowjetunion 1941/42. Die Tätigkeits- und Lageberichte des Chefs der Sicherheitspolizei und des SD, Berlin 1997, 319f. Wie die Pogrome propagandistisch genutzt wurden, zeigt Bogdan Musial, »Konterrevolutionäre Elemente sind zu erschießen.« Die Brutalisierung des deutsch-sowjetischen Krieges im Sommer 1941, München 2000, 200–209.

Die bis in die Gegenwart fortbestehende Bedeutung eines frühneuzeitlichen politischen, an multikulturellen Traditionen orientierten Nationsbegriffs betont Timothy Snyder, The Reconstruction of Nations. Poland, Ukraine, Lithuania, Belarus 1569–1999, New Haven/London 2003. Bei der im Text genannten Studie von Viktoria Pollmann handelt es sich um dies., Untermieter im christlichen Haus. Die Kirche und die ›jüdische Frage‹ in Polen anhand der Bistumspresse der Metropolie Krakau 1926–1939, Wiesbaden 2001 (das Zitat aus dem *Przegląd Lwowski* 80). Den nationaldemokratischen Diskurs vor dem Ersten Weltkrieg behandelt Brian Porter, When Nationalism Began to Hate. Imagining Modern Politics in Nineteenth-Century Poland, New York u.a. 2000. Zum polnisch-sowjetrussischen Krieg Norman Davies, White Eagle, Red Star. The Polish-Soviet War 1919–1920 and the ›Miracle on the Vistula‹, London 2003 (zuerst 1972). Dem Stereotyp des ›jüdischen Kommunismus‹ und seiner Bedeutung in der Zwischenkriegszeit geht André Gerrits nach, allerdings ohne den polnischen Fall näher zu untersuchen, vgl. André Gerrits, Anti-Semitism and Anti-Communism. The Myth of ›Judeo-Communism‹ in Eastern Europe, in: East European Jewish Affairs 25 (1995), H. 1, 49–72.

Zur Radikalisierung der Judenfeindschaft in den 1930er Jahren in Polen Emanuel Melzer, No way out. The Politics of Polish Jewry 1935–1939, Cincinnati 1997; Anna Landau-Czajka, »W jednym domu stali…«. Koncepcje rozwiązania kwestii żydowskiej w publicystyce polskiej lat 1933–1939, Warszawa 1998. Zur katholischen Deutung der Juden in der Zwischenkriegszeit als Verkörperung von Revolution und Umsturz Pollmann, Untermieter, 188–212. Die längere Geschichte des Antisemitismus unter den ostgalizischen Ukrainern bis zum Zweiten Weltkrieg analysiert John-Paul Himka, Ukrainian Collaboration in the

Extermination of the Jews During the Second World War. Sorting Out the Long-Term and Conjunctural Factors, in: Studies in Contemporary Jewry. An Annual 13 (1997), 170–189, mit Verweisen auf die weitere Literatur.

Die Ursachen der Verschärfung des Antisemitismus in den sowjetisch besetzten Gebieten 1939–1941 diskutieren mit gegensätzlichen Positionen Krzysztof Jasiewicz, Pierwsi po diable. Elity sowieckie w okupowanej Polsce 1939–1941, Warszawa 2001 (2003), und Marek Wierzbicki, Polacy i Żydzi w zaborze sowieckim. Stosunki polsko-żydowskie na ziemiach północno-wschodnich II RP pod okupacją sowiecką (1939–1941), Warszawa 2001. Die Lage der Juden unter sowjetischer Herrschaft behandeln Ben-Cion Pinchuk, Shtetl Jews under Soviet Rule. Eastern Poland on the Eve of the Holocaust, Oxford u.a. 1990, und Dov Levin, The Lesser of Two Evils. Eastern European Jewry under Soviet Rule, 1939–1941, Philadelphia u.a. 1995.

Zum Holocaust in Litauen und zur Kollaboration einheimischer Kräfte gibt es mittlerweile zahlreiche Veröffentlichungen, die meist auch die Pogrome in den ersten Tagen nach Kriegsbeginn mehr oder weniger ausführlich behandeln, dazu u.a. Alfonsas Eidintas, Jews, Lithuanians and the Holocaust, Vilnius 2003, 174–243. Während Eidintas die deutsche Initiative und Leitung für die Pogrome hervorhebt, stellt Siegfried Gasparaitis mehr die litauische Verantwortung heraus, vgl. ders., »Verrätern wird nur dann vergeben, wenn sie wirklich beweisen können, daß sie mindestens einen Juden liquidiert haben.« Die »Front Litauischer Aktivisten« (LAF) und die antisowjetischen Aufstände 1941, in: Zeitschrift für Geschichtswissenschaft 49 (2001), 886–904 (Zitate von 893–895 u. 901).

Überblicke über die Abläufe der Pogrome in Ostgalizien finden sich außerdem bei Dieter Pohl, Nationalsozialistische Judenverfolgung in Ostgalizien 1941–1944. Organisation und Durchführung eines staatlichen Massenverbrechens, München 1996, 54–67; Thomas Sandkühler, ›Endlösung‹ in Galizien. Der Judenmord in Ostpolen und Rettungsinitiativen von Berthold Beitz 1941–1944, Bonn 1996, 110–122. Zur Geschichte der OUN ist weiterhin nützlich John A. Armstrong, Ukrainian Nationalism 1939–1945, New York 1963. Zur Haltung der OUN gegenüber den Juden, auf die Armstrong nur am Rande eingeht, nun auch Amir Weiner, Making Sense of War. The Second World War and the Fate of the Bolshevik Revolution, Princeton 2001, 241–248.

Die Überlegungen zur Volkskultur beruhen vor allem auf Ludwik Stomma, Antropologia kultury wsi polskiej XIX w., Warszawa 1986, und Alina Cała, Wizerunek Żyda w polskiej kulturze ludowej, Warszawa 1992 [engl. Ausgabe The Image of the Jew in Polish Folk Culture, Jerusalem 1995], die auch über die Deutung des Holocaust durch Dorfbewohner in Ost- und Südostpolen in den 1970er und 1980er Jahren berichtet. Zum galizischen Pogrom 1898 Kai Struve, Bauern und Nation in Galizien. Über Zugehörigkeit und soziale Emanzipation im 19. Jahrhundert, Göttingen 2005 (hier: Kap. 8.5, mit weiterer Literatur). Zur Deutung der Pogrome als ›Ritualmorde‹ auch Max Horkheimer/Theodor W. Adorno, Dialektik der Aufklärung. Philosophische Fragmente, Frankfurt a.M. 1988 [zuerst engl. New York 1944] (Zitat 180). Ein gegenüber dem vorliegenden Essay leicht differierender Deutungsvorschlag der Pogrome, der ebenfalls an der Volkskultur ansetzt, findet sich bei William W. Hagen, A »Potent, Devilish Mixture« of Motives: Explanatory Strategy and Assignment of Meaning in Jan Gross's Neighbors, in: Slavic Review 61 (2002), 466–475 (hier v.a. 474f.).

Literatur und Philosophie

Jüdische Hispanizität – Interpretationen hybrider Textualität

Susanne Zepp

Im Jahre 1554 erschien in Burgos ohne Autorenangabe einer der berühmtesten Texte der spanischen Literaturgeschichte, der *Lazarillo de Tormes*. Er gilt als der erste Schelmenroman der Weltliteratur, eine Textgattung, die nach ihrem Protagonisten, dem *pícaro* (Schelm), auch als pikaresker Roman bezeichnet wird. Dieses im Spanien der Renaissance entstandene literarische Vorbild einer fiktionalen Autobiographie hat später auch in Frankreich, England und Deutschland zahlreiche Nachfolger gefunden. Solche Anknüpfungen durch verwandte literarische Motive und deren Formalisierung in eine eigene ästhetische Gattung haben in der Wirkungs- und Rezeptionsforschung bisher viel Aufmerksamkeit erhalten. Doch der Roman hatte natürlich nicht nur Nachfolger, sondern auch selbst Vorbilder. Die Literaturgeschichtsschreibung hat hier zurecht auf die dem Roman zugrunde liegende antike Tradition der menippeischen Satire hingewiesen, vor allem auf Apuleius' *Metamorphosen*, jenem ersten vollständig erhaltenen lateinischen Roman aus dem zweiten Jahrhundert. Diese parodistische Erzählung berichtet von den Abenteuern des Lucius, der durch eine Ungeschicklichkeit in einen Esel verwandelt wird. Die Menschen, denen er begegnet, können nur das Tier erkennen, und deshalb verbergen sie auch ihre schlechtesten Eigenschaften nicht vor ihm. So wird der satirische Effekt ohne weitere Kommentare schon allein dadurch erreicht, dass Lucius aufgrund seiner Verwandlung aus einer naiven Tierperspektive über eine unverstellte Wirklichkeit berichten kann, deren Darstellung den Leser auf die menschliche Wahrheit hinter dem schönen Schein verweist.

Im *Lazarillo de Tormes* verwandelt sich der »kleine Lazarus« – dies die Bedeutung des spanischen Namens »Lazarillo« – zwar nicht in einen Esel, doch auch er berichtet aus einer naiven Perspektive, die teils durch sein jugendliches Alter, teils durch seine Herkunft aus einem marginalisierten Milieu motiviert ist. Ähnlich frei von moralischen Rücksichtnahmen wie das antike Vorbild schildert er so den Zustand der zeitgenössischen gesellschaftlichen Ordnung Spaniens aus der Perspektive eines mittellosen Dieners wechselnder Herren. Die Erzählhaltung ist satirisch und humoresk – der Blick auf die soziale Wirklichkeit der ihn umgebenden Welt jedoch scharf und unbestechlich. Schon sein erster Herr prügelt Lazarillo, und er muss Not und Hunger erleiden. Später wird er Zeuge des unfrommen Lebenswandels eines Klerikers. Lazarillo flieht und zieht von Salamanca Richtung Toledo, wo er nun in den Dienst eines verarmten Adligen tritt, der auf der Flucht vor seinen Gläubigern ist. Auch hier macht er seine Beobachtungen zur sozialen Realität jenseits aller vorgeblichen gesellschaftlichen Harmonie. Ähnliches erlebt er bei einem Mercedariermönch, einem Ablasshändler, einem Kaplan und einem Gerichtsdiener. Dank seiner diesseitsbezogenen Lebensklugheit, vor allem aber durch den Verzicht auf die gottesfürchtige Demut seines biblischen Namensvetters, gelingt es Lazarillo, sich bereits zu Lebzeiten in einem relativen Glück einzurichten. Er wird zum Ausrufer der Stadt Toledo und heiratet eine Dienstmagd, deren Liebe er einvernehmlich mit dem örtlichen Erzpriester teilt.

Der satirisch-parodistische Ton des *Lazarillo de Tormes* entsteht so aus der als naiv inszenierten Erzählhaltung und dem Kontrast zum inhaltlich Gesagten – eine Widersprüchlichkeit, die eine Ironisierung der Staatsautorität, allgemeine Gesellschaftskritik, die Entlarvung einer falschen kirchlichen Ordnung und sogar Momente der Blasphemie aufweist – und sie zum eigentlichen Thema macht. So schwört beispielsweise Lazarillo auf die Hostie, dass seine Gemahlin eine ehrenhafte Frau sei, so »wie jede andere« in Toledo.

Ein Text, dessen Held durch seine rhetorischen Übertreibungen, seine stets beiläufig formulierte, aber deutliche Kritik am Gesellschaftsaufbau und seine Umkehrungen und Schwindeleien im Ganzen nicht lügt, sondern den Blick auf eine unverstellte Wirklichkeit öffnete, konnte zu seiner Zeit keine positive offizielle Anerkennung finden. Die Inquisition setzte den Roman folgerichtig im Jahre 1559 auf den *Index Librorum Prohibitorum*. 1573 erschien eine bereinigte Fassung, der so genannte *Lazarillo castigado*, in dem der Zensor vornehmlich diejenigen Stellen gestrichen hatte, die über den Klerus handelten. Mit dieser Zensur beginnt eine Rezeptionsgeschichte, die den Roman zu den bekanntesten Texten der europäischen Literatur dieser Epoche gemacht hat und die durch die Jahrhunderte hindurch andauert und bis in das heute unvermindert bestehende Interesse der Philologie an Buch und Verfasser reicht. Dabei hat die dominante Lesart der traditionellen spanischen Literaturwissenschaft den Text als Reaktion auf die idealisierende Welt der Ritter- und Schäferromane, der Moriskenerzählung und des byzantinischen Romans interpretiert. Der *Lazarillo* galt somit lange Zeit als Idealtypus für die im *Siglo de Oro* zentrale Thematik des *engaño/desengaño* (Täuschung/Ent-Täuschung), also der barocken Überzeugung, dass die diesseitige Welt von Lug und Trug regierte werde und dass der *desengaño* diese Vorstellung als Schein entlarve. Die durch Rhetorik, Kritik, Ironie und Satire gelenkte literarische Verkehrung des Blicks auf das nur scheinbar wohlgeordnete Gesellschaftssystem aus Armut und Besitz, Gottesfürchtigkeit und Häresie, Oben und Unten ist von Beginn an als wesentliches Strukturmoment des Romans verstanden worden.

Zu dieser subversiven Perspektive des *Lazarillo* gehörte nicht zuletzt auch seine satirische Behandlung der Themen Herkunft, Abstammung und Zugehörigkeit. Es ist deshalb alles andere als Zufall, dass die spätere akademisch-wissenschaftliche Deutungsgeschichte, vor allem aber die allgemeine kulturhistorische Rezeptionstradition die Frage verhandelt haben, inwiefern der Text zur allgemeinen spanischen ›Volkskultur‹ gezählt werden könne. So wurden beispielsweise Frechheit und Ironie des *Lazarillo* als ›typisch spanisch‹ konzeptualisiert. Die ›folkloristischen‹ Bebilderungen des Romans, wie im Gemälde »El niño cojo« von Jusepe de Ribera (1642, Musée du Louvre, Paris), das stets mit dem Lazarillo in Verbindung gebracht wird und sich auf Umschlagabbildungen zahlreicher Textausgaben findet, steht ebenso in diesem Zusammenhang wie das Lazarillo-Standbild am Ufer des Tormes in Salamanca. Da nun aber der Verfasser des *Lazarillo de Tormes* anonym ist und vor diesem Horizont die Rückführung der Romanhandlung auf den Autor und dessen Authentizität stets offen bleiben musste, öffnete sich gerade hier ein weites Feld von Vermutungen und Spekulationen – und dies sowohl in affirmativen Vereinnahmungen wie in deren Kritik. Der ›folkloristischen‹ Rezeption steht dabei in der Fachdisziplin seit der These von Américo Castro, dass es sich beim Verfasser des *Lazarillo* um einen konvertierten Juden, einen *converso*, gehandelt haben muss, eine Gegenthese gegenüber, nach der im Roman gerade nicht das ›urtypisch Spanische‹, sondern eine gleichsam apokryphe Hispanität Thema sei. Auch der Schriftsteller Juan Goytisolo hat in den Antihelden der Schelmenromane den literarischen Ausdruck des jahrhunderte langen Zusammenlebens von christlichen, muslimischen und jüdischen Spaniern gesehen. Diese Auffassungen waren seinerzeit zwar kritisch gemeint, verlängerten aber mithin die Problematik von Zuschreibungen noch in die Kritik an identitätszentrierten Diskursen, für die der Roman immer öfter herangezogen wurde. So wird aus einer heutigen Sicht immer undeutlicher, was die These Castros und Goytisolos – oder in deren Nachfolge Stephen Gilmans, der an anderer Stelle insgesamt auf die Bedeutung der *conversos* für die Entwicklung des Romans als der literarischen Gattung der Moderne hingewiesen hat und der hierfür einmal mehr den *Lazarillo de Tormes* zu seinen wichtigsten Belegen zählte – eigentlich bedeuten soll.

So sieht sich eine erneute Diskussion über den möglichen Verfasser des Textes und über die Implikationen, die sich hieraus für Inhalt und Form des Romans ergeben, einer ganz eigenen, breiten und teilweise in höchstem Maße problematischen Forschung gegenüber. David Nirenberg hat deshalb die Frage – vor allem aber ihre vorschnelle Beantwortung – als Teil des Problems bezeichnet, eines Problems freilich, das nicht mehr auf der Textebene des Romans verhandelbar ist, sondern in der kritischen Reflexion des kulturwissenschaftlichen Zugriffs auf dessen Bedeutung. Er kritisierte die seit Castro eher noch zunehmende Bereitschaft in den Literatur- und Sozialwissenschaften, unterschiedlichste Phänomene als ›jüdisch‹ zu etikettieren, ohne sich über die Voraussetzungen und Folgen solcher Zuschreibungen ausreichend Rechenschaft zu geben; ja, in der Suche in literarischen Texten nach Belegen für die Beantwortung der Frage nach der Zugehörigkeit des Autors, so Nirenberg, setze sich in gewissem Sinne der Diskurs der Inquisition fort und der »genealogischen Lektüre«, die die Herkunft des Verfassers zu bestimmen sucht, müsse die Erneuerung einer philologischen Arbeit am Text selbst entgegengestellt werden, welche die Literarizität des Textes und damit auch eine Literarizität von *converso*-Zugehörigkeiten methodologisch angemessen reflektiert.

Vor dem Hintergrund dieser Problematik hat die vieldiskutierte Ich-Form des *Lazarillo* eine ganz eigene Brisanz. Die autobiographische Redeweise habe, so Hans Ulrich Gumbrecht, »im kommunikativen Milieu der Gegenreformation einen durchaus prekären Status«, da »ein solcher Diskurs nur legitimierbar war durch seine Funktion, Anregung zur *imitatio* zu sein«. Nun ist der Lebensweg des Lazarillo keine Heiligenvita, ganz im Gegenteil. Die Lazarillo-Forschung hat entsprechend die Anrede »Vuestra merced« (»Euer Gnaden«) als Mittel der Ironisierung der gängigen Initial-Topik gelesen, also als Erfindung eines Adressaten zur Rechtfertigung, »wie ein einfacher Ausrufer auf die Idee verfallen konnte, seine Lebensgeschichte niederzuschreiben«. Robert Weimann wiederum hat den Beitrag des pikaresken Romans zur Entfaltung des modernen Welt- und Menschenbildes durch die Aneignung der Welt im literarischen Text über den vermehrten Ausdruck des sozialen und individuellen *Ich* beschrieben. Auch er veranschaulicht dies am Prototyp des modernen Schelmenromans, eben am *Lazarillo de Tormes*, und hält fest, dass diese neue Form der Fiktion undenkbar sei, ohne dass vom Autor wie vom Leser »eine spielerische Austauschbarkeit und Zufälligkeit von Lebensschicksalen« erwogen werde, die auf einem so universal-gesellschaftlichen und allgemein-menschlichen Bezugssystem beruhen, dass sowohl Autor als auch Leser sich »das Bild eines kleinen Betteljungen vornehmen können, um sich eben auf diese Weise mehr Welt und mehr Wahrheit über sich anzueignen«. Die narrative Struktur des Lazarillo, darauf hat die bisherige Rezeption des Romans zu Recht hingewiesen, ist mehr als eine formale Rahmung, sie ist Inhaltsform: Auf der »Konzentrierung des Erzählens auf die Perspektive des fiktiven Ich-Erzählers [...] beruht die Größe, beruhen aber auch die schwierigen Deutungsprobleme des Werkes«. (Bernhard König)

Im vorliegenden Essay soll deshalb aus der Perspektive einer kulturhistorisch orientierten Literaturwissenschaft und unter Berücksichtigung der zeitgenössischen historischen Quellen versucht werden, die bisherigen Deutungen der Ich-Erzählsituation des Lazarillo durch einen Geschichtlichkeit und Literarizität vermittelnden Zugriff zu ergänzen.

Inklusions- und Exklusionsmechanismen des frühmodernen Staats

Der *Lazarillo de Tormes* als erster Text seiner Gattung, so eine Ausgangshypothese, unterscheidet sich von den Folgetexten dadurch, dass hier zwar im Modell der Biographie die Geschichte personenzentriert dargestellt wird, Konturen und Sinn dieses literarischen Erinnerungsträgers aber möglicherweise aus einer weiteren Bezugsfolie resultieren. Die zentrale These dieses Essays interpretiert Ich-Form und die Spezifik des Romans als Mittel der Satire über die Inquisitionstribunalen zu entrichtenden Informationen einer nachzuweisenden »Reinheit des Blutes«. In dieser parodistischen Kopie der ›Abstammungsnachweise‹, die im Spanien der Frühen Neuzeit diejenigen der Inquisition vorlegen mussten, die in den Verdacht geraten waren, *judaizantes* zu sein – d.h. Juden, die zum Christentum konvertiert waren, denen aber unterstellt wurde, weiter jüdischen Glaubens zu sein –, verschränkt sich demzufolge ein in das textuell gestaltete Gedächtnis von Literatur eingeschriebenes Moment einer geschichtlichen Erfahrung mit dem historisch gegen Juden gerichteten Inquisitionsverfahren, die in den Formularen der Abstammungsregistratur ihre Text gewordenen Dokumente gefunden haben. Dieser doppelt ineinander geschobene Zusammenhang von Textualität und Geschichte, bzw. Geschichte und Textualität soll im Folgenden auf beiden Ebenen weiter entfaltet werden.

Ein Spiegel des Bildes der *conversos* im Spanien des ausgehenden Mittelalters ist das Buch *Fortalitium Fidei* (1460), das der Franziskanermönch Alonso de Espina verfasst hatte und in dem die These vertreten wurde, dass der Glaube an das Judentum, den Islam und an christliche Häresien »auf biologischem Wege« ›übertragen‹ werde. Die Auffassung, das ernsthafte Annehmen des ›wahren Glaubens‹ durch einen Konvertiten sei aufgrund von Abstammung letztlich nicht möglich – sie evoziert in ihrer emblematischen Negativität die antisemitischen Überzeugungen des späten 19. und frühen 20. Jahrhunderts –, geht demnach als strukturelles Misstrauen mit der kirchlichen Logik des zeitgenössischen Konversionsgebotes einher. Die durch Konversion gewonnene symbolische Unsichtbarkeit der Juden gebiert hier eine synchron erfolgende Logik des Verdachts, nach der nicht der verweigerte, sondern, gerade umgekehrt, der vollzogene Übertritt den Beweis für das ›Jüdische‹ am Judentum zu liefern scheint. Eine solche Konstellation erscheint in der Tat wie ein modernes Phänomen in der Frühmoderne – der frühabsolutistische Staat bemüht sich ›mit aller Gewalt‹ um eine Klärung der Zugehörigkeiten, so wie dies vierhundert Jahre später die nach ethnischer Homogenität strebenden Nationalstaaten im sozialdarwinistisch imprägnierten Zeitalter der Moderne tun sollten.

Da der Großteil derjenigen Juden, die nach den Verfolgungen im Sommer 1391 in Sevilla, Córdoba, Ciudad Real, Toledo und Logroño, in Orihuela, Alicante, Valencia, Barcelona und Jaca geblieben waren, zum Christentum übergetreten waren, kann hier der vielfach vorgenommene individuelle Akt der Konversion historisch als annulliert gewertet werden, insofern er die Juden als Kollektiv insgesamt betraf. Das war zwar durchaus nicht von Anbeginn an der Fall gewesen, denn bis gegen Ende der 20er Jahre des 15. Jahrhunderts sind Konvertiten offenbar recht problemlos in die christliche Mehrheit eingegliedert worden und die *conversos* erhielten Zugang zu Bereichen, die ihnen als Juden verschlossen gewesen waren. Diese Situation änderte sich aber nach einem Aufstand in Toledo im Jahre 1449, bei dem eine aufgebrachte Menge das Haus des verhassten Steuereinnehmers Alonso de Cota, eines Konvertiten, stürmte und im Anschluss die große *converso*-Gemeinde der Stadt zu attackieren begann. Die Anführer dieser Revolte erließen ein so genanntes Strafstatut, nach dem die *conversos* aufgrund ihrer jüdischen Herkunft von allen öffentlichen Ämtern ausgeschlossen werden sollten. Die Krone stellte die öffentliche Ordnung zunächst wieder her, und Papst Nikolaus V. verdammte zunächst dieses Statut.

Doch in der Regierungszeit Heinrichs IV. (1454–1474),

in die auch die oben erwähnte Schrift Alonso de Espinas fiel, gab es weiterhin kontinuierliche Angriffe gegen *conversos* (1467 in Ciudad Real; 1473 und 1474 in Córdoba). Die *conversos* wurden mehr und mehr – und eher noch als die im Land verbliebenen Juden – als Hauptfeind der spanischen Gesellschaft wahrgenommen. Nachdem im Juli 1468 der König der Stadt Ciudad Real ein Statut bestätigt hatte, nach welchem die *conversos* der Stadt von allen öffentlichen Ämtern ausgeschlossen werden konnten, wurden diese zunächst lokalen Ausgrenzungsgesetze auf die gesamte Halbinsel ausgeweitet. Eines der Hauptanliegen der 1478 mit der Bulle von Papst Sixtus IV. (1471–1484) unter den Katholischen Königen Isabella I. von Kastilien und Ferdinand II. von Aragón eingesetzten spanischen Inquisition war dementsprechend die Prüfung, ob die Zwangstaufe auch zu einer wahren Bekehrung geführt habe. Die Ansicht, dass letztlich nur eine ›altchristliche Abstammung‹ den ›wahren Glauben‹ garantiere, führte 1483 zur endgültigen Einsetzung der Blutreinheitsstatuten durch den Inquisitor Torquemada. Diese Statuten hinderten Christen am Zugang zu weltlichen und religiösen Ämtern, wenn in ihrer Verwandtschaft »jüdisches Blut« ›nachgewiesen‹ werden konnte. Somit waren die *conversos* aller Möglichkeiten zum gesellschaftlichen Aufstieg beraubt. Sie galten als »blutunrein« im Gegensatz zu den vermeintlich von den Goten abstammenden ›Altchristen‹.

Der Historiker Benzion Netanyahu hat vor wenigen Jahren in einer eindringlichen Untersuchung gezeigt, wie gerade das Vordringen des rechtlichen Gleichheitspostulats mit zur historischen Konstellation einer Reinheitsfiktion beigetragen hat, die nach Differenz nachgerade verlangte. Nach den Massakern von 1391, die zum Anlass zahlreicher Konversionen von Juden zum Christentum geworden waren, wurden nämlich die *conversos* vor der Krone den ›Altchristen‹ rechtlich gleichgestellt und erschienen so der christlichen Mehrheitsgesellschaft realpolitisch insofern bedrohlicher als zuvor, als sie nun Ämter erlangen konnten, die ihnen bislang vorenthalten geblieben waren. Die zeitlich synchrone Antwort auf die Folgen dieser Christianisierung war gewissermaßen die Forderung nach einer ›De-Christianisierung‹, die den *conversos* diese Privilegien wieder zu nehmen beabsichtigte. Dies war zumindest eine nahe liegende Möglichkeit, den Vorwurf einer nicht erfolgten ›wahren‹ Konversion und eines unmöglich zu erreichenden ›echten‹ Christentums in den Dienst zu nehmen, um für den Erhalt eigener Privilegien zu kämpfen.

Die Inquisition richtete sich gerade in den ersten hundert Jahren nach ihrer Einsetzung in besonderer Weise gegen *judaizantes* – also jene »judaisierenden Neuchristen«. Die Bulle von Papst Sixtus IV. trat 1480 mit der Ernennung der ersten Dominikaner zu Inquisitoren in Kraft. Laut Andrés Bernáldez (1450–1513), der eine Chronik über die Katholischen Könige verfasste, wurden zwischen 1481 und 1488 siebenhundert *judaizantes* verbrannt, während über fünftausend widerriefen und in aufwendigen Prozessen »mit der Kirche versöhnt« wurden. In seiner Schrift heißt es über diesen Akt, dass – neben langen Gefängnisstrafen – auch Stigmatisierungen durch gelbe schürzenähnliche Schandkleider (*sambenitos*) erfolgten, mit denen die vermeintlichen Sünder, die zudem Kreuze zu tragen hatten, »lange Zeit« gehen mussten.

Die Verhöre des Tribunals selbst erfolgten unter Ausschluss der Öffentlichkeit, wurden aber in Texten festgehalten. Einer der Inquisitoren stellte die Fragen, und ein Gerichtsschreiber schrieb das Verfahren mit. Der Ankläger musste dabei Zeugen beibringen, doch nie kam es zu einer direkten Gegenüberstellung von Zeugen und Angeklagten. Stattdessen musste jeder Zeuge der Anklage einen identischen Fragenkatalog von 40 bis 50 Fragen beantworten. Nach der Befragung des Gefangenen fällten die Inquisitoren ihr Urteil, das dann einer Gruppe von Beisitzern, zumeist Pfarrern, Mönchen oder Gelehrten, übergeben wurde. Sobald sich die Vertreter von kirchlicher und weltlicher Gerichtsbarkeit über ein Urteil einig geworden waren, hatte sich der Verurteilte einer öffentlichen Buße, einem Glaubensakt (*auto da fe*), zu unterziehen, einem äußerst brutalen Verfahren der Erniedrigung und Bestrafung. Einen ›Abstammungsnachweis‹ mussten dabei nicht nur diejenigen der Inquisition vorlegen, die ein öffentliches Amt bekleiden wollten, sondern alle, die in den Verdacht geraten waren, *judaizantes* zu sein.

Der Doyen der spanischen Literaturwissenschaft, Marcelino Menéndez Pelayo, hat die Auffassung vertreten, dass sich an der spanischen Literatur des Spätmittelalters und der Frühen Neuzeit eine breite Unterstützung der spanischen Bevölkerung für die Inquisition ablesen lasse. Es gebe keinen Text, so Menéndez Pelayo, der nicht Zeugnis ablege von der »nationalen Grundüberzeugung«, dass die Inquisition ein notwendiges Werkzeug gegen die vermeintliche Gefahr des ›Judaisierens‹ der ›Neu-Christen‹ sei – eine These, zu der der bereits erwähnte Benzion Netanyahu das Nötige gesagt hat – nämlich dass die vermeintliche »nationale Unterstützung« der Bevölkerung für die Maßnahmen des *Sanctum Officium* Ergebnis der Kombination von Terror, Indoktrination und Agitation gewesen ist und bei weitem mehr die Auffassung von Menéndez Pelayo über die *conversos* als die damalige historische Situation spiegele. Hier erweist sich in der Tat die Richtigkeit der These Nirenbergs, dass sich mit dem Vorwurf an eine imaginäre »jahrhundertealte jüdische Bewegung«, die die spanischen Christen zum Judentum zu bekehren beabsichtigte, die Inquisition noch in die Formen der Literaturgeschichtsschreibung hinein verlängert hat.

Namen – Herkunft – Öffentlichkeit

Erst vor dem Hintergrund der beschriebenen historischen Situation und den in ihr verhandelten Themen von »Reinheit« und Herkunft kann eine Interpretation des Romans *Lazarillo de Tormes* aus textanalytischer Perspektive sinnvoll sein. Eine solche Deutung, die vor der kulturellen Konstellation im Spanien der Frühen Neuzeit einen Herrschaftsdiskurs zu entschlüsseln versucht und die den Versuch unternimmt, die mit Gewalt durchgesetzte kulturelle Homogenität im Prisma eines Textes wieder zu finden, der das Thema der Abstammung literarisch gerade dadurch unterläuft, indem er es zum Thema eines Schelmenromans macht, enthebt die Praxis der Analyse weder von einer innerliterarischen Textexegese noch von historischen Bezugnahmen, im Gegenteil. Sie sucht nur nicht mehr nach Belegen für das Judentum des anonymen Verfassers. Stattdessen wird vielmehr die literarische Inszenierung der *converso*-Thematik dechiffriert, in der Gruppenzugehörigkeit und Gewalt im Zentrum eines literarischen Kommentars stehen. Es gilt deshalb im Folgenden, das Potential einer literaturwissenschaftlichen Entschlüsselung von Emblemen der Zugehörigkeit auszuloten.

Vor diesem Horizont soll nun die These, dass in der Ich-Form des *Lazarillo de Tormes* eine Satire der *Limpieza de Sangre*-Untersuchungen der Inquisition enthalten ist, an ausgewählten Ausschnitten des Romans überprüft werden. Es handelt sich dabei um drei Episoden, in denen im literarischen Text ein gleichsam negativ-reziprokes Bild der geschilderten historischen Vorgänge aufscheint: Das Klären des Namens und der Identität –, das hier nicht als Ausweis edler Abstammung geführt wird, sondern als Genealogie mediokrer Normalität; sodann das Verhandeln von Abstammung –, das hier nicht als Einschwören auf Reinheits-Axiome, sondern als Bekenntnis hybrider Zugehörigkeit erscheint; und nicht zuletzt die zu wählende Option im Verhältnis von Öffentlichkeit und Geheimhaltung –, die hier gerade nicht als klandestiner Akt der Macht dargestellt wird, sondern als subversive Verbreitung und Verkündung des Neuen.

Dies wird umso einleuchtender, wenn man den Beginn des Textes betrachtet, denn die Klärung der Abstammung auch des Helden steht am Anfang des *Lazarillo*, wenn er darlegt, wie sein Nachname »de Tormes« (»aus dem Fluß Tormes«) zustande gekommen ist: Mit der Anrede »Pues sepa vuestra merced« – Euer Ehren soll nun erfahren – wendet sich der Erzähler an den Leser und verspricht ihm die Aufklärung von Namen und Herkunft:

»Ihr sollt zunächst erfahren, dass man mich Lázaro von Tormes nennt, Sohn von Tomé González und Antona Pérez, die aus Tejares stammen, einem Dorf in der Nähe von Salamanca. Meine Geburt ereignete sich im Fluss Tormes, daher habe ich meinen Zunamen; und dies geschah so: Mein Vater, dem Gott vergeben möge, hatte die Aufgabe, eine Wassermühle zu versorgen, die am Ufer dieses Flusses lag. Dort war er seit mehr als fünfzehn Jahren Müller gewesen. Als nun meine schwangere Mutter eines Nachts in der Mühle war, setzten die Wehen ein und sie gebar mich eben dort. Auf diese Weise kann ich also mit Berechtigung von mir sagen, ich sei im Fluss geboren.«

Ein solcher Bericht über die eigene Abstammung hat auf der Folie des oben Dargelegten in einem Text aus dem Spanien des 16. Jahrhunderts eine Bedeutung, die weit über die individuelle Familiengeschichte des fiktiven Romanhelden Lazarus hinausgeht. Der Name des Protagonisten Lazarillo de Tormes erscheint in diesem Textausschnitt mehrfach kodiert: Nicht nur teilt der spanische Lazarus des 16. Jahrhunderts mit dem biblischen Moses die ›Geburt‹ aus dem Wasser, über den es in Exodus 2, 10 heißt: »Als das Kind groß war, brachte sie [die Amme] es der Tochter des Pharao, und es ward ihr Sohn, und sie nannte ihn Mose; denn sie sprach: Ich habe ihn aus dem Wasser gezogen.« Die strukturelle Ähnlichkeit der Geschichte Lazarillos zur Abstammung des späteren Überbringers der Gesetze hat noch eine weitere Dimension. Moses hatte letztlich zwei Mütter, eine Frau aus dem Hause Levi, die ihn ausgesetzt hatte, und die Tochter des Pharaos, die ihn aufnahm. In der Bibel-Geschichte ist es aber die Ägypterin, die ihm seinen Namen gibt. Mose gehört also einem der israelitischen Stämme an, hat aber auch historische Elemente ägyptischer Zugehörigkeit. Eine Lektüre des *Lazarillo de Tormes*, die den Text literarisch als das verschlüsselte Gedächtnis der *conversos* deutet, hätte hier bereits einen ersten Beleg. Der biblische Bezug des Vornamens Lazarus

(»Gott hat geholfen«, vgl. hebräisch *Eleasar* und arab. *al-Azar*) mag sich mit Blick auf Lukas 16, 19–21 noch mit dem Schicksal des armen Protagonisten verrechnen lassen, wenn dort vom reichen Mann und von Lazarus die Rede ist, der im Gegensatz zum Reichen ins Himmelreich komme. Man kann sich aber auch auf die Auferweckung des Lazarus beziehen, die im Evangelium nach Johannes berichtet wird. Jesus sagt dort zu Marta: »Ich bin die Auferstehung und das Leben. Wer an mich glaubt, der wird leben, auch wenn er stirbt« (Johannes 11, 25). In einer Lesart, die den Satz Jesu eben nicht metaphorisch liest, sondern wörtlich, verstärkt sich die bereits oben gezeigte Isotopie der Konversion, denn der Übertritt vom jüdischen zum christlichen Glauben hieß im Spanien dieser Zeit ganz wörtlich, zwischen Tod und Leben letzteres zu wählen.

Eine solche Deutung findet ihre Entsprechung in der textuellen Ritualisierung des Verhörs. Während die Tribunalprotokolle von einem Schreiber protokolliert wurden, der die Aussagen in der dritten Person festhielt: »er/sie sagte« – »dixo«, wurden die »Informaciones genealógicas« auch als persönliche *confessio* verlangt. Im National-Archiv von Madrid finden sich Hunderte – wenn nicht Tausende – von Briefen, wie jener, den beispielsweise der Arzt Pedro de Ledesma am 4. Mai 1565 an das Sanctum Offizium richtete. Unter der Vormerkung »Illustres y muy estimados señores, esta es la memoria de mi Ascendencia que vuestras mercedes me mandaron que diese« (»Ehrwürdige und hochgeschätzte Herren, dies ist die Erinnerung an meine Abstammung, die Eure Gnaden von mir verlangt haben«) klärt der Arzt über seinen Vater, den Großvater und die Großmutter väterlicherseits sowie die Mutter und die Großeltern mütterlicherseits auf. Die Inquisition holte eine detaillierte Übersicht über die ›Abstammungsverhältnisse‹ ein, die auch von Zeugen bestätigt werden musste. Die abstrusen Ausmaße dieser Reinheitsfiktion sind aus einem von Yosef Yerushalmi übersetzten und zitierten Ausschnitt aus der Schrift »Centinela contra judíos« des

Mönchs Francisco de Torrejoncillo ersichtlich: »Um ein Feind der Christen, Christi und seines Göttlichen Gesetzes zu sein, muss man nicht von jüdischen Eltern abstammen. Ein Elternteil genügt. Es ist belanglos, wenn der Vater nicht [jüdisch] ist; es reicht schon, wenn die Mutter es ist. Und wenn sie es nicht ganz ist, genügt die Hälfte; und auch wenn es weniger ist, genügt ein Viertel oder ein Achtel. Und in unseren Tagen hat die Heilige Inquisition festgestellt, dass es bis zum einundzwanzigsten Grad [der Blutsverwandtschaft] Fälle von heimlich praktiziertem Judentum gibt.«

Vor dem Hintergrund dieser realhistorischen *converso*-Problematik eröffnet sich eine andere Sicht auf den Beginn des Romans, die das Panorama dieses literarischen Texts um den Aspekt der »genealogischen Informationen« erweitert, die von *judaizante*-Verdächtigen und den Bewerbern auf öffentliche Ämter an die Inquisition zu richten waren. Diese Lesart des Berichts über seine Abstammung, welchen der Ich-Erzähler am Anfang des *Lazarillo* gibt, ist demnach eine Satire auf das Verlangen, Klärung über die Herkunft herbeizuführen und somit gerade keine Genealogie, bzw. eine nur fiktive, die noch dazu anonym verfasst wurde. Der Bericht des Erzählers über seine Herkunft ist mit dem oben zitierten Passus noch keineswegs abgeschlossen. Auffällig ist dabei vor allem, dass Lazarillo nicht etwa – wie bei einem ›normalen‹ Abstammungsbericht zu erwarten – Rühmens- und Lobenswertes über seine Herkunft berichtet, sondern ausnahmslos kompromittierende Details, dies jedoch in einem Ton, der die ›objektiven‹, teils gerichtsmäßigen ›Fakten‹ verharmlost:

»Als ich ein Knabe von acht Jahren war, hat man meinen Vater beschuldigt, er habe einen zu schlechten Aderlass an den Säcken vorgenommen, die man ihm in die Mühle brachte, und so wurde er festgenommen, er bekannte und leugnete nicht, und so erlitt er Verfolgung durch die Justiz. Ich hoffe, dass Gott ihn in die ewige Seligkeit genommen hat, denn man nennt solche Leute wie ihn im Evangelium selig. [...] Meine verwitwete Mutter lernte einen Mauren kennen, einen von denen, die sich um die Tiere kümmerten. Dieser kam manches Mal in unser Haus und ging erst wieder am Morgen. […] Ich sorgte mich zu Anfang, als er kam, und hatte Angst vor ihm, wenn ich seine Hautfarbe und sein schlechtes Benehmen sah; aber als ich sah, dass sich mit seiner Anwesenheit das Essen verbesserte, fing ich an, ihn zu mögen, denn er brachte immer Brot, Fleischstücke und im Winter Holzscheite, mit denen wir uns wärmen konnten. Auf diese Weise setzten sich Besuche und Gespräche fort, und schließlich schenkte mir meine Mutter einen hübschen kleinen schwarzen Bruder, denn ich wiegte und wickeln half. Und ich erinnere mich, dass einmal mein schwarzer Stiefvater mit dem Kleinen spielte, und als der Kleine mich und meine Mutter weiß und seinen Vater nicht sah, erschreckte er sich vor ihm und rannte vor Angst zu meiner Mutter, und er zeigte mir dem Finger auf seinen Vater und sagte: Mama, ein schwarzer Mann! Er antwortete lachend: Hurenkind! Obwohl ich noch ein kleiner Junge war, merkte ich mir die Worte meines kleinen Bruders sehr genau, und ich sagte zu mir: ›Wie viele mag es auf der Welt geben, die vor anderen Abscheu haben, weil sie sich selbst nicht kennen!‹«

Die hier vorgeschlagene Deutung der Ich-Form des *Lazarillo de Tormes* als einer Satire auf das bürokratische procedere im Nachweis der *limpieza de sangre* erscheint aus der Perspektive einer literarischen Textualität jüdischer Geschichtserfahrung umso aufschlussreicher. Der entscheidende Unterschied zwischen den königlichen, d.h. weltlichen Gerichten und dem Inquisitionsverfahren lag vor allem in der Geheimhaltung sämtlicher inquisitoraler Verfahren. Keiner der Beteiligten durfte über die Tribunale und die Tribunalsakten jemals in der Öffentlichkeit sprechen. Bei seiner Entlassung in die Freiheit oder zum Strafantritt hatte der Angeklagte ein Schriftstück zu unterzeichnen, in dem er unter Eid und bei Strafandrohung erklärte, »niemandem über das innerhalb des Kerkers und des Verfahrens Gehörte zu berichten«. (Fritz Heymann) Aus Sicht dieses Imperativs der Geheimhaltung erscheint die im Prolog formulierte Absicht, die die Publikation von Lazarillos Lebensbericht verfolge, in doppelter Hinsicht satirisch:

»Ich halte es für gut, dass so wichtige und vielleicht nie gehörte noch gesehene Dinge vielen Leuten Kund getan werden und nicht im Grab des Vergessens begraben werden, denn es könnte sein, dass jemand diese Dinge liest und etwas findet, was ihm gefällt, und diejenigen, die sich nicht so sehr vertiefen, sich daran ergötzen können. Und in dieser Absicht sagt Plinius, dass es kein Buch gibt, so schlecht es auch sein mag, das nicht etwas Gutes in sich habe. [...] Und so darf man keine Sache zerstören noch verdammen, wenn sie nicht allzu verabscheuungswürdig ist, sondern allen mitteilen, besonders wenn sie ohne Schaden ist und man aus ihr irgendeinen Nutzen ziehen kann. Wenn es nicht so wäre, würden sehr wenige nur für eine einzige Person schreiben, zumal es nicht ohne Mühen geschieht, und sie wollen, wenn sie diese Mühen schon durchstanden haben, nicht mit Geld entlohnt werden, sondern damit, dass man ihre Sachen sieht und liest, und, wenn es der Mühe wert erscheint, sie lobt.«

Zum einen liegt hier eine Ironisierung des gängigen Nützlichkeitstopos vor – immerhin stellt der folgende Text die Autobiographie von Jemandem dar, dessen diverse Missetaten ebenso ohne Ahndung bleiben, wie die weitaus größeren Missetaten seiner zahlreichen Herren aus Adel und Klerus. Zum zweiten werden hier die besonderen Möglichkeiten der literarischen Geschichtsthematisierung deutlich: Dass sich Verfasser literarischer Texte viel stärker als Historiker ästhetischer Mittel der Gestaltung bedienen können, ist evident – diese Freiheit literarischer Geschichtsdarstellungen ist ja gerade das Charakteristikum der Literarizität der Texte. Da Geschichte immer Geschehen und Darstellung zugleich ist und nicht nur jede Darstellung ein dargestelltes Geschehen impliziert, sondern auch das historische Geschehen stets nur im Medium seiner Darstellung greifbar ist, fungiert die literarische Aufbereitung von Geschichte als Ordnungselement historischer Erfahrungen.

Die Rechtsvorgänge der Inquisition waren mit dem Diskretionsgelübde verbunden – der anonyme Autor des Lazarillo möchte dagegen die »nie gehörten noch gesehenen Dinge« möglichst »vielen Leuten Kund« tun. Diese weitere Verkehrung zielt nicht auf Vergessen, sondern auf Erinnerung. Es handelt sich also hier um eine Legitimierungsstrategie des Gedächtnisses, die kaum mit einem gegenreformatorischen Moralverständnis oder mit den juristischen Prozeduren der Inquisition vereinbar war.

Zur literarischen Textualität jüdischen Geschichtsverständnisses

Michail Bachtin hat in seinem Essay »Formen der Zeit und des Chronotopos im Roman« auf das symbolische Raum-Zeit-Kontinuum literarischer Texte hingewiesen. Der narrativ vermittelte Raum ist in diesem Verständnis nicht Widerspiegelung, sondern Konstruktion von Raum. Gerade im pikaresken Roman ist der Chronotopos eng an den Lebensweg des *pícaro* gebunden. Die raum-zeitliche Gestaltung der Schauplätze, an denen die jeweiligen Episoden im Lebensweg des Lazarillo spielen, ist nicht nur für den Handlungsverlauf der einzelnen Geschichten konstitutiv, sondern steht symbolisch für das Weltbild des Textes. Texte stellen nicht nur Wirklichkeit dar, sie bringen Wirklichkeit – also arbiträre und künstlerisch geformte Diskurse über die Wirklichkeit – erst hervor. Lazarillos fiktive Autobiographie ist sowohl ein geschichtlicher Text als auch eine textuell geformte Geschichte – und somit Kommentar. Nur auf den ersten Blick erscheint sie als bloße Rechtfertigung seines Lebensweges hin zum Glück in der Heirat mit der Geliebten des Erzpriesters. Sie ist in viel höherem Maße als bisher erkannt auch ein kommentierender Text zur Justiz ihrer Zeit, genauer, die satirische Anprangerung einer Textsorte, die im Spanien des 16. Jahrhunderts vor allem denjenigen abverlangt wurde, die im Verdacht standen, auch nach der Konversion heimliche Anhänger des mosaischen Gesetzes zu sein. Die Besonderheit des pikaresken Romans ist deshalb vor allem in der Verknüpfung mit der spanischen Geschichte des ausgehenden 15. und 16. Jahrhunderts zu verorten. Wenn man den literarischen Text als Spiel-Situation erachtet, die historische Konfigurationen aktualisiert und intersubjektiv erfahrbar macht, dann zeigt sich, wie Hans Ulrich Gumbrecht schreibt, dass im Lazarillo angesichts der hohen Zahl von Ausgaben und zahlreichen Fortsetzungen »die verschiedenen konfligierenden Sinn- und Zeitdimensionen seines historischen Umfelds konvergierten und eine besondere Verdichtung erfuhren«.

Aus einer solchen Perspektive zeigt sich am Lazarillo auch die Eigenart frühneuzeitlicher Individualisierungsprozesse. Die Lazarillo-Philologie hat eindruckvoll zu zeigen vermocht, in welchem Maße das moralphilosophische Schrifttum als Folie für die Komposition dieser Biographie gedient hat. Aus der hier skizzierten Deutungsperspektive sei ergänzt, wie sehr das »Kundgeben noch nie gehörter Dinge« aus der Perspektive eines Ich-Erzählers, der möglicherweise auch vor der Folie der Inquisitionstribunale seine eigenen Erfahrungen und Vorstellungen im Medium des Textes konstruiert, einer neuzeitlichen Öffnung des Texts gegenüber der individuellen Erfahrung gleichkommt – und dies vor allem dort, wo sie mit den Prämissen der tradierten Erfahrungswelt nicht mehr übereinstimmt. Bernhard König hat gezeigt, mit welcher Ironie im Text die Rolle Gottes figuriert, und auf die Stellen hingewiesen, in denen Lazarillo wie »vom Heiligen Geist selbst« beseelt einen gewitzten Ausweg aus einer scheinbar vertrackten Situation findet: Gott sei hier zu einer »Vokabel für Erfolg« und für die glückliche Rettung aus schwierigen Lagen »durch Gewitztheit und Geschicklichkeit« geworden – und dies jenseits aller moralischen Normen. In der hier aufgezeigten Lesart erhält diese Deutung – der christliche Gott als ›Vokabel für glückliche Rettung aus einer schwierigen Lage‹ – angesichts der historischen Realität der *conversos* des 16. Jahrhunderts eine zusätzliche Dimension, denn als *judaizante* zu gelten, war eine Bedrohung für Leib und Leben.

Nun vermögen es literarische Texte, den Sinnhorizont einer Epoche zu bewahren und aufgrund ihrer strukturellen Geformtheit auch vielfältige und komplexe Aspekte von Realität zur Darstellung zu bringen. Vielfalt und Einheit jüdischen Lebens über Räume und Zeiten hinweg sind eine Spezifik der Geschichte der verschiedenen Judenheiten Europas – und diese ist bestimmt von einer textuellen Verbundenheit, die über die jeweiligen Sprachen der ›fremden Länder‹ hinausreicht. Dies gilt keineswegs nur für die jüngere Geschichte, ganz im Gegenteil. Schon im Jahre 1345 richtete der Rabbiner Sem Tob de Carrión de los Condes seine *Proverbios morales* an König Pedro I. und vermerkt in einem dieser – bis heute immer wieder zitierten – Aphorismen über die Schrift, dass ein Pfeil nur bis zu seinem nahen Ziel fliege, die Schrift aber von Burgos bis Ägypten. Die zentralen Embleme der Zugehörigkeit der jüdischen Bevölkerung als einer transnational und transterritorial verfassten Gemeinschaft sind die Schrift, d.h. die sakralen Texte, sodann die hebräische Sprache und die anderen jüdischen Sprachen. Dieser Zusammenhang ist nun keineswegs auf eine rein religiöse Bedeutung zu beschränken; mithin gilt nicht nur, dass sich das Sakrale in Texte kleidet, sondern auch umgekehrt: das Textuelle birgt in sich auch Elemente der Sakralität. Moritz Goldstein, der bis heute vor allem durch die von ihm angestoßene »Parnass«-Debatte über die Rolle der Juden in der deutschen Kultur bekannt geblieben ist, sprach diesen Zusammenhang kurz vor dem Ersten Weltkrieg aus einer durchaus säkularen Position an. Er charakterisierte die Juden als ein Volk, das über Jahrtausende auf dem »dünnen Boden der Schrift« gelebt habe, und im Anschluss an Heinrich Heine, der die Bibel bekanntlich als das »portative Vaterland« der Juden bezeichnet hatte, zog Goldstein den Schluss:

»Wir haben kein Land der Väter, keinen Boden, in dem unsere Wurzeln stecken, keine Scholle, deren Duft wir an uns tragen; und *was uns einigt, ist ein Buch, etwas Unreales, rein Geistiges, bloß Symbole und Zeichen! Auf dem dünnen Boden der Schrift hat dieses gespenstige Volk zweitausend Jahre gelebt*, aus ihm hat es seine Energien gezogen, und eine Generation nach der anderen hat ihre Arbeit darauf gehäuft. Das Buch war für lange Ketten von Geschlechtern Trost und Zuflucht, Hoffnung und Lohn, Licht, Luft und Sonne.«

Die Metapher vom »Volk des Buches« hat nicht zuletzt

aufgrund vieler solcher Selbst- und Fremdbilder von jüdischer und nichtjüdischer Seite längst den Status eines Mythos erlangt – und in diesem Sinne wurde ihr unlängst auch eine ganze Untersuchung gewidmet. Im Zusammenhang mit der vorgenommenen Deutung des *Lazarillo* wird aber deutlich, wie sehr sich jene Form der fiktionalen Autobiographie im Spannungsfeld zwischen Literatur und Geschichtsschreibung verortet: Geschichte wird in Text im Hegelschen Sinne gewissermaßen »aufgehoben«. Dieses Argument war für Yosef Yerushalmis Überlegungen in *Zachor* zentral, als er die Eigenart der jüdischen Erinnerung im Mittelalter gerade dadurch charakterisierte, dass sie weniger in historiographischen Texten als in Ritual und Liturgie die Orte der Bewahrung von Geschichte gefunden habe: »Historische Ereignisse zeitigten im Mittelalter als wichtigste religiöse und literarische Reaktion nicht etwa Chroniken, sondern *selichot*, Bußgebete, die in die Liturgie der Synagoge aufgenommen wurde.« Liturgische und historische, zyklische und lineare Zeit unterscheiden sich, und kommen doch in dieser Geschichtsauffassung zusammen – die historischen Ereignisse der Bibel sind einmalig, doch werden sie im Rhythmus der Lesungen in der Synagoge und in der Abfolge der Fest- und Feiertage wiederkehrend erinnert. Vergangenheit dient als Bezugs- und Bestimmungsfaktor der jeweiligen historischen Zeit. Dieses Verschmelzen von verschiedenen Zeitwahrnehmungen, die Bewahrung der Erinnerung an ein Ereignis in einer in Literatur verwandelten Form, ließe sich auch auf das Geschichte und Literatur verschränkende Verständnis der zentralen Thematik im *Lazarillo* beziehen.

Semantische Mehrdeutigkeit ist ein Kennzeichen von literarischen Texten. Ein fiktionaler Text eröffnet einen ›Spielraum für das Denken‹ – Gerade das ›Unscharfe‹ des Umgangs literarischer Texte mit Konzepten macht sie produktiv. Literarische Texte sind mehrdeutig lesbar und inszenieren oftmals sogar diese Mehrdeutigkeit als strukturelles Merkmal. Die Lektüre literarischer Texte hat somit immer auch eine kritische Dimension. Sie erweitert das Weltverständnis des Lesers, macht sein Bild von der Welt komplexer. Diese Momente von Unbestimmtheit sind beispielsweise auch in den mittelalterlichen *selichot* enthalten: »Namen und Schilderungen fehlen meistens, doch gibt es Ausnahmen. Die dichterische Form machte es schwer, genaue Einzelheiten einzubringen«, so noch einmal Yerushalmi, der zugleich auch darauf verwiesen hat, dass die rituelle alljährliche gemeinsame Lektüre bestimmter sakraler Texte, zum Beispiel die Lesung des Buches Esther an Purim, »unabhängig vom Inhalt – nicht auf Rationales, sondern auf Evokation und Identifikation« ziele. Vielleicht ließe sich sagen, dass es in diesen Liturgien des Gedenkens weniger um die faktuale Repräsentation einer spezifischen historischen Gegebenheit, sondern eher um einen verallgemeinernden Blick auf die Welt geht. Das Gedenken an Verfolgung im alttestamentarischen Ägypten hat gleichzeitig auch einen Bezug auf den Gedanken an Verfolgung in einem allgemeineren Sinne.

Diese gleichzeitige Modellierung eines bestimmten sowohl speziellen als auch eines universalen Bezugs nähert sich deswegen a priori der oben angedeuteten Eigenart literarischer Texte an und verweist somit in struktureller Hinsicht auf die hier avisierte Textualität jüdischen Geschichtsverständnisses. Im neunten Kapitel seiner *Poetik* hatte Aristoteles die Dichtung von der Geschichtsschreibung insofern unterschieden, als erstere vom Allgemeinen und von dem, was sein könne handele. Die Perspektive sei aus diesem Grunde philosophischer – oder allgemeiner – als im Falle der Geschichtsschreibung, denn diese rede vom Besonderen, von dem, was tatsächlich geschehen sei. Das Allgemeine bestehe gerade darin, dass die Handlungen des Menschen nach »Wahrscheinlichkeit oder Notwendigkeit« erfolge, also stärker unter universalem als unter dokumentierendem Aspekt beleuchtet werde.

Nimmt man nun geschichtstheologisches Denken und rituell-liturgisches Gedenken als zwei der wesentlichen Hauptausdrucksformen jüdischen Gedächtnisses gemeinsam in den Blick, wird deutlich, in welchem Maße jüdisches Gedächtnis dazu auffordert, Vergangenheit zu vergegenwärtigen, zu repräsentieren. Der literarische Text als Medium der Repräsentation und Konstruktion von Erinnerungen und Identitäten wäre als ein drittes Element eines jüdischen Geschichtsverständnisses in der Frühen Neuzeit hinzuzudenken.

Gerade die Außenseiterrolle des Lazarillo und das Versagen der ihn umgebenden Gesellschaft bei seiner Integration sind als Metapher für die Existenzbedingungen der spanischen *conversos* lesbar. Es geht hier also weniger um die Identifikation einer *converso*-Literatur als um die Analyse eines ›jüdischen Diskurses‹ innerhalb der spanischen Literaturgeschichte. Die Lektüre des Romans aus dem 16. Jahrhundert hat gezeigt, wie in einer Situation der für den Einzelnen nicht reparablen von außen auferlegten Marginalisierung eine repräsentierende Sprache für die historische Wirklichkeit gefunden wurde, die auf eine ganz eigene Weise einen Wandel der literarischen Gattungen akzentuiert: Die hier vorgenommenen Deutungen der Diskursformationen im Spanien der Frühmoderne verweisen auch auf Möglichkeiten und Grenzen des Begriffs der kulturellen Hybridität, denn die Perspektive der transterritorial und transnational verfassten Geschichte der europäischen Judenheiten schärft den Blick auf Konzepte wie kulturelle Identität und Differenz. Die Kategorien des ›Eigenen‹ und des ›Anderen‹ sind im Blick auf das Spanien der Frühen Neuzeit weniger leicht zu differenzieren, als sich dies die Inquisition erhofft hatte. Die Literaturwissenschaft hat keinen Anlass, gerade diese Hoffnung ex post zu erfüllen. Aber sie sollte diese Texte – wie jede anderen – literarisch wie historisch genau lesen.

Quellen und Literatur

Ein Großteil der Akten der Inquisition ist im Spanischen Historischen Nationalarchiv (Archivo Histórico Nacional, kurz AHN) versammelt. Zu Geschichte, Struktur und Aufbau dieses

Archivs vgl. den immer noch grundlegenden Aufsatz von Miguel Aviles/Jose Martinez Millan/Virgilio Pinto, El Archivo de la Inquisición. Aportaciones para una Historia de los Archivos Inquisitioriales, in: Revista de Archivos, Bibliotecas y Museos 81 (1978), no. 3, 459–518.

Entsprechend der Struktur der Inquisition – unter der Leitung der Zentralorganisation, des Consejo de Inquisición oder Suprema, arbeiteten die 21 lokalen Tribunale in Spanien, Sizilien, Mexiko und Peru – gliedern sich die erhaltenen Dokumente. Laut den Anweisungen des Hauptinquisitors Diego de Espinos aus dem Jahre 1572 musste jedes lokale Tribunal über Aktenregister verfügen. Der Großteil der weiteren Inquisitions-Quellenbestände ist im Archivo Diocesano de Cuenca und im Archivo General de la Nación in Mexiko City erhalten.

Die in den Beständen des AHN erhaltenen Dokumente gliedern sich wie folgt: Da die eigentlichen Prozessakten im Gegensatz zu allgemeineren Registern, die Schriftverkehr, Strafenregister und Anweisungen enthielten, nicht gebunden wurden, teilt man den Aktenbestand der Inquisition im AHN in *libros* (gebundene Bücher) und *legajos* (lose Akten). Die einzelnen Prozessakten sind nach den jeweiligen Vergehen geordnet. In den Beständen der Inquisition de Toledo enthält – wie in den meisten Tribunalen in Spanien – der Vorwurf *judaizante* die meisten Akten, gefolgt von Hexerei und den gesammelten Häresien. Auch zu Blasphemie liegen viele Akten vor. Einen weiteren großen Bestand bieten die *Informaciones genealógicas*, die ebenfalls bei der Inquisition einzureichen waren, wenn man ein öffentliches Amt bekleiden wollte oder es Zweifel über die *limpieza de sangre* gab.

Für diesen Beitrag wurden die Archivbestände der Inquisition von Toledo eingesehen, die in *legajos* vorliegen. Die Ordnung innerhalb der *legajos* wird durch die einzelnen Rechtssachen (sp. *expediente*) bestimmt. Die Zitierweise der einzelnen Akten gibt die Nummer des *legajo* sowie des entsprechenden *expediente* an. Das zitierte Beispiel des Arztes Dr. Pedro de Ledesma, dessen *limpieza de sangre* 1568 untersucht wurde, findet sich in den Actas de la Inquisición de Toledo, *Legajo* 360, *Expediente* 7.

Die für diesen Beitrag konsultierten Werke zur Spanischen Inquisition sind die folgenden: Gerd Schwerhoff, Die Inquisition – Ketzerverfolgung in Mittelalter und Neuzeit, München 2004; John Edwards, Die spanische Inquisition, Düsseldorf/Zürich

2003; Helen Rawlings, The Spanish Inquisition, Oxford 2004; António Vieira/Sébastien Lapaque, Sur le procédés de la Sainte Inquisition – propositions en faveur des gens de la nation juive, Paris 2004; Laurent Albaret, L'inquisition et la répression des dissidences religieuses au Moyen Age: dernières recherches, Carcassonne 2004; Léon Poliakov, Geschichte des Antisemitismus, Bd. 4: Die Marranen im Schatten der Inquisition, Frankfurt a.M. 1981; Marcelino Menéndez Pelayo, Historia de los heterodoxos españoles, Madrid 1963; Benzion Netanyahu, Toward the Inquisition. Essays on Jewish and Converso History in Late Medieval Spain, Ithaca, NY 1997; ders., The Origins of the Inquisition in Fifteenth Century Spain, New York 1995; Richard Kagan, Inquisitorial Inquiries. Brief Lives of Secret Jews and Other Heretics, Baltimore 2004; Fritz Heymann, Tod oder Taufe. Vertreibung der Juden aus Spanien und Portugal, Frankfurt a.M. 1992 (hier 72). Einen Überblick über die Forschungsdiskussion, ob die Inquisition ›rassistisch‹ gewesen sei, und eine dezidierte eigene Positionsnahme finden sich in Max Sebastián Hering Torres, Limpieza de sangre: Rassismus in der Vormoderne?, in: Wiener Zeitschrift zur Geschichte der Neuzeit 3 (2003), H. 1: Rassismus, 20–36; vgl. hierzu auch: Yosef Hayim Yerushalmi, Assimilierung und rassischer Antisemitismus. Die iberischen und die deutschen Modelle, in: ders., Ein Feld in Anatot. Versuche über jüdische Geschichte, Berlin 1993, 53–80 (Das Zitat auf Seite 62); Jerome Friedman, Jewish Conversion, the Spanish Pure Blood Laws and Reformation. A Revisionist View of Racial and Religious Antisemitism, in: The Sixteenth Century Journal 18 (1987), no. 1, 3–29.

Die hier benutzte Ausgabe des *Lazarillo de Tormes* ist die Edition von Francisco Rico, La vida de Lazarillo de Tormes y de sus fortunas y adversidades, Madrid 1987. Die weiteren in diesem Rahmen konsultierten Sekundärtexte zum Lazarillo de Tormes sind Aron David Kossoff, La Picaresca clásica. El Converso teológico y social, in: La Torre. Revista de la Universidad de Puerto Rico 1 (1987), 445–460; Manuel Ferrer-Chivite, Sustratos Conversos en la Creación de Lázaro de Tormes, in: Nueva Revista de Filologia Hispánica 33 (1984), 352–379; Victoriano Roncero López, Lazarillo, Guzmán, and Buffoon Literature, in: Modern Language Notes 116 (2001), 235–249; Hans Robert Jauss, Ursprung und Bedeutung der Ich-Form im Lazarillo de Tormes, in: Romanistisches Jahrbuch 7 (1957), 290–311; Giancarlo Maiorino, At the Margins of the Renaissance. Lazarillo de Tormes and the Picaresque Art of Survival, University Park, PA. 2003; Stanislav Zimic, Apuntes sobre la estructura paródica y satírica del Lazarillo de Tormes, Madrid 2000; Augustin Redondo (Hg.), Travaux sur le Lazarillo de Tormes, Paris 1993; Brian Dutton, Unas notas sobre Lazarillo de Tormes, in: ders./Victoriano Roncero López (Hg.), Busquemos otros montes y otros ríos. Estudios dedicados a Elias L. Rivers, Madrid 1992, 113–126; Bernhard König, Lazarillo de Tormes, in: Volker Roloff/Harald Wentzlaff-Eggebert, Der spanische Roman, Stuttgart/Weimar 1995, 30–45; Hans Ulrich Gumbrecht, *Eine* Geschichte der spanischen Literatur, Frankfurt a.M. 1990, 283–286, 302, 306–309; Robert Weimann, Realismus in der Renaissance. Aneignung der Welt in der erzählenden Prosa, Berlin/Weimar 1977 (hier: 97). Zur Rezeption des Lazarillo in der europäischen Literatur vgl.: Alberto Martino, Lazarillo de Tormes e la sua ricezione in Europa (1554–1753), Bd. 1: L'opera, und Bd. 2: La ricezione, Pisa/ Roma 1999; zur deutschsprachigen Rezeption: ders., Die Rezeption des Lazarillo de Tormes im deutschen Sprachraum (1555/ 62–1750), in: Daphnis 26 (1997), 301–399.

Im Bezug auf die methodischen Überlegungen vgl. Yosef Hayim Yerushalmi, Zachor: Erinnere Dich! Jüdische Geschichte und jüdisches Gedächtnis, Berlin 1996, (das Zitat auf Seite 58); Stephen Gilman, A Generation of Conversos, in: Romance Philology 33 (1979), 87–101; Dan Diner, Geschichte der Juden – Paradigma einer europäischen Historie, in: Gerald Stourzh (Hg.), Annäherungen an eine europäische Geschichtsschreibung, Wien 2002, 85–104; Homi K. Bhabha, Die Verortung der Kultur, Tübingen 2000; Aristoteles, Poetik, übers. und hrsg. von Manfred Fuhrmann, Stuttgart 1991; Joachim Küpper, Was ist Literatur?, in: Zeitschrift für Ästhetik und Allgemeine Kunstwissenschaft 45 (2001), 187–215; Moritz Goldstein, Wir und Europa, in: Vom Judentum. Ein Sammelbuch, hrsg. vom Verein jüdischer Hochschüler Bar Kochba in Prag, Leipzig 1914 (das Zitat auf Seite 200); David Nirenberg, Communities of Violence. Persecution of Minorities in the Middle Ages, Princeton 1996; ders., Enmity and Assimilation. Jews, Christians, and Converts in Medieval Spain, in: Common Knowledge 9 (2003), 137–155; ders., Rasse als Begriff bei der Untersuchung spätmittelalterlicher Judenfeindschaft auf der spanischen Halbinsel, in: Christoph Cluse/ Alfred Haverkamp/Israel Yuval (Hg.), Jüdische Gemeinden und ihr christlicher Kontext, Hannover 2003, 49–72.

Jüdisches Geschichtsdenken – Philosophische Figürlichkeit des Zeitlichen

Ashraf Noor

»Zeit ists…«. Franz Rosenzweigs 1917 aus Mazedonien an Hermann Cohen gerichtete offene Brief über die jüdische Bildung als »die jüdische Lebensfrage des Augenblicks« tritt mit einer Reflexion über das Verhältnis der Zeit zur jüdischen Tradition als Erneuerung der jüdischen Welt inmitten der sie umgebenden Gesellschaft auf. Das Psalmenzitat »Zeit ists zu handeln für den Herrn – sie zernichten deine Lehre« wird am Ende seines Briefs nach einem Hinweis auf den »Geist des Judentums« vollständig angeführt, und dieser feinsinnige Wink auf Hegels theologische Jugendschriften bringt zum Ausdruck, dass die von Rosenzweig evozierte jüdische Welt eben die Lebendigkeit, »diese neue Lebendigkeit«, deren Möglichkeit ihr von Hegel abgesprochen wurde, erneuern und erhalten sollte. Rosenzweig reflektiert über »den Augenblick«, jenes Leitwort der Zeitanalysen in seinem Buch *Der Stern der Erlösung*, um in seinen Ausführungen zu einem jüdischen Bildungsprogramm die Weise hervorzuheben, wie die gelebte Zeit in »jene Ordnung […], in der sich die Selbständigkeit der jüdischen Welt heut am sinnfälligsten ausdrückt«, integriert werden kann: in den jüdischen Kalender. Die Umstände des Schreibens dieses Briefs sind für das Thema der Zeitauffassung im jüdischen Geschichtsdenken emblematisch. Rosenzweig schreibt vom Balkan aus einen Brief an Cohen, der sich auf eine Ordnung des Sinnes in der Zeit und auf die Merkmale der Erhaltung der Eigenheit der jüdischen Welt, die überall und in jeder Zeit evoziert werden können, bezieht. Die Peripherie oder der entlegenste Ort des Exils sind immer auch das Zentrum. Dieses »Immer« und dieses Zentrum sind die Bibel, ihre Sprache und die Tradition der Auslegung des heiligen Texts mitsamt den Formen derer Verkörperung im kultischen Brauch.

Das Verhältnis von Zeit und Welt ist mit dem Verhältnis der Sprache zum heiligen Text verschränkt. Rosenzweig schreibt:

»Uns ist das Judentum mehr als eine Kraft der Vergangenheit, eine Merkwürdigkeit der Gegenwart, uns ist es das Ziel aller Zukunft. Weil aber Zukunft, darum eine eigene Welt; unbeschadet und ungeachtet der Welt, die uns umgibt. Und weil eine eigene Welt, darum auch in der Seele des Einzelnen verwurzelt mit einer eigenen Sprache.«

Die Weise, wie das jüdische philosophische Geschichtsdenken nach den Formen der Zeit fragt, orientiert sich an den Koordinaten von Ewigkeit und Zukunft, von der Konstellation der eigenen und der umgebenden Welt und von Sprache.

Die »Umkehrung des Zwischen«

»Die Bibel ist wahrhaft die ewige: ›unzeitgemäße Betrachtung‹. In dem Geschlecht, in dem die Bibel auch ›äußerlich‹ zeitgemäß sein wird, wird der Messias kommen.« Diese Tagebuchaufzeichnung Gershom Scholems von Oktober 1916 deutet prägnant die Dimension an, in der die Frage nach der Zeit im jüdischen philosophischen Geschichtsdenken gestellt wird. Sie bewegt sich zwischen der Bestimmung der Unzeitgemäßheit und der Zeitgemäßheit jenes Sinngebildes, das die Bibel verkörpert. Die Formen der Zeit im jüdischen philosophischen Verständnis der Geschichte zu thematisieren erfordert die Erkundung des Themas der Dimension. Scholems Reflexion über den unzeitgemäßen Charakter der Bibel ist Teil einer Besinnung über Nietzsche als einen der Denker, die von der Historie aus den Weg zur Philosophie bahnten und die versuchten, »die historische Skepsis an der Quelle zu überwinden«. Es handelt sich bei Scholems

Bestimmung der Dimension um die Herausstellung der Bedingung, die es ermöglicht, das Maß zu denken, worauf man sich im Kampf gegen die historische Skepsis berufen kann.

Es geht um ein absolutes Maß, wie Scholem an einer früheren Stelle dieser Aufzeichnung betont:

»Liegt die Geschichtlichkeit der Bibel, wie ich früher glaubte, in ihrer Menschlichkeit? Nein, sie liegt noch sechs Welten tiefer, sie liegt nicht im mythischen, sondern in dem noch niemals angedeuteten, von keiner Stelle besprochenen und in den Schriften nur das Zentrum, den letzten Nullpunkt der Seele bildenden Bilde von der Historie, das sie haben. Das Judentum ist die Historie selber, und weil es die Wahrheit ist, ist die Bibel, ist die Thora göttlich, deshalb darf man aus der Bibel etwas beweisen, und deshalb auch ist die jüdische Tradition ganz anders als jede andere. Die jüdische Literatur ist wie keine andere auf die ›Wahrheit‹ gerichtet, das stellt sie im Wesen jenseits der Literatur und macht die Beschäftigung mit ihr zu einer unliterarischen.«

Viel logisches Geschick ist nicht nötig, um Scholem bei diesen Ausführungen der argumentativen Zirkularität zu überführen. Einerseits wird die Göttlichkeit der Bibel aus der Tatsache gefolgert, dass das Judentum ›absolut‹ ist, andererseits wird die Bibel als Grundlage für angeblich aus ihr zu führende Beweise benützt, also auch, um das Judentum zu bestimmen. Die in Scholems Tagebuchaufzeichnungen aus dieser Zeit enthaltenen Spekulationen zur Mathematik und zum mathematischen Mystiker, der, wie er in seiner Aufzeichnung vom 11. Juli 1916 behauptet, der Messias sein wird, sind als Versuch gedacht, gegen den Skeptizismus im Bereich der Geschichte anzutreten. Diese Gedankenschicht geht jedoch eine Verbindung mit der Bestimmung des Sinns in der Geschichte ein, die diesen als aus der Tat geboren betrachtet und ihn als von »Zion« – von der durch die Tat entstandenen universellen Gemeinschaft – letztbestimmt auffasst. So schreibt Scholem im August 1916 gegen Humboldts »individualistische« Bestimmung des Geists:

»Der Zweck des Lebens ist nur soweit das Leben des einzelnen als Zion in jedem ist. [...] [D]as Ziel und der Sinn des Lebens heißt: Zion. Zion in uns und außer uns aufzubauen, nicht nur symbolisch. Der Sinn des Lebens ist, den Messias zu rufen und Zion zu bauen. Wenn Du willst, ist das vielleicht auch ein Ziel im Menschen, so wie für den absoluten Quietisten eben alles innen und nichts außen, aber in der Menschensprache geredet ist das doch ein Ziel auch außer uns: die Gemeinschaft der Menschen. Zuerst der jüdischen, aber im letzten Ziel doch aller.«

Es kann an dieser Stelle nicht auf die Verästelungen des hierfür den Hintergrund abgebenden »Zionismus« Scholems eingegangen werden. Vielmehr soll die in den beiden oben zitierten Textstellen fungierende Zeitstruktur herausgestellt werden.

Die offengehaltene Spanne zwischen dem Unzeitmäßigen der Bibel einerseits und deren Zeitmäßigem im Sinn der messianischen Erfüllung andererseits ist der Horizont, im Hinblick worauf die wirkliche geschichtliche Erfahrung verstanden wird. Die Gegenwart ist also ihrem Sinn nach stets in sich gesammelt und über sich hinaus. In sich gesammelt, insofern der Sinn der Bibel als des Ewigen in jeder Gegenwart enthalten ist; über sich hinaus, indem die Ankunft des Messias noch aussteht. Das, was weiter oben als logische Zirkularität beschrieben werden konnte, erhält und behält einen Sinn, wenn es als Weise verstanden wird, wie sich ein zeitliches Verhältnis innerhalb dieses Horizonts konstituiert. Nur dadurch, dass die Geschichte als Verlauf mit diesem Sinn des Ewigen und der messianischen Zeit verschränkt ist, kann Scholem im Zusammenhang mit Notizen zu Graetz sagen, dass allein der jüdische Begriff von Tradition die historische Skepsis überwinden kann. Wenn Scholem in einer Aufzeichnung vom Oktober 1916 »Das Judentum ist die Historie selber. Es liefert auch den historischen Maßstab, den man wirklich an alle Dinge legen darf: an China ebenso gut wie an die Grafschaft Castell und die Irokesen.« schreibt, so ist dies nur auf der Grundlage seiner Suche nach einer »Wesensbestimmung der inneren Form des Judentums«, die eine absolute ist, zu verstehen. In diesem Sinn ist der religiöse Begriff des Judentums einer, der es Scholem erlaubt, zwischen einem Begriff von Nationalität im üblichen zionistischen Sinn, den er als der Widerlegung fähig betrachtet, und dem durch den Begriff des Messias ermöglichten zu unterscheiden.

Das Problem der messianischen Prägnanz spricht Scholem im Zusammenhang damit an, die Geschichte »neu und unerhört« zu schauen, um damit das Recht zu erlangen, »ganz Neues« aufzubauen. Schreibt Scholem »Wen nicht mitten im Denken plötzlich das Erlebnis überkommt: er schaut die Historie im Wesen, der hat kein Recht zu reden«, so ist dies eine Formulierung für die messianische Abbreviatur. »Dies Warten der Welt«, wie es fünf Jahre später bei Rosenzweig heißen wird, erhält die Gabe seiner Ewigkeit durch die Vorwegnahme der Zukunft, einer Zukunft, die nicht einfach eine Projektion der Vergangenheit ist. Rosenzweig denkt die Weile des Wartens im Zusammenhang mit dem Übergang in die Ordnung der Wahrheit. Die Weile, die vom Judentum in den Formen des Übergangs gedacht und gelebt wird, die kurze Weile noch der Züchtigung Israels vor seiner Erlösung, die Jesaja wiederholt verkündet, muss sich von jener anderen Weile abgrenzen, die das Zentrum der christlichen eschatologischen Erwartung bildet.

Lange müssen die Jünger Christi nicht warten: »Noch eine kleine Weile, dann werdet ihr mich nicht mehr sehen; und abermals eine kleine Weile, dann werdet ihr mich sehen.« In der zeitlichen Ökonomie des Johannes-Evangeliums, der jene der Zeugenschaft entspricht, ist es diese kleine Weile, in der das Geschehen sich abspielt, das für die christliche Auffassung der Geschichte das Maß vorgibt. Der Tod und die Wiedererscheinung Christi sind die Ereignisse, die das ausmachen, was die Briefe Pauls als die erfüllte Zeit kennzeichnen. Diese Ereignisse weisen auf den Augenblick der Ankunft des Herrn. *Kairos* und *parousia*, der maßgebende Augenblick und die gesättigte Präsenz, sind in dieser zweiten Zeitstrecke vom Charakter der Überraschung geprägt: »Von den Zeiten und Stunden aber, liebe Brüder, ist es nicht nötig euch zu schreiben; denn ihr selbst wisst genau, dass der Tag des Herrn kommen wird wie ein Dieb in der Nacht.« Den Adressaten des ersten Briefs an die Thessaloniker obliegt es, zu wachen, damit sie als »Kinder des Lichtes und Kinder des Tages« nicht von jenem Tag wie von einem Dieb überrascht werden.

Die Erfüllung der Zeit im Sinne des Opfertods Christi und der *parousia* der Wiedererscheinung als Vordeutung auf den Tag des Herrn geht mit jener anderen Vollendung einher, die Paulus als das Ende des Gesetzes kennzeichnet. Im Römerbrief heißt es: »Denn Christus ist des Gesetzes Ende, wer an ihn glaubt, der ist gerecht.« Wie im Matthäus-Evangelium, das die Genealogie und die Herkunft Jesu herausstellt, um die Tatsache zu betonen, dass er der Messias ist, der von Jesaja verheißen wurde, so dient bei Paulus der Rückbezug auf das Gesetz dazu, zu behaupten, dass der Glaube an Christus die Gesetze erst erfüllt. Israels vergeblichem Trachten nach dem Gesetz der Gerechtigkeit durch Werke werden Glaube und Gnade entgegengesetzt.

In geschichtlicher Nähe zur Entstehung der Briefe Pauls legt Philo von Alexandrien an einer Stelle in seinem Traktat über die Welt, an der er Exodus 15, 18: »Der HERR wird König sein, immer und ewig« kommentiert, eine Konzeption von Zeit dar, die eine Verschränkung von jüdischem mit griechischem Denken bildet. Gott ist der Schöpfer der Zeit, denn er ist Vater »des Vaters der Zeit«, d.h. Vater der Welt. Die Geburt der Welt ist die Bewegung der Zeit. Für Gott ist nichts künftig; es gibt keine Zukunft für Gott, denn er selbst hat die Abgrenzungen der Zeit geschaffen. Gott »besitzt« diese Abgrenzungen als zum Archetypus oder zum Muster der Zeit zugehörig. Dieser Archetyp ist aber qua Muster nicht die Zeit, die verläuft. Die zeitlichen Abgrenzungen zwischen Vergangenheit, Gegenwart und Zukunft als Unterschiede der ablaufenden Zeit gelten nicht für die Zeit als Archetyp. Hier ist alles gegenwärtiger Augenblick. Philo interpretiert Moses' Wort durch Platons *Timaios*, anderseits aber interpretiert er den Demiurg des *Timaios* im Sinne des jüdischen Schöpfergotts. Die Schöpfung, mithin die Zeit, ist das Reich der Grenze, und Philo leitet bei diesem Gedankengang das Wort für Grenze (horos) vom Himmel (ouranos) ab. Die zeitlichen Unterteilungen im Reich der Grenze werden von Philo in seinem Kommentar zur Erschaffung der Welt in seinem Werk *De opifico mundi* sowie in seinen allegorischen Werken *Legum Allegoriae I, II, III* vor allem mit der Zahlenmetaphysik verstanden, gemäß welcher die Zahl sieben die elementare Struktur ausmacht, aus der die Welt besteht. Darin wird die biblische Idee der Schöpfung als durch die sieben Tage skandierte Entfaltung des Worts Gottes mit der platonischen Idee der Zahlenproportionen als der harmonischen Struktur des Kosmos zusammengedacht. In dieser Verbindung lässt sich jedoch auch die Spannung herauslesen, die darin besteht, dass die Auffassung von Zeit, die im Alten Testament in der Schöpfungsgeschichte sowie in den prophetischen Büchern ersichtlich wird, mit einem vor allem räumlichen Denken des Kosmos als Verhältnis von Zahlenproportionen vereinigt wird.

Diese christlichen und jüdisch-hellenistischen Vorstellungen der Zeit sind es, die mitgedacht werden, wenn Franz Rosenzweig die Disproportion des jüdischen Verhältnisses zur Geschichte behauptet. Er schreibt in einem Wort aus einem Vortrag von 1919 von schroffer Entschiedenheit:

> »Der jüdische Geist bricht die Fessel der Epochen. Weil er selbst ewig ist und Ewiges weiß, so leugnet er die Allmacht der Zeit. Er geht unberührt durch die Geschichte. Kein Wunder, dass die Geschichte und was in ihr lebt, ihm gram sind. Denn die Zeit will, daß alles, was lebt ihr den Zoll der Zeitlichkeit erstatte. Hier aber wird ein Leben in der Ewigkeit hineingelebt und die Zeit kann, ein unbefriedigter Gläubiger, sehen wie sie ihre Schuld eintreiben mag.«

Sind diese Zeilen Teil einer Rede über »Geist und Epochen der jüdischen Geschichte«, so ist ihre Unbedingtheit auch aus der Gegenwehr gegen jene Bestimmung des »Geistes« des Judentums geboren, die Hegel in seinen theologischen Jugendschriften vornimmt. Besteht für Hegel das »Bedürfnis« der Philosophie in der Versöhnung der Gegensätze, der Heilung des Risses, und geschieht dies zuerst in der Gestalt von Jesus sowie in der christlichen Gemeinde, so sieht er im Judentum, das einem abstrakten Gesetz unterworfen ist, geradezu den geschichtsphilosophischen Ort des Risses.

Für Rosenzweigs Reflexion auf das Judentum ist der Riss jedoch die Bedingung von dessen Leben, er ist also das, was es dem jüdischen Volk ermöglicht, sich aus der Geschichte herauszuheben und sich als ewiges Volk zu konstituieren. Dies geschieht durch die ihm eigentümliche Zugehörigkeit zu einer Sprache, einem Gesetz und einer Sitte, die, wie er schreibt, »zum Stillstand« gekommen ist. Die heilige Sprache der Juden hat nicht die Art von Lebendigkeit, die den anderen Sprachen eignet, d.h. sie ist nicht durch das oberste Merkmal gekennzeichnet, das darin liegt, »sterben zu können«. Dadurch, dass auch Gesetz und Sitte heilig geworden sind, ändern sie sich nicht mehr. Sie unterscheiden sich ihrerseits von dem »lebendigen und infolgedessen sterblichen Leben« von Gesetz und Sitte der anderen Völker, dass sie nicht wie diese im Zeitstrom mitschwimmen. Dessen Verlauf, der in der Verwandlung der Zukunft durch die Gegenwart hindurch in die Vergangenheit besteht, ist ein Volk ausgesetzt, das Gesetz und Sitte sich immer wieder neu einrichtet. Dies ist es auch, wenn er das Gefälle zwischen Gesetz und Sitte durch die allmähliche Angleichung der letzteren ans erste aufhebt. Rosenzweig schreibt: »Diese ständige Umformung von Gesetz in Sitte ist weiter nichts als das Zeichen dafür, dass das Volk in der Zeit lebt.« Es ist in diesem Sinn, dass Rosenzweig von einem »Kampf des höheren Lebens« spricht. *Der Stern der Erlösung* inszeniert diesen Kampf von der Evozierung des einzelnen empirischen Lebens im ersten Buch bis zum Eingang als Teil der Gemeinde in die Wahrheit Gottes im dritten.

Doch ist vornehmlich Rosenzweigs Reflexion über die Zeiteinteilung oder die Epoche für die Frage nach den Formen der Zeit bei seinem Denken des Lebens von Wichtigkeit. Im dritten Buch seines Hauptwerks unterscheidet er zwischen der Erfahrung der Zeit in der jüdischen Bestimmung der Geschichte und jener der Christen und der Völker der Welt anhand des Phänomens der

Epoche. Der aus dem christlichen Verständnis der Zeit hervorgehende Staat ist es, der die Epochen schafft. Demgegenüber hebt Rosenzweig die Einteilung des sakralen Jahres der Juden hervor, die ohne Staat und ohne Epochen im Rhythmus der Feste und der heiligen Handlungen in der Gemeinde leben, deshalb bereits ewig sind. Er unterscheidet zwischen der Ewigkeit, so, wie sie das Christentum denkt, d.h. als die Ewigkeit der Linie, von der jüdischen als der Ewigkeit des Punkts. Die christliche Vorstellung der Zeit beschreibt er als eine stets sich erweiternde Linie, deren Mittelpunkt immer wieder Mittelpunkt des ewigen Wegs vom Opfertod Christi zu seiner Wiederkunft ist. Das Judentum jedoch hebt das Zwischen, in dem sich diese Zeit konstituiert, auf. Die gemeinsamen kultischen Bräuche und das Gesetz, das nunmehr Ziel der Zukunft ist, kehren das Zwischen um.

Rosenzweigs Gedanke der »Umkehrung des Zwischen« bildet einen Leitfaden, der aufzeigen lässt, wie in jedem Entwurf eines jüdischen philosophischen Geschichtsdenkens die Operation der Verwandlung des zeitlichen Augenblicks ins Ewige vorgenommen wird. Die Form, welche die Umkehrung jeweils annimmt, hängt von der spezifischen Struktur ab, welche das Verhältnis des Denkgebildes einerseits zur jüdischen Tradition und andererseits zur umgebenden Kultur aufzeigt. Schreibt Rosenzweig in *Der Stern der Erlösung*, »eine einzige, Sitte und Gesetz in eins schließende Lebensform erfüllt den Augenblick und macht ihn ewig«, so gilt es jeweils, die Denkfigur, in der diese Lebensform gebannt wird, zu erfassen. Wird die »Umkehrung des Zwischen« als Operation gedacht, so bleibt es offen, ob sie die Form von Begriffen, rhetorischen Figuren oder Bildern im jeweiligen Denkentwurf annehmen wird. Die bei dieser Operation evozierte Erstarrung des Augenblicks kann in verschiedener Weise gedacht werden. Diese Idee wird in den folgenden Ausführungen den Leitfaden für unsere Reflexion auf die Formen der Zeit im philosophischen Geschichtsdenken bei Walter Benjamin und Hannah Arendt bilden.

Die Rhythmik des Erstarrens

In einem Brief an Gershom Scholem vom 30. März 1918 schreibt Walter Benjamin, dass das Manuskript *Über Klage und Klagelied*, das er von ihm zur Lektüre erhalten habe, die folgende Einsicht im Hinblick auf ein früheres Fragment Benjamins veranlasst habe:

> »[...] aus meinem Wesen als Jude heraus war mir das eigene Recht, die ›vollkommen autonome Ordnung‹ der Klage wie der Trauer aufgegangen. Ohne Beziehung zum hebräischen Schrifttum, das wie ich nun weiß der gegebene Gegenstand solcher Untersuchung ist, habe ich die Frage wie Sprache überhaupt mit Trauer sich erfüllen mag und Ausdruck von Trauer sein kann in einem kurzen ›Die Bedeutung der Sprache in Trauerspiel und Tragödie‹ überschriebenen Aufsatz an das Trauerspiel herangebracht.«

Während Benjamin des weiteren Scholem mitteilt, dass er das Wichtige an seinem eigenen Entwurf als die Unterscheidung zwischen Trauerspiel und Tragödie betrachtet und bei sich selbst und seinem Korrespondenten eine noch unzureichend entwickelte Terminologie feststellt, betont er, dass er an einer eindeutigen Beziehung zwischen jenen beiden Phänomenen, die derart beschaffen wäre, dass der Übergang von der reinen Trauer zur reinen Klage immer notwendig wäre, bezweifle. Mit diesem Thema seien jedoch »so schwere Fragen« verbunden, dass man sie nicht schriftlich, d.h. in einem Brief, behandeln könne. Ein Grundproblem, das im genannten Aufsatz Benjamins sowie im zur gleichen Zeit geschriebenen Fragment »Trauerspiel und Tragödie« behandelt wird, ist die Form der Zeit in der Geschichte im Hinblick auf die Erlösung.

Benjamin unterscheidet von der leeren, homogenen Zeit so, wie sie in der mechanischen Naturwissenschaft gedacht wird, die erfüllte Zeit. Während die leere Zeitform im ersten Fall ihrem Inhalt gegenüber gleichgültig ist und keine notwendige Beziehung zwischen der Zeitlage und dem, was sich in ihr befindet, besteht, handelt es sich in der erfüllten Zeit um ein notwendiges Zusammenfließen von Zeitform und Zeitinhalt. Im Hinblick auf die Aufeinanderfolge von Zeitlagen, welche die Geschichte ausmacht, schreibt Benjamin, dass »die bestimmende Kraft der historischen Zeitform von keinem empirischen Geschehen völlig erfasst und in keinem völlig gesammelt werden kann.« Das heißt aber, dass die erfüllte Zeit so, wie sie im christlichen Zeitverständnis gedacht wird, hier nicht ausreicht. Demgegenüber entfaltet Benjamin die historische Idee der messianischen Zeit. Diese ist nicht eine individuell erfüllte Zeit, wie man dies noch für den Tod des Helden in der griechischen Tragödie behaupten könnte, sondern »göttlich erfüllt«. In der Idee der messianischen Zeit ist der Bezug zu einer überindividuellen Totalität gedacht. Diese Totalität im Hinblick auf die Geschichte zu denken ist die Aufgabe der Theologie.

Die philosophische Reflexion auf das Schöne als den Gegenstand der Kunst konstituiert sich bei Benjamin als Geschichtsphilosophie, die in die Theologie übergeht. Der Horizont, im Hinblick worauf die ästhetischen Untersuchungen in Benjamins *Ursprung des deutschen Trauerspiels* durchgeführt werden, gilt dem, was er die »Auflösung [...] eines Profanen ins Geheiligte« nennt. Die Theologie ist der Bereich, in dem die Struktur dieser Auflösung zum Thema gemacht wird. Den Figuren dieses Übergangs widmet sich Benjamin sowohl auf der Ebene der Methodologie als auf derjenigen der Binnenanalyse der Kunstwerke. Je nach der Weise der Veränderung, auf welche diese Figuren hinweisen, sind sie verschiedentlich verfasst. Zu den zentralen Weisen des Übergangs, die Benjamin bestimmt, gehören der Umschlag und die Verwandlung. Ihnen gesellen sich vereinzelte Formen wie das Umspringen, das Umschwingen und das Überspringen zu.

Die philosophische Reflexion spürt diese Figuren des Übergangs dort auf, wo Zeitform und Ausdrucksform eine Art von Verschränkung aufweisen, die dialektischer Natur ist. Diese Reflexion sucht die Formen, in denen die Spannung dieser dialektischen Verfassung sich am meisten konzentriert. Gilt ein wichtiger Teil von Benjamins Analysen im Trauerspielbuch der Allegorie, so ist dies nicht zuletzt, weil in dieser sprachlichen Figur in ihrer eigenen Ausprägung die Spannung mit einem Zeitindex versehen ist. Schreibt er, »Die Allegorie ist am bleibendsten dort angesiedelt, wo Vergänglichkeit und Ewigkeit am nächsten zusammenstoßen«, so hat das Denken die Aufgabe, die Weisen darzustellen, in denen dieser Zusammenstoß in nächster Nähe die Bahnen des Übergangs von der Ästhetik zur Theologie öffnet. Es ist kein Zufall, dass Benjamin sowohl am Anfang der »Erkenntniskritischen Vorrede« zum Trauerspielbuch als auch emphatisch am Anfang des letzten Abschnitts dieses Werks, den systematischen Vorrang der Theologie für seine Untersuchungen herausstellt. Eben sowenig ist es Zufall, dass er die zeitliche Verfassung der Phänomene, welche die Philosophie auf ihre spannungsgeladene Öffnung zur Theologie hin untersucht, im Trauerspielbuch als »Rhythmik« kennzeichnet. Unterstreicht er im Hinblick auf das Trauerspiel »die intermittierende Rhythmik eines beständigen Einhaltens, stoßweisen Umschlagens und neuen Erstarrens«, so hängt diese zunächst sich im Ästhetischen aufhaltende Charakterisierung eng mit der Kennzeichnung der zeitlichen Verfassung der Kontemplation in der »Erkenntniskritischen Vorrede« zusammen. Diese folge, schreibt Benjamin, »den unterschiedlichen Sinnstufen bei der Betrachtung eines und desselben Gegenstandes«. Darin setze sie immer neu ein und sei von einer »intermittierenden Rhythmik« geprägt. Benjamin ordnet diese methodische Eigenart der Kontemplation dem Bereich der Theologie zu. Die Art der Kontemplation, die für die Philosophie gilt, darf im Zusammenhang mit dem Traktat als einem scholastischen Terminus gedacht werden, bestimmt Benjamin, »weil er jenen wenn auch latenten Hinweis auf die Gegenstände der Theologie enthält, ohne welche der Wahrheit nicht gedacht werden kann.« Bildet dieser Hinweis auf die systematische Dignität der Theologie in der »Erkenntniskritischen Vorrede« eine erste Zuspitzung des Gedankengangs, in dem Benjamin den Bereich der Erkenntnis von demjenigen der Wahrheit sowie den Weg zum ersteren vom Weg zum zweiteren unterscheidet, so gelangt er im letzten Abschnitt seiner Untersuchungen an einen Punkt, an dem er, wie er schreibt, »ohne Umschweife« in theologischen Begriffen reden muss.

Dass das Phänomen der Rhythmik einen theologischen Index hat, wird von Benjamin emphatisch behauptet. Im von Adorno »Theologisch-politisches Fragment« betitelten Schriftstück Benjamins wird der »Rhythmus der messianischen Natur« als »Vergängnis« dargelegt. Gewärtigt man diesen Zusammenhang, so sind die Analysen des Rhythmus der Wahrnehmung, die Benjamin im *Passagen-Werk*, in seinen Artikeln zu Baudelaire und die Analyse der Zeitlichkeit im Trauerspielbuch Aspekte einer theologischen Auslegung dessen, was er bereits im Trauerspielbuch »Beschleunigung« nennt. Er schreibt im Hinblick auf die Dichter des Barock: »Natur schwebt ihnen vor als ewige Vergängnis, in der allein der saturnische Blick jener Generationen die Geschichte erkannte.« In dieser Haltung sieht er den Grund für die Bedeutung der Apotheose in der Periode des Barock. Die Dinge der verfallenen Natur können sich nicht von innen verklären, bedürfen der Bescheinung durch die Apotheose. Diese Neigung zur Apotheose nennt Benjamin »das Widerspiel« der Ansicht der Vergänglichkeit und der Todesverfallenheit.

Bereits in seinem frühen, aus dem Jahr 1917 stammenden Aufsatz »Über das Programm der kommenden Philosophie« hatte Benjamin in einer kritischen Reflexion über die Philosophie Kants gegenüber der Bewusstseinsphilosophie die Notwendigkeit einer Philosophie der Sprache, die mit der Theologie verbunden ist, behauptet. Benjamins Erforschung des Begriffs der Erfahrung führt ihn dazu, gegen den von Kant geprägten, einseitig auf den mathematisch-mechanischen Bereich abgestimmten Begriff von Erfahrung eine Auffassung anzuführen, die durch die Beziehung zur Sprache bestimmt ist. Philosophische Erkenntnis drückt sich allein in der Sprache aus. Diese Tatsache vernachlässigt Kant bei seiner Bemühung zu zeigen, dass die Philosophie eine absolut gewisse und apriorische Erkenntnis bilde und dass ihr wissenschaftlicher Rang darin der Mathematik gleich sei. Er führt aus, dass eine Reflexion über das sprachliche Wesen der Erkenntnis das Feld der Erfahrung über das Gebiet, das Kant untersuchte und abgrenzte, hinaus erweitern würde. Durch die Tatsache, dass alle Philosophie in der Sprache allein zum Ausdruck kommen könne, sei ihr Vorrang vor aller Wissenschaft sowie vor der Philosophie gesichert. Diese Bestimmungen leiten zu Benjamins systematischer Ortung der Religion über. Von den Gebieten der Erkenntnis, die Kant nicht systematisch einordnen konnte, ist das Gebiet der Religion das höchste. Der Begriff der Erfahrung, den Benjamin sucht und der in der kommenden Philosophie erforscht werden soll, würde so weit gefasst sein, dass er alle diese Gebiete umfasste. Der Begriff von Erkenntnis, den Benjamin sucht, konzipiert diese als Lehre von der auf solche Weise erweiterten Erfahrung.

Ist dieser frühe Begriff der Erfahrung derart beschaffen, dass deren Fülle in der Sprache letztlich von der Theologie gedacht werden soll, so ist in Benjamins spätem Denken dieser Bezug zwischen Erfahrung, Sprache und Theologie noch zentral. Wenn er in seinem Aufsatz über den Erzähler oder in seiner Reflexion über Baudelaire den Verlust der Erfahrung durch die schockartige Zersplitterung einer kontinuierlichen Erfahrung der Welt analysiert, so sind es die Zusammenhänge, in denen die einzelne Perspektive auf die Welt in die einer Gemeinschaft eingegliedert ist, die er als Beispiele für Erfahrung anführt. Die Tage des Eingedenkens sind die zeitliche Konkretion einer solchen Erfahrung aber auch die Augenblicke, in denen die Geschichte in der Jetztzeit zum Stehen gebracht wird. In der fünfzehnten geschichtsphilosophischen These schreibt Benjamin, »[...] es ist im Grunde genommen derselbe Tag, der in Gestalt der Feiertage, die Tage des Eingedenkens sind, immer wiederkehrt. Die Kalender zählen die Zeit nicht wie Uhren.« Dieses von Rosenzweig als Teil des jüdischen Verhältnisses zur Geschichte in *Der Stern der Erlösung* analysierte Phänomen tritt bei Benjamin mit der Bestimmung des Stillstands der Zeit zusammen, die der Ankunft des ganz Anderen voraufgeht. Hier, am Ende seines Denkwegs, wird diese Erstarrung der Zeit im Jetzt explizit als »Modell der messianischen Zeit« gekennzeichnet. In den letzten Zeilen der geschichtsphilosophischen Thesen wird das Thema des Gegensatzes zwischen der homogenen, leeren Zeit und der erfüllten Zeit wiederaufgenommen, dem sich Benjamin 1916 in »Trauerspiel und Tragödie« gewidmet hatte. Alttestamentarisch geht er gegen den Anspruch der Wahrsager vor, in der Zukunft die erfüllte Zeit vorherzusagen, und setzt diesem die Erfahrung der vergangenen Zeit im Eingedenken entgegen. Aus dieser Erfahrung versteht er das Verhältnis der Juden zur erfüllten Zeit als Zukunft.

Sind die letzten Zeilen Benjamins, »Den Juden wurde die Zukunft aber darum noch nicht zur homogenen und leeren Zeit. Denn in ihr war jede Sekunde die kleine Pforte, durch die der Messias treten konnte«, dann heißt es, dass die Erfahrung der vergangenen Zeit im Eingedenken zugleich ein Verhältnis zur Zukunft in sich birgt, und zwar deshalb, weil das Eingedenken mit der Hoffnung verschränkt ist. In dieser Verschränkung wird eine andere Zeit als jene, die Benjamin 1916 als diejenige der mechanischen Naturwissenschaft kennzeichnete, gedacht. Die zeitliche Form der messianischen Abbreviatur ist die Verschränkung von Eingedenken und Hoffnung. »Zeit ists« im erstarrten Augenblick sowohl diesseits als auch jenseits der Gegenwart.

Der Schatten und der Spalt

»Warum ist überhaupt Jemand und nicht vielmehr Niemand?« Hannah Arendts verwandelt in ihrer Fassung der von Leibniz formulierten Grundfrage der Metaphysik, »Pourquoi il y a plutôt quelque chose que rien?«, seine Frage in eine politische. Ihre Reflexion über die Bedingungen dafür, dass ein Seiendes als ein Jemand ist, führt sie zu den Leitthemen ihres Denkens: der Natalität und der Pluralität.

Natalität ist die Tatsache, dass jeder Mensch einen neuen Anfang bildet und diesen Charakter bei jeder seiner Handlungen als die Fähigkeit, eine neue, unbedingte Reihe von Ereignissen zu initiieren, bekundet. Ein jeder Mensch bewohnt eine Welt, die als Bereich des Zwischen besteht, in dem ein jeder einzelner vor einer offenen Vielfalt anderer Menschen, von denen jeder einen neuen Anfang bildet, handelt oder handeln kann. »Handeln«, schreibt Arendt in ihrem Aufsatz »Understanding and Politics« von 1953, ist »im Verständnis der politischen Wissenschaft das eigentliche Wesen der menschlichen Freiheit.« Die Pluralität bildet die Grundlage für die Politik, insofern als diese, bestimmt Arendt im *Denktagebuch* im August 1950, »von dem Zusammen- und Miteinander-sein der Verschiedenen« ausgemacht wird.

Die Analysen, die sie konkreten geschichtlichen und politischen Phänomenen widmet, lassen sich aus dem Bezug zu diesen Leitthemen verstehen. Es gibt geschichtliche und politische Situationen, in denen die Natalität und die Pluralität verdeckt, verdunkelt, vernichtet werden.

In einer Aufzeichnung vom November 1954 kommentiert Arendt ein Fragment von Demokrit, logos gar ergon skié (Das Wort [ist] der Tat Schatten), mit den Worten:

»Ergon: noch im Sinne Herodots, Taten und Werke. Der Schatten gehört aber unabdingbar zu jedem Ding, kann wiederum nicht ohne es existieren, Taten sind schattenlose Dinge, erst im Wort erwerben sie ihren Schatten, werden heimisch, bekommen das, was das Ding in der Sonne, im Licht hat.«

Diese Reflexion spricht zentrale Bestimmungen von Arendts Analyse des Themas der Geschichte aus. Sie konstatiert, dass Taten ohne Worte die Dimension fehlt, in denen sie heimisch werden, in der sie die Solidität von Dingen erlangen. Andererseits bilden die Taten das, wovon das Wort handelt, ohne die es keinen Bestand hätte. Dass hier vom Ding die Rede ist, drückt das aus, was Arendt in ihrer Besinnung über Homer und Herodot im fünften Hauptteil von *The Human Condition* und in ihrem Aufsatz »The Concept of History« als die Aufgabe von Dichtung und Historiographie kennzeichnet, das heißt das Allerflüchtigste im Bereich des Menschen festzuhalten, in erzählter Gestalt zu bewahren. Es handelt sich um die Gewährung einer Art von Beständigkeit, die das Dauerhafte von Dingen hat, ohne gleichwohl ein Ding zu sein. In *The Human Condition* wird Arendt von einem »thought thing« sprechen. Doch es geht nicht allein um die Dauerhaftigkeit dessen, was auf diese Weise in der Dichtung und in der Historiographie feste Gestalt gewinnt, sondern um den Sinn, welcher der Tat innewohnt. Dies ist es, was Arendt mit ihrer Reflexion über das Licht in ihrem Kommentar zum Fragment Demokrits im Blick hat. Durch das Wort werden Taten erleuchtet, und das heißt für Arendt, sie erhalten das, »was das Ding in der Sonne, im Licht hat«. Diese Analyse der Dingähnlichkeit des Gedichteten und des in der Historiographie Erzählten lehnt sich ausdrücklich an Beispiele vor Platon, denn in dessen Denken sieht Arendt eine Wende vollzogen, die bis in die Neuzeit hinein das Verständnis von der Tat als die Ausführung gemäß einem gedachten oder vorgestellten Muster – also als Herstellung – bestimmt. Davon unterscheiden sich sowohl die Handlung als Ausdruck einer Person in der mit anderen geteilten Welt als auch das einsame, in sich zweckfrei kreisende, im bewegten Stillstand sich befindende Denken, das der Sprache bedarf, um sich im Bereich des Zwischen kundzutun. Doch Arendt stimmt mit Benjamin, Scholem und auch Heidegger überein, dass die Sprache nicht primär Mittel der Kommunikation ist. Sie denkt sie vielmehr als zweckfreien Ausdruck.

Arendts Reflexionen zur Methode der Geschichtswissenschaften in ihren Aufzeichnungen von Mai und Juni 1951 sowie vom April 1953 erörtern Probleme, die im ersten Kapitel ihres Buchs *Elemente und Ursprünge totaler Herrschaft* und im letzten, erst in diese deutsche Fassung des *The Origins of Totalitarianism* eingegliederten Kapitel »Ideologie und Terror: eine neue Staatsform«

eine zentrale Rolle spielen. Die Aufzeichnungen im *Denktagebuch* kreisen erstens um die Frage eines adäquaten Responses in der Geschichtsschreibung auf die dargestellten Gehalte, zweitens um Kausalität und Ereignis, drittens um die Bedingungen der Erzählbarkeit der Geschichte.

Bei Arendts Besinnung auf die Geschichtswissenschaft führt sie eine Auseinandersetzung mit der »schwachsinnigen Forderung der Wertfreiheit«. Sie gestaltet ihre Entgegnung im Hinblick auf eine Auffassung des Urteils und des damit verbundenen Sichtbarwerdens des thematischen Phänomens, die für ihr Denken entscheidend bleiben sollte. Es gilt dabei, dem Vorwurf entgegenzutreten, dass eine historiographische Darstellung, in die Gefühle der Empörung einfließen, »subjektiv« sei. Bei der Thematisierung eines Phänomens wie der Armut ist »moral indignation«, schreibt Arendt, »ein essentielles Ingrediens«. Nur, wenn dieses Ingrediens im Hinblick auf das Thema enthalten ist, kann dieses als »ein menschliches Phänomen« aufgefasst werden. Es handelt sich nicht um bloßes Beiwerk, sondern es ist die Frage der »Armut selbst«, die Frage nach ihrer »eigentümlichen Natur«. Die Bedingung der Forderung der Wertfreiheit hingegen, liegt darin, dass die Armut »objektiv« gemacht wird. Dies impliziert für Arendt, dass sie »dehumanisiert« wird, was wiederum heißt, dass sie aus dem ihr eigentümlichen Milieu herausgerissen wird. Dieses wird nämlich vom »Zusammenhang des öffentlichen Lebens« als »dem menschlichen Solidaritätszusammenhang« gebildet. Nur, wenn das Thema in diesem denaturierenden Sinne objektiv gemacht wird, kann man den Respons, der, schreibt Arendt, »zu dem menschlichen Phänomen unweigerlich zugehörig [...]« ist, als subjektiv betrachten.

Arendts Heraushebung des menschlichen Phänomens aus dem Verfügungsbereich einer mit der Forderung der Wertfreiheit verknüpften Objektivierung vollzieht sich in einem Argument, das hermeneutischer Provenienz ist. Sie will aufweisen, dass es sich hier um eine Art von Thematisierung, die dem Gegenstand adäquat ist, handelt, die in dem Sinne vorprädikativ ist, dass es sich nicht um ein Werturteil handelt. »Das alles«, schreibt sie, »hat mit Urteilen gar nichts zu tun.« Vielmehr ist es eine Frage des Sichtbarwerdens des Phänomens überhaupt, und es ist in diesem Zusammenhang, dass Arendt die Formel »Armut als Armut« verwendet. Dieser der Phänomenologie verpflichtete Gebrauch der vorprädikativen Als-Struktur, deren Grundzüge Arendt in Heideggers *Sophistes*-Vorlesung kennengelernt hatte, meint eine vorobjektivierende Öffnung zum Phänomen hin, in dem dessen Sinn vorgezeichnet ist.

Beim zweiten Punkt der ausdrücklichen Reflexion Arendts über die Methode der Geschichtswissenschaften handelt es sich um das Thema des Ereignisses. Dies wird einer Auffassung der Geschichtsschreibung direkt entgegengestellt, die auf der Herausstellung der Kausalität beruht. In diesem Sinne war der Titel der amerikanischen Erstausgabe ihres Buchs über totale Herrschaft, *The Origins of Totalitarianism*, irreführend, hatte er doch mit der Betonung der Ursprünge eine Ausrichtung nach Kausalität suggeriert. Arendt betont demgegenüber, dass die Methode, von der sie ausgeht, ein Ereignis in seine Elemente analysiert. Das Ereignis, das für die Analyse zentral ist, ist so beschaffen, dass in ihm »sich die Elemente jäh kristallisiert haben«, schreibt sie in einer Aufzeichnung vom Juni 1951. Wird an dieser Stelle des *Denktagebuchs* mit dem Begriff des Ereignisses und mit dem Bild der Kristallisation eine Auffassung von Kausalität bekämpft, welche eine Kette von Geschehnissen in Verhältnisse der dem mechanistischen naturwissenschaftlichen Erklären entsprechenden Aufeinanderfolge hineinzwängt, so ist auch die andere Konzeption mitbetroffen, die jenen Geschehnissen eine teleologische Entwicklung zuschreibt, wie dies Arendt in einer Aufzeichnung vom Juli 1951 ausführt. Soll die Methode in den Geschichtswissenschaften verstanden werden, unterstreicht Arendt im selben fünften Heft, müssen die beiden Themenkomplexe der Ereignis- oder Elemententheorie einerseits und der Bloßlegung andererseits der »Denaturierung geschichtlicher Phänomene«, die aus der Weigerung, den Geschehnissen mit einem adäquaten Respons zu begegnen, entsteht, notwendig miteinander verbunden werden.

Die dritte Reflexion über die Methode der Geschichtswissenschaften gestaltet sich als die Bemühung um Einsicht in den Zusammenhang zwischen dem »Ereignischarakter der Geschichte« und deren Erzählbarkeit. Arendts Aufzeichnungen unternehmen immer wieder den Versuch, diesen Ereignischarakter in dessen Verhältnis zu den Grundbestimmungen von Natalität und Pluralität, die das Sein der Menschen in der Welt regieren, zu verstehen. Die Entwicklung dieser Begriffe aus einer Aneignung der Gedanken des Augustinus im Buch XII von *De civitate dei* wird in den Aufzeichnungen Arendts ab 1951 ersichtlich. Der Gedanke der Spontaneität und der Freiheit, den Arendt aus der Verbindung jener Bestimmungen von Augustinus mit Kant bezieht, bildet die Grundlage für ihre systematische Unterscheidung im Heft XIV des *Denktagebuchs*, vom März 1953, zwischen Ereignis, Geschehen und Tatsache. Im Zusammenhang mit dieser Unterscheidung stellt sie die Bedingung der Erzählbarkeit der Geschichte heraus. Kreisen die Aufzeichnungen vom 1951 um die Frage dessen, was es heißt, dass der Mensch erschaffen wurde, damit es einen Anfang gebe, »(initium) ergo ut esset, creatus est homo, ante quem nullus fuit«, und wird von Arendt behauptet, dass darauf »die Heiligkeit menschlicher Spontaneität« beruhe, so macht sie diese Bestimmungen im Jahr 1953 zu Bedingungen des Sinns der Geschichte und der Geschichtsschreibung. In dieser Reflexion über das systematische Verhältnis von Ereignis, Geschehen und Tatsache wird das Ereignis als Unterbrechung aufgefasst. Es bricht in den alltäglichen, vorhersehbaren Ablauf des Geschehens ein. Dadurch rettet er diesen vor der Sinnlosigkeit, der er in seinem routinemäßigen Charakter überantwortet ist. Wird ein Ereignis zum Teil der vergangenen Zeit, so bildet es eine Tatsache, das heißt, dass es seinen Ereignischarakter verliert und zum Geschehen wird. Doch eben dieses Vorzeichen als Tatsache, die Beschaffenheit, ein Ereignis gewesen zu sein, bedingt es, dass das, was sonst ein bloßer Geschehensablauf wäre, erzählbar wird, erinnert werden kann und Sinn erlangt. Arendt führt diese Möglichkeit auf die Grundbestimmungen von Natalität und Pluralität zurück. Geburt und Tod, das Hinzukommen und das Weggehen von Menschen, schreibt sie, »garantieren« Ereignisse.

Arendts Weg zur Bestimmung der Geschichte verläuft über eine Reflexion auf Hobbes. Einerseits konstatiert sie, dass dieser verstanden habe, dass Politik Bezug sei, anderseits zeuge seine Auffassung des Naturzustandes als Krieg aller gegen alle gerade von der Nachwirkung jener Auffassung des Menschen als Ebenbild der Gotteseinsamkeit. Die Interpretation Arendts unterstreicht, wie zentral die Idee der Pluralität für sie mit der Idee des Sinnes verbunden ist. Der Krieg aller gegen alle heißt für sie eine »Rebellion« jedes als jenes Ebenbild erschaffenen Einzelmenschen gegen alle für ihn sinnlos existierenden und deshalb von ihm verhassten anderen Menschen. Diese Interpretation des Schöpfungsmythos ist es nun für Arendt, die in ihrer Interpretation der Rolle der Geschichte einen Niederschlag findet. Dieser Interpretation gemäß wird eine Lösung für die Unmöglichkeit, innerhalb dieses Schöpfungsmythos einen Ort für die Politik zu finden, in der Ersetzung der Politik durch Geschichte gesucht. Dabei wird korrelativ zu der Vorstellung der Weltgeschichte die Idee der Menschheit aufgestellt, worin die Menschen zu einem riesigen Menschenindividuum werden. Darin sieht Arendt den Grund für das, was sie als »das Monströse und Unmenschliche der Geschichte« kennzeichnet. Dieses ist es, was sich am Ende der Geschichte in der Politik auf brutale Weise ausdrückt.

Arendts Ausführungen zur Bedeutung der Natalität und der Pluralität für die Politik und ihre Analyse der Ersetzung der Politik durch Geschichte zielen auf die Bewahrung der Idee der Freiheit. Sie betont, dass diese nur im »eigentümlichen Zwischen-Bereich der Politik« bestehen kann. Die Inanspruchnahme der Geschichte gegen die Politik setzt denn dieser Freiheit vom Getriebensein durch sich selbst oder von einer Abhängigkeit vom gegebenen Material die Vorstellung der Notwendigkeit der Geschichte entgegen.

Die Natalität ist die Bedingung der Geschichte, insofern als mit der Geburt ein einmaliger, linearer Lebensverlauf beginnt, der die zyklische Verfassung der Natur durchbricht. Dies ist ein Aspekt von Arendts Reflexion auf die Form der Zeit in der Geschichte. Das, um was es dabei geht, sind die Taten in der mit anderen geteilten Welt. Die gemeinsamen Einteilungen der Zeit sind letztlich auf die Ermöglichungstruktur der Natalität zurückbezogen. Arendt denkt jedoch in einer weiteren Dimension der Geschichte, denn so sehr diese einerseits vom absoluten Anfang der Geburt an ermessen wird, so ist das, was man als den Sinn von ihrem Verlauf denkt, von jener Aktivität abhängig, die als Denken im Spalt zwischen Vergangenheit und Zukunft stattfindet, den Arendt als »Nicht-Raum« und »Nicht-Zeit« bezeichnet. Dieser Spalt, in dem die Denker vom Beruf sich von jeher aufhalten, wird, so Arendt in ihren systematischen Erörterungen hierzu in *Between Past and Future* und *The Life of the Mind*, von der Tradition überdeckt. Der Riss der Tradition, der die Moderne kennzeichnet, hat diesen Spalt für die allgemeine Erfahrung erst sichtbar gemacht. Die Menschen der Moderne leben in der Erfahrung des Risses, und jeder Versuch, ihn zu überdecken, läuft auf die leeren allgemeinen Worte der Ideologie hinaus.

Das, worauf das Denken sich bezieht, das sich nicht an den allgemeinen Worten orientieren darf, ist die Erfahrung, die sich in diesem Riss zeigt. Von der hierin zugänglichen Erfahrung im Denken auszugehen, heißt Grundworte auf ihren ursprünglichen Sinn zurückzuführen und ihn hervorscheinen zu lassen. Arendt bestimmt das Denken des Sinns also einerseits als nichträumlich und nicht-zeitlich, anderseits als auf die immer noch vorhandene Dimension des Ursprungs der Tradition bezogen. Erst der Riss im Verlauf der Zeit erlaubt es, den Sinn der Zeit zu denken. Das heißt aber auch, dass die Natalität als Ermöglichungsstruktur der Geschichte auf dem Grund des einmaligen Lebensverlaufs auf den Stillstand bezogen ist. Dieses Verhältnis ermöglicht es erst, den Sinn der Tradition, in der die Zeit sich konkretisiert hat, zu denken. Das Denken ist sowohl innerhalb als auch außerhalb der Geschichte.

Die Verschränkung

Die erfüllte Zeit und die Erstarrung des Jetzt im Erkennen. Der Spalt des Nicht-Raums und der Nicht-Zeit, durch den erst der Sinn der Einzeichnung in die Aufeinanderfolge von geschichtlichen Augenblicken gedacht wird. Dies sind Weisen, wie jener Stillstand, den Rosenzweig in seiner Kennzeichnung des Verhältnisses der jüdischen Erfahrung zur Geschichte evoziert, als Zeitform gedacht wird. Eine paradoxe Zeitform ist diese freilich in jeder dieser Gestalten, die sie bei Benjamin und Arendt jeweils annimmt, und eine, die stets in einer empfindlichen hermeneutischen Beziehung zum christlichen Zeitdenken steht. Ist es die Aufgabe einer Reflexion über Formen der Zeit im jüdischen philosophischen Geschichtsdenken, in jedem Fall die Dimension dieses Paradoxons und die Gestalt dieser Beziehung zu beschreiben, so muss man konstatieren, dass die Art, wie die jeweilige Denkfiguration ausfällt, durchaus weniger vor der Geschichte gefeit ist als dies bei Rosenzweig proklamiert sein mag. Das, was hier an zwei Entwürfen des philosophischen Geschichtsdenkens als Leitfaden skizziert wurde, erfordert eine Ergänzung durch vielfältige diachrone und synchrone Vergleiche und vor allem die Erkenntnis, dass das, was an diesen Werken »jüdisch« ist, in einem stets komplexen Verhältnis zu anderen Traditionen steht, aus dem sich Überlagerungen und Interferenzen ergeben. Es ist die Aufgabe der erweiterten Anwendung des Leitfadens der »Umkehrung des Zwischen«, diese Verschränkungsphänomene detaillierter zu analysieren.

Quellen und Literatur

Der erste, einleitende Abschnitt des Essays geht zunächst von Franz Rosenzweigs Aufsatz »Zeit ists...« aus, um den Horizont für die Frage nach den Formen der Zeit im jüdischen philosophischen Geschichtsdenken herauszustellen (Franz Rosenzweig, Kleinere Schriften, Berlin 1937 [hier die Zitate auf 78, 76, 59 und 58]). Es wird dann das Problem der zeitlichen Dimension, des Unzeitgemäßen und des Zeitgemäßen anhand von Gershom Scholems Ausführungen zu diesem Thema in seinen Tagebüchern aufgegriffen (Gershom Scholem, Tagebücher 1913–1917, hrsg. von Karlfried Gründer/Friedrich Niewöhner, Frankfurt a.M. 1995 [v.a. 412, 411, 360 (14. August 1916); 213 (24. August 1915); 391 (24. August 1916); 403 (11. Oktober 1916); 454 (12. Dezember 1916); 226 (4. Januar 1916); 386 (23. August 1916); 409 (16. Oktober 1916); 402 (11. Oktober 1916); 270 (2. März 1916)]).

Im nächsten Schritt wird die Frage der Weile und des Wartens als Vorwegnahme der messianischen Zeit aufgegriffen. Es wird dabei von einer Stelle aus Franz Rosenzweigs Buch Der Stern der Erlösung, Frankfurt a.M. 2003, 293, über »Das Warten der Welt« ausgegangen und dann zu Stellen aus dem Johannes-Evangelium (16, 16, Das neue Testament. Griechisch und Deutsch, hrsg. von Bernhard Nestle u.a., Stuttgart 2003), dem ersten Thessalonikerbrief (5, 1-2; 5, 5) und dem Römerbrief (10, 4) übergegangen. Ergänzend wird auf das Matthäus-Evangelium hingewiesen (1; 1, 22, 23; 4, 14-16). Zu diesem Schritt ist Giorgio Agambens Buch über den Messianismus des Paulus heranzuziehen (Il tempo che resta. Un commento alla Lettera ai Romani, Turin 2000). Anschließend wird auf Philos Werke De opifico mundi und Legum Allegoriae I, II, III eingegangen, um neben der christlichen seine gemischte, jüdisch-hellenistische Auffassung der Zeit zu skizzieren. Im letzten Teil des ersten Abschnittes wird auf Rosenzweigs Aufsatz »Geist und Epochen der jüdischen Geschichte« (Kleinere Schriften, Berlin 1937 (vgl. hier 24f., 22 und 23) eingegangen, seine Position gegen Hegels Thematisierung der Juden in seinen frühen theologischen Schriften abgegrenzt (Werke, Bd. 1: Frühe Schriften, Frankfurt a.M. 1999) und die Frage der Umkehrung des Zwischen durch eine Reflexion auf Ausführungen in Der Stern der Erlösung erörtert [S. 337]. Zu Rosenzweig sind folgende Titel zu erwähnen: Bernhard Casper, Religion und Erfahrung. Einführung in das Denken Franz

Rosenzweigs, Paderborn 2004; Gotthard Fuchs, Zeitgewinn. Messianisches Denken nach Franz Rosenzweig, Frankfurt a.M. 1987; Peter Eli Gordon, Rosenzweig and Heidegger. Between Judaism and German Philosophy, Berkeley 2003. Wichtig für eine vergleichende kulturelle Analyse der Zeit ist der Sammelband: Paul Ricoeur u.a., Les cultures et le temps, Paris 1975. Ergänzend hierzu sind die folgenden Werke zu nennen: Hans Blumenberg, Lebenszeit und Weltzeit, Frankfurt a.M. 2001; Günter Dux, Die Zeit in der Geschichte. Ihre Entwicklungslogik vom Mythos zur Weltzeit, Frankfurt a.M. 1989; Amos Funkenstein, Jüdische Geschichte und ihre Deutungen, Frankfurt a.M. 1995; Karl Löwith, Weltgeschichte und Heilsgeschehen. Die theologischen Voraussetzungen der Geschichtsphilosophie, Stuttgart 1983; Reinhart Koselleck, Vergangene Zukunft. Zur Semantik geschichtlicher Zeiten, Frankfurt a.M. 1995; ders., Zeitschichten, Frankfurt a.M. 2003; Jakob Taubes, Die politische Theologie des Paulus, München 1995.

Der zweite Abschnitt befasst sich mit den ästhetischen und geschichtsphilosophischen Schriften Walter Benjamins (Gesammelte Schriften, Frankfurt a.M. 1980). Er geht von einer Stelle in einem Brief von Benjamin an Scholem aus (GS II 3, 929) und bezieht sich dann auf die Frage der messianischen Zeit im Fragment »Trauerspiel und Tragödie« (GS II 1, 134), auf das Buch Ursprung des deutschen Trauerspiels (GS I 1, 390; 397; 373; 208, 355) und auf die Thesen »Zum Begriff der Geschichte« (GS I 2, S.701f.; 703f.). Hierzu sind die Aufsätze heranzuziehen: Werner Hamacher, Kapitalismus als Religion, in: Ashraf Noor/Josef Wohlmuth (Hg.), ›Jüdische‹ und ›christliche‹ Sprachfigurationen im 20. Jahrhundert, Paderborn 2002, 215–242; Irving Wohlfarth, Nihilistischer Messianismus. Zu Walter Benjamins Theologisch-politischem Fragment, in: ebd., 141–206.

Die folgenden Bücher seien ergänzend erwähnt: Hans-Martin Dober, Die Moderne wahrnehmen. Über Religion im Werk Walter Benjamins, Gütersloh 2002; Karl-Heinz Heber, Zerstörung und Restitution. Zum Verständnis der religionsphilosophischen, messianischen und mystischen Dispositionen in den Schriften Walter Benjamins, Frankfurt a.M. 2001; Margarete Kohlenbach, Walter Benjamin. Self-reference and religiosity, Basingstoke 2002; Bernhard Wunder, Konstruktion und Rezeption der Theologie Walter Benjamins, Würzburg 1997.

Der dritte Abschnitt, über Hannah Arendt, bezieht sich auf die folgenden Texte: Denktagebuch, hrsg. von Ursula Lutz und Ingeborg Nordmann, München 2002; dies., The Human Condition, Chicago 1958; dies., Between Past and Future. Eight Exercises in Political Thought, London 1961; dies., Zwischen Vergangenheit und Zukunft, München 2000; dies., The Life of the Mind, London 1978; dies., The Origins of Totalitarianism, New York 1998; dies., Elemente und Usprünge totaler Herrschaft, München 1996; dies., Was ist Politik? Fragmente aus dem Nachlass, München 2003. Die Stellen aus dem Denktagebuch sind durch das Datum der Aufzeichnung zu identifizieren. Das Thema der Verwandlung der Metaphysik in Politik wird mit einem Zitat aus dem Denktagebuch [S. 16] eingeführt. Der Fortgang über »Understanding and Politics« wird durch einen Hinweis auf S. 124 der deutschen Ausgabe von: dies., Zwischen Vergangenheit und Zukunft, vermittelt. Über die Frage der Wertfreiheit schreibt Arendt auf S. 8 des Denktagebuchs. An Forschungsliteratur seien zunächst drei Bücher über Arendt und Heidegger angeführt, welche die Frage der Geschichte in diesem Zusammenhang thematisieren: Jacques Taminiaux, La fille de Thrace et le penseur professionnel, Paris 1992; Dana Villa, Arendt and Heidegger. The Fate of the Political, Princeton 1996; Francesco Fistetti, Hannah Arendt e Martin Heidegger. Alle origini della filosofia occidentale, Rom 1998. Ergänzend hierzu: Seyla Benhabib, The Reluctant Modernism of Hannah Arendt, London 1996. Der Weg ins Zentrum von Arendts Denken über die Geschichte führt über ihre Korrespondenz mit drei Mitdenkern: Martin Heidegger (Martin Heidegger – Hannah Arendt, Briefwechsel, hrsg. von Ursula Lutz, Frankfurt a.M. 1998), Karl Jaspers (Hannah Arendt – Karl Jaspers, Briefwechsel 1926–1929, hrsg. von Hans Saner, München 2001) und Heinrich Blücher (Hannah Arendt – Heinrich Blücher, Briefe 1936–1968, München 1996).

Register

Personenregister

Sach- und Ortsregister

Zu den Autorinnen und Autoren

Nicolas Berg ist seit Sommer 2001 wissenschaftlicher Mitarbeiter am Simon-Dubnow-Institut – seit Herbst 2003 in leitender Funktion. Der Beitrag zur Metapherngeschichte jüdischer »Luftmenschen« ist Teil seines aktuellen Projekts. Schwerpunkte seiner Forschungsinteressen liegen auf dem Gebiet von Historiographie-, Gedächtnisgeschichte und Wissenschaftsgeschichte. Seine akademische Ausbildung in den Fächern Germanistik und Geschichte erfolgte an der Albert-Ludwigs-Universität in Freiburg und wurde mit einer Promotion im Fach Geschichte abschlossen, die 2003 unter dem Titel *Der Holocaust und die westdeutschen Historiker. Erforschung und Erinnerung* veröffentlicht wurde und inzwischen in dritter Auflage vorliegt.

Tobias Brinkmann ist Lecturer am Department of History und am Parkes Institute for the Study of Jewish/non-Jewish Relations an der University of Southampton und arbeitet an einem Projekt mit dem Titel »Migration und Metropole – Jüdische und andere Migranten in Berlin nach dem Ersten Weltkrieg«. Er studierte Geschichte, Politikwissenschaften und Philosophie in Münster, Berlin und Bloomington (Indiana). Seine Dissertation erschien 2002 unter dem Titel *Von der Gemeinde zur Community. Jüdische Einwanderer in Chicago 1840–1900*. Von 2001–2004 war er am Simon-Dubnow-Institut als wissenschaftlicher Mitarbeiter tätig.

Dan Diner ist Professor für Geschichte an der Hebrew University Jerusalem sowie an der Universität Leipzig. Seit 1999 ist er Direktor des Simon-Dubnow-Instituts für jüdische Geschichte und Kultur. Zuvor lehrte er an den Universitäten Odense/Dänemark, Essen, Tel-Aviv und Beer-Sheva/Israel. An der Universität Tel-Aviv war er zudem Direktor des dortigen Instituts für Deutsche Geschichte. Er publizierte zu Themen deutscher, israelischer, der Geschichte des Vorderen Orients und jüdischer Geschichte. Zuletzt erschienen *Das Jahrhundert verstehen. Eine universalhistorische Deutung* (1999); *Beyond the Conceivable. Germany, Nazism, and the Holocaust* (2000); *Gedächtniszeiten. Über jüdische und andere Geschichten* (2003).

François Guesnet lehrt derzeit als Gastprofessor für Historische Kultursoziologie an der Universität Potsdam. Von 1996 bis 2002 war er leitender wissenschaftlicher Mitarbeiter am Simon-Dubnow-Institut für jüdische Geschichte und Kultur. Nach dem Studium der Osteuropäischen Geschichte, Romanistik und Slawistik in Köln, Warschau und Freiburg promovierte er im Fach Geschichte an der Albert-Ludwigs-Universität in Freiburg; die Dissertation wurde 1998 im Böhlau-Verlag u.d.T. *Polnische Juden im 19. Jahrhundert. Lebensbedingungen, Rechtsnormen und Organisation im Wandel* verlegt. Sein Beitrag im vorliegenden Band geht aus dem Forschungsprojekt über »Fürsprache. Ein politisches Instrument jüdischer Gemeinden im Europa des Übergangs (18.–19. Jahrhundert)« hervor.

Yvonne Kleinmann studierte Osteuropäische Geschichte, Slawistik sowie Theater-, Film- und Fernsehwissenschaft an den Universitäten Köln, Mainz und Paris. 2003 promovierte sie an der Universität Köln mit einer Arbeit zum Thema *Neue Orte – neue Menschen? Jüdische Lebensformen in St. Petersburg und Moskau im 19. Jahrhundert*, die im Herbst 2005 als Band 6 der Reihe »Schriften des Simon-Dubnow-Instituts« im Verlag Vandenhoeck & Ruprecht erscheint. Nach vierjähriger Lehre im Fachbereich Geschichte der Universität Mainz und historischer Recherche für das Jüdische Museum Berlin ist sie seit 2002 wissenschaftliche Mitarbeiterin am Simon-Dubnow-Institut. Ihr Beitrag in diesem Band gehört in den Kontext ihrer Studie über Jüdische Volkskultur im 18. Jahrhundert im polnisch-litauischen Kontext.

Markus Kirchhoff ist seit September 1999 wissenschaftlicher Mitarbeiter am Simon-Dubnow-Institut und ist seit 2004 Redakteur des *Simon-Dubnow-Institute Yearbook/Jahrbuch des Simon-Dubnow-Instituts* und der *Leipziger Beiträge zur jüdischen Geschichte und Kultur*. Er studierte an den Universitäten Essen und Dublin Neuere Geschichte, Kommunikationswissenschaft und Germanistik. Aus einer am Institut konzipierten Ausstellung ging sein Band *Häuser des Buches. Bilder jüdischer Bibliotheken* (Leipzig: Reclam 2002) hervor. Im Frühjahr 2005 erscheint seine Dissertation *Text zu Land. Palästina im wissenschaftlichen Diskurs 1865–1920* als fünfter Band der Reihe »Schriften des Simon-Dubnow-Instituts« im Verlag Vandenhoeck & Ruprecht. Sein Essay in diesem Band präsentiert Ausschnitte seiner am Dubnow-Institut betriebenen Forschungen zur Diplomatiegeschichte jüdischer Fragen.

Frank Nesemann studierte Geschichte, Politikwissenschaft und Klassische Philologie (Latein) an der Universität Heidelberg und wurde ebendort mit einer – 2003 beim Verlag Peter Lang in Frankfurt a.M. veröffentlichten – Arbeit zum Thema *Ein Staat, kein Gouvernement. Die Entstehung und Entwicklung der Autonomie Finnlands im russischen Zarenreich, 1808 bis 1826*, promoviert. Seit Juli 2002 ist er als wissenschaftlicher Mitarbeiter am Simon-Dubnow-Institut tätig. Hier arbeitet er an einem Forschungsprojekt über Leo Motzkin (1867–1933) – ein Vorhaben, das in diesem Band vorgestellt wird.

Ashraf Noor ist seit 2003 regelmäßig Gast am Simon-Dubnow-Institut und leitete hier die Nachwuchsforschergruppe »Sprache, Identität, Kollektivität: Sprachphilosophische Transformation jüdischer Existenz«. Er studierte Anglistik und Germanistik an der University of Sussex, Philosophie, Neuere Deutsche Literaturwissenschaft und Deutsche Philologie an der Albert-Ludwigs-Universität in Freiburg und promovierte im Fach Philosophie an der Université de Paris-I Sorbonne. Seit 1994 ist er Research Fellow am Franz Rosenzweig Zentrum für deutsch-jüdische Literatur- und Kulturgeschichte an der Hebräischen Universität Jerusalem. Zu seinen Arbeitsschwerpunkten gehören neben Philosophie, sowie deutscher und französischer Literatur auch Geschichts-, Literatur- und Filmtheorie. Er ist Herausgeber der Reihe »Makom« sowie der Sammelbände *Erfahrung und Zäsur. Denkfiguren der deutsch-jüdischen Moderne* (1999), *Walter Benjamin: Moderne und Gesetz* (2005) und *›Jüdische‹ und ›christliche‹ Sprachfigurationen im 20. Jahrhundert* (2002).

Kai Struve ist wissenschaftlicher Mitarbeiter am Simon-Dubnow-Institut und arbeitet an einem Forschungsprojekt zu den interethnischen Beziehungen in Ostpolen 1939–41. 1998–2002 war er am Herder-Institut in Marburg tätig und hat im Sommersemester 2002 an der Freien Universität Berlin promoviert. Die Arbeit ist unter dem Titel *Bauern und Nation in Galizien. Über Zugehörigkeit und soziale Emanzipation im 19. Jahrhundert* in den Schriften des Simon-Dubnow-Instituts erschienen. Zu seinen Forschungsschwerpunkten zählen die moderne Nationsbildung und der Nationalismus in Ostmitteleuropa, die Geschichte Galiziens und Oberschlesiens sowie die polnisch-jüdischen und die deutsch-polnischen Beziehungen.

Stephan Wendehorst studierte Neuere Geschichte, Alte Geschichte und Rechtswissenschaften an der Ludwig-Maximilians-Universität München und an der Universität Oxford, wo er 1997 in Modern History über *British Jewry, Zionism and the Jewish State* (im Druck bei Oxford University Press) promovierte. Seit Oktober 1999 arbeitet er als wissenschaftlicher Mitarbeiter – seit Februar 2000 in leitender Funktion – am Simon-Dubnow-Institut. Bis 2003 nahm er auch die Aufgabe als Stellvertreter des Direktors wahr. Zudem koordiniert er in Kooperation mit dem Max-Planck-Institut für Europäische Rechtsgeschichte in Frankfurt a.M. und dem Lehrstuhl für Religionswissenschaften/Judaistik an der Universität Erfurt das Forschungsprojekt »Von den Rechtsnormen zur Rechtspraxis. Ein neuer Zugang zur Rechtsgeschichte der Juden im Heiligen Römischen Reich?«

Susanne Zepp hat nach dem Studium der Romanistik, der Allgemeinen Literaturwissenschaft und Neueren Deutschen Literaturgeschichte im Jahre 2002 an der Freien Universität Berlin promoviert und ist seit 2003 Leitende Wissenschaftliche Mitarbeiterin und Stellvertreterin des Direktors am Simon-Dubnow-Institut für jüdische Geschichte und Kultur an der Universität Leipzig. Zur Zeit arbeitet sie an einem Projekt über »Textualität als Spezifikum jüdischer Geschichte«. Ihre Forschungsschwerpunkte liegen im Bereich der Literatur- und Kulturtheorie und der spanischen, lateinamerikanischen und französischen Literatur. Ihre Dissertation wurde 2003 im Steiner Verlag unter dem Titel *Jorge Luis Borges und die Skepsis* veröffentlicht. 2004 erschien ihre Einführung in die spanische Philologie unter dem Titel *Hispanistik* (UTB 2498, Paderborn 2004, gemeinsam mit Natascha Pomino).